中國學術思想 研究輯刊

三七編

林慶彰 主編

第14冊

坐進此道——
《悟真篇》研究與實踐（第二冊）

仲秋艷、楊銳、劉嘉童、謝群 著

花木蘭文化事業有限公司

國家圖書館出版品預行編目資料

坐進此道——《悟真篇》研究與實踐（第二冊）／仲秋艷、楊銳、
劉嘉童、謝群 著 -- 初版 -- 新北市：花木蘭文化事業有限公司，
2023〔民 112〕
目 2+212 面；19×26 公分
（中國學術思想研究輯刊 三七編；第 14 冊）
ISBN 978-626-344-182-8（精裝）
1.CST：道教修鍊 2.CST：學術思想
030.8   111021702

ISBN-978-626-344-182-8

9 786263 441828

中國學術思想研究輯刊
三七編　第十四冊　　　　　　　　ISBN：978-626-344-182-8

坐進此道——
《悟真篇》研究與實踐（第二冊）

作　　者　仲秋艷、楊銳、劉嘉童、謝群
主　　編　林慶彰
總 編 輯　杜潔祥
副總編輯　楊嘉樂
編輯主任　許郁翎
編　　輯　張雅淋、潘玟靜　美術編輯　陳逸婷
出　　版　花木蘭文化事業有限公司
發 行 人　高小娟
聯絡地址　235 新北市中和區中安街七二號十三樓
　　　　　電話：02-2923-1455／傳真：02-2923-1452
網　　址　http://www.huamulan.tw 信箱 service@huamulans.com
印　　刷　普羅文化出版廣告事業
封面設計　劉開工作室
初　　版　2023 年 3 月
定　　價　三七編 17 冊（精裝）新台幣 46,000 元
版權所有・請勿翻印

坐進此道——
《悟真篇》研究與實踐（第二冊）

仲秋艷、楊銳、劉嘉童、謝群　著

目

次

十一、一霎火焰飛　真人自出現

1

　　一位天使降臨，他握一柄長矛，不時地刺入我的心，搗入我的內臟。當那金矛拔出來時，彷彿連帶著掏空了我的軀體，並留下了上帝之愛。我的確感到了刺入我內臟最深處時的疼痛，當我的精神配偶把他刺入內臟的箭拔出來時，內臟彷彿被撕裂……

——St.Teresa of Avila（1515～1582）

　　靈魂在與上主的結合中，感到了徹底的焚燒，感到了全部浸浴在光榮以及愛情之中，從祂實體的最親密處，噴射出了真正光榮與甜蜜的大河流……

　　大能的光、愛情之火，包圍靈魂，而這火焰就是聖神，使得靈魂向著上帝投注熱切的凝視。

——St.John of the Cross（1542～1591）

　　如同，油在油菜籽裏，火在打火石中；
　　同樣，至尊在你裏面，隱而不顯。
　　請遵循師父簡單又確實的教導：
　　在午夜裏虔誠的守候和尋找，
　　就像花香在花蕾中，
　　瞳仁在眼睛裏，
　　至尊就在心裏。

但是傻瓜不知道這個簡單的事實，向外徒勞。

像麝香鹿在樹林和草叢中尋找它的麝香。

就像空氣無所不在，人們視而不見；

所以道雖無處不在，它也隱而不顯。

噢！人啊，你擁有無價的寶藏，卻滿世界地尋寶。

是幻覺的面紗，把你與牠隔開。

一旦撕裂面紗，你赫然發現

噢！我的主，牠在內室；

沒有哪張新娘的床，是沒有新郎的。

就像花香在花蕾中，牠，就在你的心中。

牠只顯靈，向摯愛牠的修行人——

此即你想要知道的一切。

現在上前去吧，去覲見聖人！

我的心中，至高無上的，

請聽我說：

明師來了！

醒來，醒來吧！

奔向牠的足前，此刻他就在你頭頂。

你已沉睡了千萬年，

何不趁著今朝醒來？

讓我們動身前往——

那位貴賓的家鄉吧！

那裡，縱使沒有汲水的井繩，水瓶也是滿的。

那裡，不見雲朵的聚集，而天雨已紛紛落下。

進屋來，沒有身體也會淋濕。

那裡永遠沐浴著月光，

夜色被驅逐；

僅提起一個太陽，未免可笑。

此處光輝，來自無數太陽。

哦，朋友！

在你還活著，你要期待他，

在你還活著，你要認識他；

在你還活著，你要瞭解他；

因為他可以讓你解脫。

如果在你活著你都沒有掙脫，

如何想像在死後掙脫？

那只是黃粱一夢——

如果生時能找到他，那時就也能，一得永得。

在真理之中沐浴，結識真正的古魯，知道神的真名。

找到祂有助於你，我就是祂的僕人。

哦，僕人，你要在哪裏尋找我？

瞧！我就在你身邊。

我既不在神廟裏，也不在清真寺；

既不在天房，也不在伽拉薩山；

我不在禮拜和儀式中，也不在瑜伽和苦行中。

如果你是真正的尋求者，你會即刻看見我，

你會在某一瞬間與我相遇。

——Kabir（1398～1518）

朋友，這是唯一的方法，

學到那秘密的方法。

放棄小道法門，

甚至是聖人們攀崖的足跡，

不用盲從。

根本不用出遊，

從你的臉上扯下面紗！

——Sachal Sarmast（1739～1829）

無論道教還是佛教，和其他宗教，皆善用比喻、象徵、寓言，以說煉養之道。

佛教以身飼虎，乃說放下色身成就法身，非教人忽視生命視為敝履。

道教有拔宅飛昇說，乃及牛女、黃婆、嬰兒、靈胎，不勝枚舉，皆是譬喻。

丹經在風格上，和諸子的寓言的風格淵源很深。

如其拔宅飛昇它喻示肉體對精神的統治、欲望對身心的捆綁，或曰根本的束縛，得以最終解開了。

飛昇之仙誰謂，「我」也。所乘之龍雲、金鯉、鶴鸞等等神獸，皆譬喻，「彼」也。非實指其物。

紫陽真人遊揚州採花歸，乃說金丹大道乃虛實相間有無相成之道，非釋門「空無一物」之談。

尤其是三豐遇火龍而得道，最彰顯了丹經的隱喻風格，「火龍」者，非有其人，先天內景爾，遇此「真人」則謂之見道也。亦即印度古魯所謂「跟一位聖者在一起一時或片刻，不，就是再減半的話，也會滅掉我們無量劫的罪業。」亦即嘉爾默羅會的修女所謂「如果達味說：在現世，人與聖人們在一起，才成為聖人，無可懷疑。一個靈魂，在結合中獲得力量，即她在淨配的地窖中，汲取了酒汁，而獲得力量，就像是胃口中有了食物，它才給肉體輸送營養。」亦即紫陽真人「瑤池飲罷月澄輝，跨個金龍訪紫微」。

> 女子著青衣，郎君披素練。
>
> 見之不可用，用之不可見。
>
> 恍惚裏相逢，杳冥中有變。
>
> 一霎火焰飛，真人自出現。
>
> ——紫陽真人《五言》

> 見之不識，識之不見。
>
> 若欲見之，不得取相。
>
> ——寒山子《詩三百三首》

凡此種種寓言比喻，學道諸君不可不察、不可不知。

世界觀和思想體系，對於成就的重要性和決定性，不在法訣之下！

「窮理」之功諸君豈能忽視？

> 元神直捧一封書，一道寒光射太虛。
>
> 徑達玉京金闕去，玄恩星火下天衢。
>
> ——翛然子《明真破妄章頌·神可通天》

> 大千沙界海中漚，何必春風更點頭。
>
> 雪夜一枝渾漏泄，速傳驛馬進王侯。
>
> ——普庵《頌證道歌》

2

　　紫陽真人的這副「真人現身」圖，如果與其嫡傳白玉蟾之「其氣即非呼吸氣，乃知卻是太素煙。其神即非思慮神，可與元始相比肩」放在一起，也是一副很不錯的《內經圖》，它上承呂祖《百句章》：

　　　　恍恍並惚惚，杳杳與冥冥。

　　　　此中真有信，信到君必驚。

下啟元代陳致虛：

　　　　仙師布流此詩者，唯欲指出先天混元真一之氣，即大一所含之初氣。

及明代張三豐：

　　　　藥材生，緊加功，雷聲隱隱震虛空。電光爍處尋真種，風信來時覓本宗。

明陸西星注為：

　　　　言一時得藥之意。

他的清代「弟子」李涵虛則把天機輕輕泄了：

　　　　誰曉得無知、無識之際，才有一陽來復，恰如冬之生春，夜之向曙。驀地一驚，無煙似有煙，無氣似有氣，由下丹田薰至心闕，使人如夢初醒。

諸子詩文中最有韻味的，還是邵康節的絕唱：

　　　　忽然夜半一聲雷，萬戶千門次第開。

　　　　若識無中含有象，許君親見伏羲來。

　　在佛教中，與之對應的是「龍女獻珠」，試以說之，順便我們也一窺佛經的寓言風格。

　　佛在說法時，地上湧出一個寶塔，坐了一個佛，是過去很早以前，塵點劫前成佛的。這個佛叫多寶如來。多寶如來向釋迦牟尼佛招招手，門忽然開了，叫釋迦牟尼佛進來，分半座給他坐。這也是很大的一個問題啊！兩個都是佛，所以分半座。然後，他方菩薩從各處都來了。這個故事如果光講學理，可當成一個比方，但真講修證，則確有其事……

　　南老說地湧寶塔、龍女獻珠確有其事，但是，他沒有明示在具體修證中，這件事的真實相是如何表現的。

　　我的感悟和南老師講的在學理上也很有不同，說來與同學切磋：

多寶如來是誰？

在佛經裏面多老就是我們漢地佛法翻譯的閻王爺噢，死神。

閻王招招手，叫一群修行人進來。

這時，佛陀從座中起來，他先安住在虛空中，這句話落實在實修上，就是意守虛空啊，這個（身外）虛空，在座的有學內丹西派的和茅山上清派丹法的同學是知道具體所指的。因為心入虛空專心致志無所猶懼，所以他就進了這個無門的塔。

「無門」者，許久前我讀《普庵歌》時看到一句，當時即心中一動，「無門為戶到人稀，萬里神光圓頂蓋。」採擷過來「借花獻佛」，你看般配不？

從丹派角度說，無門者無縫者就是先天意趣。

> 大地山河眼裏塵，自古至今強立名。
> 只個絕邊無縫塔，不曾來往逐有情。
>
> ──普庵《頌四賓主》

佛教的塔，是從最初的安葬釋迦牟尼舍利的墳冢（窣堵波）演變而來。

它的延伸意義，從覆缽式、金剛寶座式、寶篋印式、五輪式、寶瓶式等等稱謂上，其內涵都是「一目了然」的，道曰「中黃」曰「上天梯」。

簡注一下「無縫塔」吧。不好意思，這裡得掉一下書袋子：

司馬光《涑水記聞》：「（王旦）性好釋氏，臨終遺命鬚髮著僧衣，棺中勿藏金玉，用茶毗火葬法，作卵塔而不為墳。」無縫塔本指「卵塔」。

《傳燈錄·南陽忠國師章》：「師以化緣將畢，涅槃時至，乃辭代宗。代宗曰：師滅度後，弟子將何所記？師曰：告檀越，造取一所無縫塔。曰：就師請取塔樣。師良久曰：會麼？曰：不會。師曰：貧道去後，有侍者耽源，卻知此事，請詔問之。國師遷化後，帝召耽源，問此意如何。耽源呈頌云：湘之南，潭之北，中有黃金充一國。無影樹下合同船，琉璃殿上無知識。」

> 空裏蟾光撮得嗎？待風列子已蹉跎。
> 須彌無縫徒伸手，任是先天不奈何。
>
> ──普庵《頌十玄談·一色》

空中的光，你能拿捧起嗎？

想看列子御風？本就是個寓言啊（「心與息合」）。

別人為何進不去？是他們還有好奇心、主觀心、知識心、未能泯滅。

這個分別心就是先天與後天之間的那一層紙，或萬重山。

無門為法門，無入是真入。

君禮信佛心，有為皆不及。

捨財離相契無生，天耳廓通塵不立。

—— 普庵《題三門》

有社會評論家在證偽時舉例：

由旬是印度計量單位，一由旬相當 30 公里。高 500 由旬邊長 250 由旬的多寶佛塔高是 15000 公里四周邊長 7500 公里盡人皆知地球的直徑是 6800 公里這麼小的地球上面怎麼放這麼個高出自身兩倍多塔呢？

噫——

佛經不是這樣讀的，它是徹底的「唯心」哲學，怎麼能如此「操心」呢？

這整不了，「芥納須彌」咋整？！

佛陀進去以後，閻王爺很客氣地請他並肩而坐。

呵呵，「無縫塔中非相貌，劈頭坐卻老盧能。」會麼？

和死神擦肩而過把手言歡，而且坐在一條板凳上，這不是作死的節奏嗎？

有詩曰：

沒有一個嗜欲者，

禁得起上主的試金石。

凡通過了天上的考試者，

死去，依然活著。

諦聽這觀念，關於

由一位完美上師所傳心印的價值：

你將不會被拖到那門

死神使者的門，

除非你沒有上師。

在死神使者的門前，

他唯命是從的僕人將撕碎你。

在他們手下，

的確，你毫無機會掙脫；

並且將你投進轉輪中。

而且在你無法找到出口。

但經由全能上師的引導，

你已從可怕的輪迴中脫身。

跟著他，穿越三界，

將你的腳掌

置於統治三界的閻王頭上，

而上帝親自伸出他的雙手，

安全地放你在他高高在上的王座。

——Kabir（1398～1518）

呵呵，是的，功行於此時，呼吸驟斷，六識具無，這就是丹派的「識神退位」。釋子曰：

慧命聞深義，五體如山禮。

學海一時乾，心空方及第。

——普庵《金剛隨機無盡頌・離相寂滅分第十四》

這就是《莊子》的「吾喪我」、就是呂祖的「未死先學死」，在修行文化上的意義，就是死掉一個（假）我，才能活出另一個（真）我的真實境界。

證得了「心空」之果，在應試「天上」的廷試時，玉皇才能給你一個「及第」啊。

咂摸出來「元神主事」的意味深長了沒有？

如果說有區別，也是「紙上」的區別。

憨山一段高論，認為「以言開曉」還是有侷限，不如「直示」來得妙，才是佛說的高明之處。

但以言開曉。聞者唯信其言而已。未能明見自心之妙。即有所悟。乃應化之跡耳。非見法身境界也。所謂猶處門外。止宿草庵。終滯權跡。故須宣示法身實報真境。使令頓見自心之妙。方為實證。是則現寶塔品。乃頓示自心。以顯法身之象也。所謂開方便門。示真實相。欲令眾生知此見此實相真境耳。吾人苟破無明。頓開心地。即此五蘊身心。便見法身真佛。故見七寶妙塔。湧現其前。高五百由旬。此真實相妙法。乃法身所演。以說無所說。故於塔中出大音聲。以妙契法身。故多寶印證。宗本無住。故塔處虛空。聞無所聞。故怪未曾有。以此佛性常住不滅。故塔中有如來全身。以體即無生。故凡有說此經處即皆現證。以淨智妙圓。故白毫光照十方。以此智性人人本具各各不無。故分身諸佛。一一蒙光照燭。以心心寂滅。

故徹照十方世界。盡是寂滅道場。以法法皆真。故三變八百萬億多
國。通為一佛淨土。到此則根境雙亡。善惡齊泯。故三途頓空。天
人不見。恒沙性德。本自圓成。依正互融。自他無礙。故十方分身
諸佛。齊集其中。然雖如是。猶在半途。以生滅之見未忘。取捨之
心未泯。此所以願見多寶而未及見也。此正古德所謂直饒做到如寒
潭皎月。靜夜鐘聲。隨扣擊以無虧。逐波瀾而不散。猶是生死岸頭
事。何以故。由生死幽關。未能迸裂。是須以無依智。隨順覺性而
開發之。此所以釋迦住虛空中。以右手指開七寶塔戶也。直使無始
無明。一念頓破。叭地一聲。虛空粉碎。故如卻關鑰。開大城門。
如此則本有法身。一念頓現。故多寶如來。全身不散。如入禪定。
以感應道交。故為聽是經而來至此。以生滅情亡。真應不二。故釋
迦多寶。共同一座。唯此因緣。人人本具。各各不無。故大眾願見
多寶。第以生本無生。非情識可到。故佛座高遠。以住本無住。故
接大眾。皆在虛空。此乃眾生之性德。故直示如此。令其共知共見。
現證不疑。斯則諸佛之本懷已露。利生之能事已畢。然雖如是。乃
空華佛事。水月道場。豈實法耶。故即便唱言。如來不久。當入涅
槃。欲令此法常住。終古同遵。意在得人。期慧命無窮。永永無盡。
故曰。佛欲以此妙法。付囑有在。由是觀之。則現寶塔一品。正乃
直示一切眾生。日用現前佛之知見也。

——《憨山老人夢遊集》

「以言開曉」也罷，「直示」也罷，絕知此事要躬行。

丹派的識神退位，靠的是元神主事；佛教（淨土宗）說要借助他力，持咒
啊，念佛啊，這是手段，是法門，最終的基礎還是「佛菩薩」的「加持」。

「佛菩薩」在具體修持上，就是先天一氣，就是「元神主事。真人曰「饒
他為主我為賓」高僧說「擔枷過狀」。這就是淨土要借助外力的「科學」原因。
龍門派高道對此「佛力」解釋得十分到位：

或問曰：佛說往生西方，蓮池中有姓名耶？

師曰：不論姓名，華池即方寸也。蓮苞即性光也。身中現有佛國。

曰：若是則淨土為烏有矣。

師曰：又是實有的，少不得以心造，以心應。

——《丘祖語錄》

釋道經典上的「活死人」之說，就是如此得直白，何須畫蛇添足，又做甚「聖解」？

> 心藏智寶少知音，全機付與水龍吟。
>
> 忽然撞著無相似，誰解光和活死人。

——普庵《頌古九十八首》

> 明月尚孤吟，松風似海音。
>
> 海枯終見底，人死不知心。

——普庵《金剛隨機無盡頌‧一體同觀分第十八》

這個真我、真身，或曰真人，就是一團靈光，顯現眼前。

> 濁世浮生莫問年，法身三際不能遷。
>
> 但須一念常光現，華藏莊嚴在目前。

——憨山《示了此老衲增臘》

這團靈光雖顯在頭頂三尺，但是根源實來自於下：

> 就像一道由兩個窗子進入屋中的光芒，投射時雖是分開的，但它們在室內則只是一團，就像是溪流流向了大海中，再也不能與之分開。

——St.Teresa of Avila（1515～1582）

從上到下，由內至外，出出入入，那麼，你說動靜大不大呢？

它由玄關一竅如泉噴湧，也就是《法華經》講的「地上湧出一個寶塔」……

所以大樂說菩薩代大眾問佛陀：

> 以什麼樣的因緣，這座寶塔會從大地湧出，還發出聲音呢？

緊接著，就是龍女來獻珠了：

> 智積菩薩言：「我見釋迦如來，於無量劫難行苦行，積功累德，求菩提道未曾止息。觀三千大千世界，乃至無有如芥子許，非是菩薩捨身命處，為眾生故，然後乃得成菩提道。不信此女，於須臾頃便成正覺。」

言論未訖，時龍女忽現於前，頭面禮敬。卻住一面，以偈讚曰……

爾時龍女有一寶珠，價值三千大千世界，持以上佛。佛即受之。

龍女謂智積菩薩尊者舍利弗言：「我獻寶珠，世尊納受，是事疾不？」

答言：「甚疾。」

女言：「以汝神力觀我成佛，復速於此。」

當時眾會皆見龍女，忽然之間變成男子，具菩薩行，即往南方無垢世界，坐寶蓮華，成等正覺，三十二相，八十種好，普為十方一切眾生，演說妙法。

多寶如來舊法身，從空湧出示諸人。

若能當處無生滅，法法原來總是真。

——憨山《示海藏行人禮法華經》

注意這幾位老修行的對話，白話一下，和內丹學派的契歌對比一下，很有意思：

智積菩薩更生疑惑了，就問：「我見釋迦牟尼佛成佛並不是這麼容易的。他在無量劫以前，行難行的苦行，一點一滴的積聚功德，為求菩提的覺悟，未曾躲懶偷安。我現在遍觀這三千大千世界，沒有地方不是菩薩捨棄身命的處所，為要救度一切眾生的緣故。然後，眾生度盡，方成佛道。我不信龍女能在一剎那之間就立地成佛了。」

舍利弗尊者對龍女說：「你所說立地成佛的事，真是令人難以相信！為什麼？因為你是女人。女身是不清淨的，含有污垢塵穢，不是成佛的法器。既然如此，為什麼你可以快速成就菩提呢？成佛的道路非常的遙遠，所以釋迦牟尼佛三世修福慧，百劫種相好，不知道經過了多少無量大劫，而今才得成就佛道。何況女身有五種障礙：一不能作大梵天王，二不能作帝釋，三不能作魔王，四不能作轉輪聖王，五不能成佛。女身既有這五種障礙，又怎麼能成佛呢？」

然後，龍女亮出了她的寶！

一顆寶珠，價值無比。

她手持這一寶珠獻給佛陀，佛陀接受了。

龍女就問智積菩薩與大智舍利弗尊者說：「我獻寶珠，世尊接了，你們說這個過程快不快？」他們說：「非常快！」龍女說：「以你們兩位的神通力來觀察我成佛吧，我的成佛比這更快！」一說完，法會中的眾多菩薩，都看見龍女在忽然之間變成男子，立刻往南方無垢世界，坐在寶蓮華上，得三十二相、八十種好，普為十方一切眾生演說無上妙法。

丹是色身至寶，煉成變化無窮。

更能性上究真宗，決了無生妙用。

不待他生後世，現前獲佛神通。

自從龍女著斯功，爾後誰能繼踵

——《悟真篇》西江月又一首

寶珠者，丹相也。

道謂「金丹大藥」，佛曰「真種」。邵子道：

忽然夜半一聲雷，萬戶千門次第開。

若識無中含有象，許君親見伏羲來。

柴陵郁禪師那一跤摔死都值啊：

我有明珠一顆，久被塵勞關鎖。

今朝塵盡光生，照破山河萬朵。

「採得歸來爐裏鍛」，內丹一派的長生之道得矣。

女子著青衣，郎君披素練。

見之不可用，用之不可見。

恍惚裏相逢，杳冥中有變。

一霎火焰飛，真人自出現。

——《悟真篇》五言四韻一首

赫赫金丹一日成，古仙垂語實堪聽。

若言九載三年者，總是推延款日程。

——《悟真篇》七言絕句第三十八

塔本無縫，真如不動。

說此經處，湧出虛空。

釋迦多寶，聽說如夢。

東西無二，見見不同。

無剎不收，無色不融。

層層落落，光影重重。

恒河沙劫，盡入其中。

三世諸佛，一法身通。

針扎不入，壽量無窮。

目連舍利，常隱於中。

——普庵《題寶塔》

在清醒和模糊之間，

思想掛了一副秋韆：

所有娑婆眾生，

即使燦爛的流星，

都在這兩棵樹間擺蕩，

永無休止。

天使、人類、動物，和無數昆蟲，

日與月，畫與夜

在世紀中一晃而過，

迄今依然。

萬物都在輪迴，

天、地、水、火。

而那位密行者，

卻修煉出了一種身體。

卡比爾親眼目睹，

只有十五秒鐘，

便脫身為永恆的上帝之子。

祂！既無形象，亦無範疇；

沒有色身，也無塵緣。

這無形者！站在天堂正中的曼達拉之位。

一秒鐘都不要遲疑，祂就是你的主宰。

祂！是不二的，也是僅有。

任何說他不是唯一者，都不是我的道友。

我觀見這至尊的唯一。

並將注意力專注在——

這超越有相與無相之上。

——Kabir（1398～1518）

　　這個秘密的神婚不是幻象，祂是在靈魂中心顯靈的，而不是在臆想中，是在一個理智的神見中，祂就是這樣顯現給宗徒們，經過心扉而非教堂的門窗。

　　靈魂（「意識」）在這裡不需要主動，只須專注於她該結合的淨配（「元神」）。只是幾秒的時間，她便覺悟了一切。那淨配是太完美了，她唯願只此一見，即與祂攜手而歸。然後她變成了愛情中的人，用心關照任何家中的事情，以便維繫這神聖的婚姻。

而她只要一次邂逅了淨配，這種邂逅在她心內的生動與活潑，竟使整個的意願，就被祂的光臨所盈滿。靈魂自此以後別無所求，唯願投入更多的熱愛，甚至犧牲自己來永存那個稀世的聖寵⋯⋯

在這裡要確信一點，靈魂燃起的情景，縱然是神醉如狂，但是在這裡，感覺和能力並沒有完全喪失，它們注目凝視這個經過，不對它進行干擾⋯⋯你們應該知道，這個神見雖然是剎那間的事，但我們並不能像平素那樣仔細審視它，就如我們不能注視太陽，因為這個神見如石火電光，它的光明並不像陽光刺眼，因之我們的心靈，我說靈魂的眼睛它可以目睹這個內在的經過。另外，如果有人說這一切是用肉眼之見，我是無話可說的，他一定沒有深入這個內在⋯⋯所以我才建議你們，去尋找一個很有學問的人，如果能夠，你們要找一個，同時也懷有聖德的、穩妥地走在道上的人。

那時候靈魂與肉體是否在一起，我不能說，但是，我卻能強調：她不在肉體之內，也不是與肉體分開。

在這個聖寵中，靈魂是忘記了肉體，自己成為一個純粹之物。

她得到了改造，顯著的結果就是忘我，靈魂彷彿是不在了一樣，她已經變得不再是原來的她，不再顛倒夢想，心中只願事奉上帝之子！她們的全部光榮，是要幫助這個被釘的人做一些事，替天行道。

我所說的結合，與世俗的婚姻分別很大，不可同語。它的表現只是精神的，神婚所給的神樂與神味，比起在現世的結合是千百倍的超出。全部的相互之愛是極為聖潔的，微妙與溫馨的，人們是沒有辦法解釋的，唯有祂來到，你才能覺知。

世俗的婚姻，是聚散無常的。而這樁神聖的婚姻，情形就不一樣了。在我所說的中心之地，她與祂相依為命形影不離。

——St.Teresa of Avila（1515～1582）

藉著觀察自己意識的出沒，你一定能看出一個你目前看不出、也不會承認的事實，那就是它出現的時刻非常短暫，中間往往隔著長時間全然無意識又機械性的機器運動。

一開始它如電光石火一閃而過，之後出現的次數越來越多，時間也越來越久，直到經過長久努力之後它們終能永久存在。這方法也適用於清醒，人不可能一下子就完全清醒，他必須開始先短時間

清醒，但在他付出某種努力，克服了某個障礙，或立下一個堅定不
悔的決心之後，他必須毅然決然永遠死去。這樣做勢必很困難，但
如果不是先經過緩慢漸進的清醒過程，就更不可能做到。

——Gurdjieff（1866～1949）

繁雜的火候都在初級階段，再向上面修，越走越簡單。

因為由此之後，火候從有為法，逐漸進入了無為法的層次。學者的心理，
也發生著變化，由識神主事，逐漸交權於元神主事。

之後的十年面壁，就是哺育道胎，全靠德行。

到這裡就能真正理解《悟真篇》上紫陽真人的諄諄教誨：「若非積行施陰
德，動有群魔作障緣。」

由此而去，三千功滿。「我命由我」，不是虛言。

繼續看這部佛經。

在「譬喻品第三」中，有這麼一句話：「我先不言諸佛世尊。以種種因緣
譬喻言辭方便說法。皆為阿耨多羅三藐三菩提耶。」

白話一下就是：「我先前不是已經說過，諸佛莫不是為了無上聖智而以種
種因緣、譬喻、巧言妙辭等方便法門說法嗎？」

佛陀在他傳教的時候，講故事、打比方，是他的一貫的教學方式。那麼，
閱讀佛經的時候，我們不能從這個角度去理解，就很有問題了。佛本生故事裡
面有個「割肉貿鴿」、「捨身飼虎」等等，學者能當真嗎？真不能「帶腦子」看
啊！

紫陽真人在佛教中有一位知音是唐朝的大顛禪師。

你看大和尚這位圈內人士怎樣注解《心經》之「觀自在菩薩」的：

若信於此，但去靜坐。坐令極靜，舉心動念，有一無位真人，
常在赤肉團上，出出入入。

此「舉心動念」非彼「舉心動念」，是「靜極生動」的意思。

他把「無位真人」在色身上的「宅邸」都說出了個大抵，怕人們誤會，特
言其「無位」。

無位真人起源的公案記錄在《五燈會元》臨濟法嗣定上座的篇章裏，這個
名相為臨濟義玄禪師創，後代禪師也常舉「無位真人」演說宗乘。

什麼是無位真人，就是看不見摸不著嗅不到——

不占位置的，或者沒有之人。

後南遊，路逢岩頭、雪峰、欽山三人。岩頭問：「上座甚處來？」師曰：「臨濟來。」岩曰：「和尚萬福。」師曰：「和尚已順世也。」岩曰：「某甲三人特去禮拜，薄福不遇，不知和尚在日有何言句，請上座舉一兩則。」師遂舉臨濟上堂曰：「赤肉團上，有一無位真人，常在汝等諸人面門出入，未證據者看看。」時有僧問：「如何是無位真人？」濟下禪床搊住曰：「道！道！」僧擬議，濟拓開曰：「無位真人是甚麼乾屎橛？」岩頭不覺吐舌。雪峰曰：「臨濟大似白拈賊。」欽山曰：「何不道赤肉團上非無位真人？」師便搊住曰：「無位真人與非無位真人，相去多少？速道！速道！」欽山被搊，值得面黃面青，語之不得。岩頭、雪峰曰：「這新戒不識好惡，觸忤上座，且望慈悲。」師曰：「若不是這兩個老漢，築殺這尿床鬼子。」

定上座後來南遊，在路上遇到岩頭、雪峰、欽山三無位禪僧。

岩頭問「高僧哪裏來？」

定上座說「我從臨濟過來。」

岩頭說「給大師問好了，祝大師身體健康，萬事如意。」

定上座說「大師已經去世了。」

岩頭說「我等三人專程拜訪過大師，因福氣淺薄而成遺憾。不知大師在世時有些什麼言論，請上座舉一兩個段子來。」

定上座說臨濟上堂說「肉身上有位無位真人，經常在你們這些面前走動，沒見過的自己觀察。」這時有人問「什麼是無位真人啊？」臨濟從禪床上下來，一把抓住他說「參啊！你參啊！」這個僧人準備說的時候，臨濟一把又把他推開，然後說「無位真人不就是一段干屎橛子嗎？」乾屎橛是古如廁用來揩屁股的工具，所以岩頭聽了舌頭吐了出來。

白拈賊是說憑空取物的賊中高手，所以雪峰說「大師是能無中生有的高手啊。」

欽山說「為什麼不說肉身上有個非無位真人呢？」

定上座一把抓住欽山說：「無位真人和非無真人，有啥區別？說說，說說呀。」

欽山被抓住，臉色嚇得一黃一青，不知道說什麼好。

岩頭、雪峰說「他是個新出家的，不知道好歹。冒犯了高僧，還望您慈悲放了他。」

定上座說「要不是看這兩位老漢面子，弄死你這尿床鬼子。」

臨濟自擬的無位真人這個名相，與佛性、真如這些假名同類。

在僧人問什麼是無位真人時，他抓住僧人一把推開說「無位真人是甚麼乾屎橛？」。

無位真人是個啥玩意兒啊？有這個狗屁東西嗎？都是為了引導學人破除空名，理解佛法的「無我」。這個舉止是打破門人固執於、真的認為有這麼一個「實在」，「在汝等諸人面門出入」。

長沙景岑禪師，因臨濟示眾赤肉團上有一無位真人，乃有偈曰：

> 萬法一如不用揀，一如誰揀誰不揀。
>
> 即今生死本菩提，三世如來同個眼。

《信心銘》是禪宗的法典，是三祖僧璨的大手筆。無論禪宗的基本精神，還是用功方法，乃至法界感覺，都非常到位地給傳達出來了。換言之，即是禪宗修學指導的綱領原則，也是八萬四千法門的原則綱領，所以居於佛經文獻的重要地位。

《信心銘》開篇就是：「至道無難，惟嫌揀擇。」

僧璨說大道至簡，唯一不二；不能分別，如何取捨？

但一說芥子納須彌，凡夫就固執於一點；但一說萬法歸一，凡夫就固執於一處。

一如者，諸相非相，無生不滅，一切諸佛眼中的真相。曰無位真人。

佛教延續著婆羅門的不二論，釋迦牟尼的老師就是婆羅門，佛教在反對婆羅門教的運動中興起。

在印度教滅佛教而中興時，也把佛教安置在自己體系內成為「一脈」，這就導致二者必有著千絲萬縷的彼此對峙又互相「抄襲」的關係。

雖然，佛教和婆羅門教對「即蘊我」的看法一致——不是我。

但是，在「離蘊我」的看法上，佛教和婆羅門教有了根本區別。

無論大乘小乘，佛系大多教派都旗幟鮮明反對「即蘊我」和「離蘊我」，即以反對一切形式的「我」，佛謂「無我」。

曰無位真人。

大顛和尚說話了，「要見此人嗎？」

> 白頭童子智猶長，半夜三更渡渺茫。
>
> 任運往來無間斷，不須船子與浮囊。

真人「出出入入」的那個肉團心，可見於宗密《禪源諸詮集都序》，為四心中的第一種心。而這虛空之心，見之不易！

　　心量廣大，猶如虛空。

　　　　　　　　　　　　　　　　　　　　　　　　　　──《壇經》

禪師開始左顧而言他了：

　　鴛鴦繡出憑君看，不把金針度與人。

不是不願意把「金針」給你，僧家都是捨命的主兒，奈何惜此一針？

而是「自修自證自菩提」，而是，「此般至寶家家有，自是愚迷識不全。」「人人本有長生藥，自是迷徒枉擺拋。」

在實際修證中，無論是瑜伽士、禪師，還是修道士，他們在不同的國家不同的地區，進行著同一樣事情的實操的時候，在親臨實景之後，不約而同地，都把握住了這麼一條規律：任其自然。是啊，連心臟的跳動、呼吸的自主和毛髮的生長，這些我們能看見的我們都不能控制，那麼，日月的旋轉、真氣的運行、子午的流注，怎麼能是人力可以干預的呢？

誰謂主宰？無位真人。

無位真人也令後世參修念念不忘：

「如何是無位真人？」

「這裡無安排你處。」

隨口一說，無法接待。說有即無也。

「如何是無位真人？」

「聞時富貴，見後貧窮。」

高僧高道，皆以哭窮為長：

未見性前：浮想聯翩，辦法沒有想法多。

見性後：空空如也，一貧如洗，一絲不掛，一點想法沒有了。

六祖曰「惠能沒伎倆，不斷百思想。」後敘。

從這個角度來看這些故事，就能獲得真正的精神營養：喬達摩・悉達多，一名高幹子弟（我說他是高幹子弟，且待以後再閒扯），因為熱愛瑜伽，拋棄了很多東西，經歷了無數的磨難，甚至於連他的肉身都能拋卻得如此徹底。那麼，他不能得到天上的大菩提、大天機還有誰能？！我以為，這就是這些個寓言故事在實修中，給予我們的最高的啟迪。

想想吧，如果一位母親一把屎一把尿拉扯大了一個兒子，這孩兒號稱去學

人間最高的學問去了，暫時誰也不知道他學的是什麼本事，整個村里人都認為出了個奇才給他掛上大紅花套著大騾子一直送到小村外，長亭邊。

好了，十年後他老媽站在門口等著外出的孩子回家，一個叫同修的吧，來了。

把精心地包在好幾層草紙裏面的一抔虎糞，或一坨鳥屎，交給一位望眼欲穿的老母親，說：這是你孩兒！他成道了。

只要學者問問「這一抔屎尿」，你是對得起老虎了、老鷹了，你對得起你親娘嗎？！你學的道就是叫人變成一坨鳥屎的戲法嗎？

俗話說「經是好經，都叫歪嘴的和尚念歪外了」就是這個意思。

他們被一些無德的無知的更無修行的卻有目的的「講經人」蒙住了眼睛。

我很遺憾的說一句，很多學佛的人都說這些事兒不是寓言而是真的！你就是拿金剛鑽都轉不開那些「同修」花崗岩腦袋。

佛本生故事大部分與佛法無直接關係，說書人將故事中的人、神、動物中的某一個指為菩薩，立即成為佛本生故事。佛本生的故事都是講得很隨心所欲的，就像莊周經常拿孔丘來說事一樣。不拿個名人來說事兒，這事兒說得就不吸引人，也就不能動人，那就不是一個好的說書人。

言者無意，聽者有心，這下好了，可害苦了一些「讀書人」、愛好者。

同樣，佛陀說過一句名言：我不下地獄誰下地獄。

這個地獄，就是個譬喻，它是指我們的肉身……

那麼連帶的，「地獄一日不空則不成佛」這一句也好理解了：

在實修的意義上就是在還在未能斬盡三尸、消去五蘊之前，也就是未能達到純陽之軀之前，都不能稱為「圓滿」，所以「地獄」度得不徹底，你想成佛也成不了啊。試看，今天的「地獄」空了嗎？向「牖」外望去，人類向互保摧毀和毀滅共同家園的目標挺進的速度似乎表現出越來越快的跡象了。

四海聖賢，其心相通！釋迦牟尼在三千年前沉思欲望的出處和苦難的根源，道家鼻祖也曾發出過同樣的感慨：「及吾無身，吾有何患？」

所以，那個「拋卻」就是「忘卻」啊，真的拋卻了您就成一抔鳥屎了……

然後呢，兩位達人，一個是面對「大眾」的「普度」，一個是面對「小眾」的「傳道」，也就有了「因材施教」。

所以參悟透丹經了，你一定能看懂佛經；但是「懂得」佛經的，你不一定看明白丹經，胡適都說它「鬼話連篇」。所以，不管什麼樣的人物，總是有他

的盲區。

呵呵，不是嗎？自求學問道始，我們就被填滿了一肚子的「概念」：識神、元神、水火、鉛汞、先天一氣；裝滿了一肚子的「火候」：採取、搬運、鍛鍊。不要慚愧，大家都一樣，初學無一不入五里霧中。現在想想，什麼都不知道，那才是修道的理想狀態，沒有任何宗教觀念、哲學思想和丹道知識，找個明白人告訴你怎麼做，你就比葫蘆畫瓢就那麼去做唄：

「不要去採什麼先天一炁，那玩意兒壓根不是採來的。」

「那，那玩意兒是怎麼弄來的？」

「勿忘勿助呀，不期而遇呀，偶然之間呀。」

「那我們如何《馴服偶然》呢？」

「『偶然』一直是你們這些有識之士不可容忍的事物——哪裏有什麼偶然？只是因為你不知道大道運化的必然機制而已。所謂偶然，要麼是懶惰的託詞，要麼是庸俗的迷信。去看看休謨怎麼說：哲學家通常都承認，粗俗之人所謂的偶然除了是一種詭秘的和隱匿的原因外，什麼也不是⋯⋯」

「什麼⋯⋯也不是？」

「是啊，多知為敗。」

「⋯⋯是什麼？」

「多言數窮，不如守中。」

> 神曾經說過：一匹驢子背負一堆的書，它的知識不是從我這兒來的。

——Rumi（1207～1273）

3

如來妙體遍河沙，萬象森羅無礙遮。
會的圓通真法眼，始知三界是吾家。

——《悟真篇外集·悟真性宗》絕句第一

「如來妙體遍河沙」，換些個通俗的說法就好理解了，「遍及一切處」、「道在屎尿」等等。佛教以「佛」這個榮譽稱號，同時兼指一個人，和宇宙的本體，這在宗教中的「神學指數」而言是次於基督教高於道教的，就道教而言，是「天地不仁以萬物為芻狗」，芸芸眾生的生老病死，不關老子的事，就佛教而言，天地萬物有情眾生，皆是佛性的表現——「如來妙體遍河沙」，哦，這個「坑」

挖得太大了，人只要掉進去，鮮有能脫身的，因為這個坑大得……看不見邊沿……

　　總之，解說紫陽真人的《悟真篇》是離不開佛教的，他即以「悟真性宗」的「談佛」來結束「論道」。而且談玄論道，離開佛教這一派「超級玄學」也是顯得很「孤獨」的。您能看清它的邊沿，道教那個坑兒簡直就是毛毛雨；您能明白了它的神話，那道教的簡直不值一哂。

　　不像「老子」與「道」的關係，是「一分為二」的，一個是人、是哲學家思想家，一個是「自然之道」、是本體。而「佛」與「佛教」呢？不僅是一個有身份的、瑜伽愛好者的榮譽稱謂，也是這一教派對法性、實相──萬有本體、「宇宙真理」──的稱謂。那些多係窮苦出身的「沙門」，在推舉與惡霸地主進行非暴力不合作運動的領袖之際，卻又一致推舉了並非根紅苗正的、「富農」出身的喬達摩·悉達多，由剎帝利領著來批鬥婆羅門，這就是打著紅旗反紅旗。這就是人性，吃喝拉撒，拉幫結對，呵呵，修行人別指望把人性修掉。不知道我說明白了沒有？「佛」不是穆罕默德和耶穌的「信使」的角色，他就是宇宙是本體是萬物的來源和眾生的歸宿！這下熱鬧了，他還能消停嗎？宇宙萬象都是從他老人家的心裏釋放和回歸的，這也就決定了，這位反對婆羅門神學的思想家，在身後不成為萬能的神都不可能了。也就決定了，除了內部出現一些「逆子」，它的「超級玄學」地位的難以撼動性。如果撼動了這個觀念會怎麼樣？很多花崗岩腦袋會「腦洞大開」嗎？很多神棍會不治而愈嗎？難說。

　　我們去拜訪一下坐在經典深處的佛陀，再到印度文化的圈裏轉轉，這對於學者理解佛教文化，一定有所受用，對於閱讀丹經也一定有所受用。所以，看似扯遠了，實際上是沒有走遠。本文是寫給那些能獨立思考和還有反思能力的同學看的，佛教經典中蘊含著大量的關於禪修的經驗，如果我們不能很好地審視佛經的風格，那真的是不能很好地汲取它的養分了。所以，研讀宗教經典，關鍵是領悟其中的意思就可以了，很多情況下的數據都是虛指和形容，間或寓言的意味，比如說恒河沙數，佛光萬丈，普度眾生，度空地獄，百千萬億功德……

1.「0」和「歸零」的文化

「一個人的補品可能是另一個人的毒藥。」

這是古希臘的西羅多德的一個意思。

研究中國文化，離不開研究佛經；

　　而準備翻讀佛經的朋友，不妨先翻印度的「數學」，及其應用。這比直接去研究佛經，尤其是大乘經典，更能開啟心智。確切地說就是，先打好預防針……

　　和所有的宗教一樣，佛教或者佛學富含非常的營養和無比的「毒藥」，也要看學者怎麼去學習、領悟，和吸收了。

　　0 是印度人發明的，在公元 5 世紀印度最古老的文獻《吠陀》中出現了，遺憾的是，在發明了這個「魔鬼數字」的、流行神學的故鄉，並沒有多少數學成就。反倒是，印度教推崇來世而輕視今生，強調人生的無常、虛空和一切「歸零」。

　　著名的英國自然史學家李約瑟博士推測，0 的概念之所以在印度產生並得以發展，印度文化中的「虛空」概念是思想基礎，這句話說得很到位。印度的傳統認為，宇宙是由地、水、風、火構成的，虛空是萬物存在的場所，即宇宙的本源是「絕對無」。而苦、樂、生、死等是獨立的精神元素，人就是這些元素機械的、自然的結合，並受「命定」的支配，在命定中人的意志是無能為力的。

　　8 世紀初，印度一位天文學家訪學於巴格達期間，將這種記數法介紹給了阿拉伯人。那正是阿拉伯帝國的黃金時代，開明的阿拔斯王朝哈里發提倡文化、獎掖學術，於是這種簡便易行的發明，不久就取代了阿拉伯數字，然後傳入西歐。

　　羅馬教皇看到 0 的第一面是非常憤怒，他憤怒地斥責在上帝創造的數裡沒有這個怪物，如今誰要使用它那就是褻瀆上帝！

　　結果呢，0 被教皇視為「異端邪說」禁止了嗎？由於採用計數的十進位法，加上阿拉伯數字本身筆劃簡單，寫起來方便，看起來清楚，特別是用來筆算時，演算很便利。因此隨著歷史的發展，阿拉伯數字逐漸在各國流行起來，成為世界各國通用的數字。而羅馬數字遭遇了淘汰。

　　你看，宗教、神學，還是無法阻擋科學的腳步的。

　　2. 再來看看和「印度的數學」關聯密切的「佛教的數學」

　　我們知道，印度這個古國，除了孔雀王朝短暫的瞬間，在歷史上幾乎沒有統一過，基本上是一個類似部落群的散亂狀態存在著，不是被土耳其穆斯林奴役，就是被蒙古人和英吉利統治著。

　　這就出現一個問題，它的度量衡的問題，也始終未能統一，據說直到今天。

就從佛學大辭典，對「洛叉」解釋開始吧：

> 【洛叉】梵語 laks!a。印度古代數量名稱。意謂十萬。又作落叉、洛沙、羅乞史。如意輪陀羅尼經：「一洛叉，唐雲十萬數。」玄應音義卷二十三謂，洛叉又作洛沙，相當於十萬；一百洛沙為一俱胝。
>
> 梵語雜名：「十萬，梵名羅乞史。」又俱舍論卷十二、梵語千字文等謂洛叉為億。此外，密教設淺深二教，淺略釋以洛叉為十萬之數量，深釋則以之為見照或成就之義。

買糕的，古印度的度量衡不是一般的混亂，有以萬萬為億者，有以十萬為億的。佛經裡多取後者，即以十萬即謂億。這就不難弄明白了，釋迦牟尼去世後，為防止搶奪舍利者，在城門排兵佈陣的人數過億。

這個部落的文化習俗就是盛行「神學」、「玄學」，準確的數學反而會妨礙這種傳統的發揚和光大。

印度的歷史一直被宗教神學主宰著，印度教和佛教是最有影響力的兩支。

故而，佛經的「華麗」，不好聽地說，就是它的誇張的語調、浮誇的風格，顯然與天竺文化的大背景，是一脈相承的。並且也把病毒傳到了中土……

> 過去久遠，阿僧祇劫，於閻浮提，作大國王，名曰尸毗。王所住城號提婆拔提，豐樂無極。時尸毗王主閻浮提八萬四千諸小國土，六萬山川，八千億聚落。王有二萬夫人婇女，五百太子，一萬大臣。行大慈悲，矜及一切。

——《賢愚經》

3. 喬達摩的老家走起

讓我們到佛陀故鄉——迦毗羅衛國看看。

中國的法顯、玄奘都曾到過此城。

東晉的法顯和尚來迦毗羅衛城朝聖，「已城址荒蕪，民家僅數十。」

唐僧玄奘來此地時，也是「空城十數，荒蕪已甚。王城頹圮，周量不詳，其內宮城周十四、五里，壘磚而成，基跡峻固，空荒久遠，人裏稀曠，無大君長，城各立主，土地良沃。……伽藍故基千有餘所，而宮城之側有一伽藍，僧徒三十餘人，習學小乘正量部教，天祠兩所，異道雜居。」讀後感是：非常荒涼。

現代印度要做歷史研究，原始資料都要從我朝的文獻中尋覓。

印度考古學家根據中國文獻的記載，以 1895 年在尼泊爾的特賴地區發現

的、阿育王朝聖後設立的拘那含牟尼佛石柱，以及 1896 年在藍毗尼發現的阿育王釋迦牟尼佛誕生石柱為線索，於 1899 年在提羅拉科特試掘後，確定此處即為迦毗羅衛城遺址，約十個村落組成，城區長寬一公里左右，國土方圓三十里，相當於與之相鄰的我國雲南、西藏邊境山區的一個鄉鎮大小。

那麼，你能想像今天的尼泊爾國內曾經存在著一個何等的大國呢，而這個國家僅軍隊員額就達一億？

《增一阿含經》：

「流離王殺九千九百九十萬人，流血成河，燒迦毗羅越城。」

《法句譬喻經》：

「琉璃王伐舍夷國，殺三億人已引軍還國」。

漢地的許多經典都對此事有記載，西晉竺法護翻譯的《佛說琉璃王經》中，詳細敘述了迦毗羅城被毀滅，以及釋迦族人被屠殺的整個經過。在《大般涅槃經》中也提到，毗琉璃太子廢其父而自立為王，並以宿怨殘害釋迦族人。關於釋迦族遇難的人數，在不同的經典中有不同的說法，有的說琉璃王殺了七萬七千釋迦族，有的說殺了八萬人，有的說殺了八萬八千人，而在《增一阿含經》中說是九千九百九十萬人。是的沒錯，一個億。因為跑了一萬，琉璃王只誅殺了九千九百九十萬人。

《阿含經》解釋了，釋迦族人口眾多，武器先進，訓練有素。就是不願意殺生，故此束手待斃，任其殺戮姦淫。

這個說法，難以服眾。但是在宗教的經典裏面，它就敢這樣說。

而佛教傳到中國後，釋迦牟尼被說成太子，太子在天朝是什麼意思？帝國皇位的繼承人，非一個大一統帝國儲君何敢言太子？這是中土的秀才們搞的面子工程啊。

考古學證實，迦毗羅衛確實只是中國一個衛所級別的行政單位，這很出人意外，但是只要人們設想一下德意志在由俾斯麥完成統一之前的情形，這個問題就不是問題了，略知西方歷史的同學們都知道，德國的前身──「德意志人的神聖羅馬帝國」，經常是王室只有一塊彈丸之地，號稱「帝國」了，所以伏爾泰說「它既非神聖，也不是羅馬，更不是帝國。」而且，這帝國境內竟然曾擁有數百個諸侯國，那你說每個「王國」會分到幾個城堡或農莊呢？像著名的茜茜公主，她的老爸馬克斯公爵的采邑大概也就是一個農莊吧。當然，德語系國家對於公主的定義，與天朝的不同，僅僅是對王室（獨立主權領主）血統女

性成員的尊稱了，在更寬泛的意義上，古代歐洲只要是有獨立領主權的貴族女兒都可以叫公主，類似滿清貴族女兒也可以叫格格。

釋迦牟尼的老爹其實也就是在行使一個鎮長的職責而已。而佛經在漢譯之後，一切都變味了——這也和中國的文學發達有關，印度神話和中國文學一拍即合，聯手放了個「畝產一萬斤」的大衛星。那時要是像現在的信息傳媒發達，中土秀才的打誑語，天竺國的真相立刻也就曝光了。那麼佛法也就無緣在天朝落地開花了，那也是一個大遺憾。我還是非常喜歡研究佛經的，裏面飽含實修經驗，彌足珍貴、殊勝難得。

從印度走過我看到它的一部具有國家名片性質一樣的片子《Incredible India》，就像一位諾貝爾文學獎得主說的那樣，「印度之外的世界要以他們自己的標準來評判，而印度是不能被評判的。印度只能以印度的方式被體驗。」（V.S. 奈保爾《印度：受傷的文明》），確實，印度文化是「不可思議的」。14 年某月印度總理出席孟買某醫院落成典禮時聲稱古印度就已經掌握了整形外科手術，證據是印度教的象頭神伽內什。「當時的印度人已經有了基因科學的概念，古印度史詩《摩訶婆羅多》就是很好的證明。」有趣的是這些發表反智言論的人，還都接受過高等教育，呵呵，韓國人要注意了，有對手了。還有一些懷舊的印度人斷言，人類的一切科學發現和成就，早在吠陀時代便已誕生於印度。所以印度人對外來的現代觀念和生活方式，甚至是一些外國先進產品都充滿著牴觸，也就不足為奇了。《韓非子・亡徵》云，「用時日，事鬼神，信卜筮而好祭祀者，可亡也。」

真偽相雜、虛實相間，「佛經」的非常之迷人之處就在這裡！

誇大其詞也許並非它的本意，但是卻給人以信口開河的感覺。

但是你如果要辯論，那信徒們總能引經據典兼以因果報應，論得昏天黑地得都不知道自己在說什麼胡話——因為玄奘取回的「因明學」，它的重要的一項功能就是搞辯論的專用工具——這是佛教與生俱來的最大的一個習氣。就像伊斯蘭教是跟隨著阿拉伯帝國的彎刀推進的，而「佛教」的崛起，離不開「嘴炮」。看蒙古帝國舉辦的一次國家級別的高峰論壇：

八思巴問：「汝《史記》有化胡之說否？」

道士答：「沒有。」

八思巴再問：「你們教主寫的經書叫什麼來？」

道士答：「《道德經》。」

八思巴接著問：「除《道德經》外，教主還寫有別的書出沒有？」

道士答：「沒有。」

八思巴緊接著又問：「那在《道德經》中，老子說其化胡的事兒沒有？」

道士已經感覺到「坑」了：「沒有……」

有意思的是，八思巴的表文中，居然能引經據典地引用《莊子》之說，來證明老子其實死於漢地，所謂「化胡」之說，除了《化胡經》之外沒有任何證據能佐證。

「中有一道士，不勝其憤」：「你們這是誹謗，用莊子之語來說老子之死，無知到根本不知道莊子寫的都是寓言，豈能當真？」

這下，被抓住尾巴了。

少林掌門福裕撓撓頭皮：「不對呀，你們道家不是以老莊為宗嗎？如果莊子的話都不能當真，那《道藏》還能當真嗎？」

「咳──咳──咳──」八思巴總結道：「然並卵。據我所知，漢人最權威的史書《史記》中，都沒有說過化胡這麼一回事，你們教主自己寫的書裏也沒有說這麼一回事，其為偽妄明矣。」

道士掉坑裏了：「……」

這時，《辯偽錄》中出現了一段突兀的行文：

那摩國師以拄杖指著道士罵曰：「這般驢馬之人百事不曉，與這般先生設個什麼？」

罵你都不虧啊小道士，怎麼說你好呢？你穿越一下，到南北朝去，看前輩的表現。

姜斌道長和曇謨法師，在北魏孝明帝御前討論老子化胡說。

> 帝曰。佛與老子同時以不。
>
> 姜斌曰。老子西入化胡。佛時以充侍者。明是同時。
>
> 法師曰。何以知之。
>
> 斌曰。案老子開天經。是以得知。
>
> 法師曰。老子當周何王幾年而生。周何王幾年西入。
>
> 斌曰。當周定王即位三年乙卯之歲。於楚國陳郡苦縣屬鄉曲仁里。九月十四日夜子時生。至周簡王四年丁丑歲。事周為守藏史。簡王十三年遷為太史。至敬王元年庚辰歲。年八十五。見周德凌遲遂與函關令尹喜西入化胡。斯足明。

法師曰。佛以周昭王二十四年四月八日生。穆王五十三年二月
十五日減度。計入涅槃後經三百四十五年始到定王三年老子方生。
生已年八十五。至敬王元年。凡經四百二十五年。始與尹喜西遁。
據此年載懸殊。無乃謬乎。

孝明帝令群臣詳定此事真偽，太尉蕭綜等人說：「《開天經》是道教偽造，
欺世惑眾，當流放姜斌，廢止開天偽經。」孝明帝於是採納其建議，流放姜道
長於馬邑。

姜道長引的《老君開天經》固然是偽經，曇法師引的《周天異記》、《漢法
本內傳》也不是什麼正經啊。看，兩邊各置偽經數卷，一本正經地對坐，丁是
丁卯是卯，探討得多認真、多嚴肅、多理性。

所以替你捉急也沒用，翻翻《化胡經》，難道你不知道「化胡」之事，是
老子寫《道德經》以後的事嗎？

是時太上老君寄胎為人……爾時老君鬚髮皓白。登即能行。步
生蓮花。乃至於九。左手指天。右手指地。而告人曰。天上天下。
唯我獨尊。

……

我令尹喜。乘彼月精。降中天竺國入乎白淨夫人口中託陰而生。
號為悉達。捨太子位。入山修道。成無上道。號為佛陀。襄王之時。
其歲乙酉。我還中國。教化天人。

噫？《化胡經》裏老子投胎轉世的異象，咋和如來如此一樣？更狠的是，
如來居然是函谷關的守官尹喜轉世，比老子低了不止幾個等級。如此說來，佛
教的根柢全在道教了，現在不過是從天竺傳世中土罷了。

噫——，抄襲同窗的作文的同學，就不能把同桌他的名字改一下嗎？難怪
那摩國師要罵人，我都不好意思替你去罵他了。

其實，這根本就是一場不對稱的辯論，姑且不說要蒙古大汗去理解《莊子》
之寓言難於上青天，單單八思巴身後那由三百光頭黨組成的智囊團隊，無論是
少林寺長老、五臺山長老，還是圓福寺長老等等、等等高僧，多係博士秀才出
身，對中國文化知根知底，由他們參謀、帶路，道方焉能不敗？再者，道方在
造經方面既沒有釋方的豐富經驗，也沒有釋方的優越條件。老子只有一本著
作，總計五千言，而天竺國的情況對東土人還是個謎，只見佛經一卷一卷地造
來，一馱一馱地向東傳輸，不僅一群中國人都嘖嘖稱道說秒，等不及首發的唐

僧，甚至九死一生地奔西天去取「真經」。隨便舉個例子，看《佛說大灌頂神咒經》：

> 佛語阿難葬法無數。吾今當為略說少事。示現未來諸眾生也。我此國土水葬火葬。塔冢之葬其事有三。閻浮界內有震旦國。我遣三聖在中化導。人民慈哀禮義具足。上下相率無逆忤者。震旦國中人民葬法莊嚴之具。金銀珍寶刻鏤車乘。飛天仙人以為莊嚴。眾伎鼓樂鈴鐘之音。歌詠贊歎用為哀樂。終亡者身衣服具足。棺槨微妙香煙芬芬。百千萬眾送於山野。莊嚴山林樹木鬱鬱。行行相值無虧盈者。墳柏茂盛碑闕儼然。人民見者莫不歡欣。

這遣詞、這造句、這行文，這能是如來佛的口氣嗎？這死不要臉的楞是說這是「佛說」。連中國的懸棺葬如來都一清二楚，當然，別被他的煙幕彈罩住眼睛，本來就借題發揮嘛，主要是說「三聖」是如來佛派中國，教化中國人民的。「三聖」是誰，看《佛說清淨行法經》裏面的「佛說」：

> 儒童菩薩彼稱孔丘，光淨菩薩彼云顏回，摩訶迦葉彼稱老子。
> 須那經云。吾入滅千載之後。教流於東土。王及人民。奉戒修善者眾。

如來佛自己都說了自己國家還那麼原始、愚昧、落後，他先派儒童一行倒先把「震旦」教化得像個文明古國、禮儀之邦。哦，《大梵天王問佛決疑經》裏面又把「震旦」的全名列出，「大七寶震旦」嘖嘖，叫一些有志之士一眼就看出了，這是不「宋」朝嗎？如來佛還是一個漢學家？接著又用廋文、隱語的方式，把三皇、五帝、孔、李、周、莊，全說成是菩薩化身轉世。算了，「今日無話可說。」勸學佛的同志去看看呂澂先生的《楞嚴百偽》吧，把如來視為手中的玩意兒、傀儡，這些孫子眼裏還有佛祖嗎？

所以，史書記載的場景如果不是「道者辭屈」，那才怪哉。

容不得道士多想，總裁判尚書令姚樞起身宣布比賽結果：「道者負矣！」

由僧人主編的《至元辨偽錄》，就像由道士（「耶律楚材」）執筆的《玄風慶會錄》一樣，雖然傾向性比較明顯，但前者寫得更有戲劇性：

> 帝師：「我天竺亦有《史記》。汝聞之乎？」
> 對曰：「未也。」
> 帝師曰：「我為汝說。天竺頻婆娑羅王贊佛功德有曰：天上、天下無如佛，十方世界亦無比。世間所有我盡見，一切無有如佛者。

當其說是語時，老子安在？」

印度人笑了。

八思巴的狗屁邏輯、胡攪蠻纏自然就不消說了，所以他造的「蒙古字」不能使用也不奇怪。

我們今天看歷史，了了分明，分明是上頭早就定下的調調兒。經梁武帝批示，老子是如來的弟子；經北魏太武帝、北周武帝批示，如來則是老子的高徒；經唐太宗批示，則「道士女冠，可在僧尼之前。」經此一辯成名，八思巴獲得了給忽必烈大汗的灌頂權，忽必烈則委任八思巴統領西藏，算是第一個達賴了。西藏也就是在蒙元之際，正式被納入中國領土的，從此再也沒有離開過我國的領導和管轄，這是人們無意識之間為中華民族做的一件大功德。

其實沒有這場辯論，當時的蒙古帝國需要的也是「佛教」而非道教，因為大規模論戰結果還是以國家利益為導向的。一代英主唐太宗稱讚「老君垂範，義在於清虛」，不單單是「聯之本系，出於柱史」這麼簡單，這與唐初「以靜治天下」的施政方針是吻合的。在成吉思汗時代，蒙古人初入中原，得到一些丘處機的回應總比沒有要好；而此際呢，忽必烈已經發現了西藏自治區「宣政院」院長一職的最好人選。

平心而論，道教的源頭，雖和佛教無關，卻也受其啟發。佛教於兩漢之際在中國落地生根後，對社會的影響日見深遠。在此之前，道家思想雖然久已流傳於世，但作為完整宗教形態的道教尚未形成。到了東漢之末，受佛教教團組織的影響，道教登場。佛教在南北朝之際，漸成氣候，直接刺激了道教（重玄學的形上學）新理論的出現，直接催生了一種與即將興起的佛教禪宗相似的道教心學思潮的萌芽，看《太上老君內觀經》的句子，「老君曰：諦觀此身，從虛無中來。因緣運會，積精聚氣，乘業降神，和合受生。」有幾種味道？寇謙之在改造原始道教時，他就不少地以佛教做參考。靈寶派是道教世界觀的「佛教化」，重玄派是道教玄學的「佛教化」，而後來的全真道呢，更是道教宗派的「佛教化」。

種種因素綜合起來，每當信奉「大言不辯」、「大智若愚」、「呆若木雞」、「木人石心」的笨嘴拙舌的老子之徒與之同臺較藝、「三教論衡」，呵呵，焉能不輸得灰頭土臉？

4. 對偏頭痛頗有特效的「方便說」

佛教的「煩惱」，對應的是道家的「逍遙」，這誰沒意見吧。

佛教修行的主要一個目的，就是除煩惱。

煩惱是生物進化過程中，逐漸出現的一種「情緒」，草履蟲沒有煩惱，爬行界開始有了，至人尤甚！

人屬會因煩惱而抑鬱、而神經、而自絕，他們的遠親──動物朋友不會。生物學家有過觀察，患精神病的動物也有存在，但精神分裂、錯亂卻是人類的專利！

雖然抑鬱、強迫性神經症和焦慮等情況，在很多非人類物種身上都有記錄。但精神疾病可能是人們腦部更大──即更高級更複雜的認知能力──進化，導致的不幸代價。

而現在，動物界也出現了神經病，則大多是被生存環境的惡化導致的，像瘋牛病，幕後都是人類的造孽，可憐人。

今患頭痛，如似石押，猶如以頭戴須彌山。

──《增一阿含經》

當憍薩羅國的軍隊蹂躪釋迦族的村落時，悉達多頭疼了。

就一般修行規律而言，隨著禪定的深入，外在的情緒越發敏感，然後，會再在極限處有一個質變。「道高一尺魔高一丈」就是針對這個而言，注意，不要把「魔」和「鬼」一起詮釋。

「魔」，白話說，讓文人說話就是「這幾天心裏頗不寧靜」，讓職業殺手說話就是「你殺我的狗，我殺你全家」！所以，古訓云：打狗切要看主人。聖人道：天地不仁，以萬物為芻狗⋯⋯

但是身為諸漏已盡無復煩惱的如來、至真、等正覺、十號具足者，這個頭痛，從眾生的角度看，似乎是說不過去了。但是，我們應該感謝這位如實為佛祖寫傳記的人，他沒有像中土的秀才那樣，「為賢者諱」，及筆下無底線⋯⋯

我們也由此看到了生活中的佛陀，即，人間的佛陀。這才是對學法修道人，最具有價值的東西！

這的確是件令人頭疼的事，神通也好，佛法也好，此刻沒有一樣能派上用場，沒有一樣能改變國破家亡的悲慘命運。學生們對老師的信心也隨之動搖了，無論如何，先生的「祖國」是在他眼前滅亡的。先生最初從得到小道消息的時候，他也不是沒有作為，曾三次前往勸阻，最終因為頭痛作罷。

悲劇就這樣發生了，不到半天的工夫，所有釋迦族的男女老少全被琉璃王所殺。釋迦牟尼對眾比丘「坦然地」宣布：「釋迦族償還了這筆冤債，仗著宿

世善業，仍可以昇天」。

　　無論如何，悉達多的「祖國」在他有生之年，在他的眼皮底下滅亡了，既然在眼皮下發生了國破家亡的慘劇，這無疑讓佛祖很頭痛的同時，也很失面子。

　　以悉達多此時的禪定工夫，我想他對面子看得並不重要，但是怎麼彌補這個巨大的不良影響呢？在佛祖佈道的過程中，供養佛祖的迦毗羅衛，拘薩羅，摩羯陀三國發生的連續的國難，這足以毀掉他剛剛起步的拯救事業——佛教傳入中國以後，頗受壓力的本土道教、道士常常奚落起佛教來，就老拿那個「三破論」來說事兒，既入家破家入國破國入身破身，就來源於此。

　　就在弟子們難以理解為何先生為何不能阻止暴行、為何佛陀拯救不了自己的族人之際，歷史上留下了喬達摩·悉達多最震撼人心的一次說法，也為後世佛教開啟了一條「如法炮製」、屢試不爽的「方便」之河：

　　在很久很久以前，琉璃王是一條大魚，被釋迦族的人捕獲。

　　當時的佛陀還是一個孩子，出於好奇，這孩子敲了三下魚頭。

　　無數年之後，當年的漁村村民們轉世為釋迦族，大魚轉世為琉璃王，小魚轉世為琉璃大軍的士兵。

　　因為這一往世的滅族之恨，故而琉璃王長大為王大權在握因果成熟後，又因釋迦族人曾經責備而引發昔日的嗔恨心，於是即使明知是佛的族人，也照樣堅決要滅掉釋迦族。

　　但因為「我」當年只敲了魚頭三下，並沒有吃魚，所以琉璃王對我還是很恭敬，不敢與我直面衝突，每次見我阻撓在道就退兵。雖然我沒有吃魚，畢竟無緣無故敲打了人家三下，結果在第四次阻撓琉璃太子進城的關鍵時刻，我頭痛了三天……

　　「釋迦族從前種下的業因，現在緣熟。此次必定難逃劫數。」——我的頭痛，釋迦族的滅族，就是共業結果的例子——賣糕的！偌大的一個種族滅絕的一個因果報應，根源竟在村外小河溝中的一條小魚兒那裡……

　　這種說法很有意思，但是總是覺得哪裏不對頭？不敞亮？或者，不舒坦？

　　「啊，十九世紀啊……一個獵人向樹林裏放了一槍，他的犧牲品落下來，他奔過去提它，他的靴子撞在一個螞蟻窩上，毀壞了螞蟻的巢穴，而螞蟻和它們的卵就向四面飛開去。……這一窩螞蟻中頂頂聰明的哲學家也決不能理解這個巨大而可怕的黑的東西，這雙獵人的靴子是什麼。它突如其來地衝進了它

們的巢穴，還伴隨著一聲可怕的轟響，和一束紅色的火光……」

除了不禁地想起了《紅與黑》的結尾，讓人還能怎樣說？

哦，對了，這個不甘於命運的、叫於連的小夥兒在生命的盡頭腦子中浮出的畫面還有「中國元素」：「盛夏，一隻蜉蝣早晨九點鐘生，傍晚五點鐘死，它如何能理解夜這個字呢？」「讓它再活五個鐘頭，它就能看見和理解什麼是夜了。」

以佛陀的智慧，他不會不知道這樣說故事風險是很大的，但是同時他也知道自己在弟子心中的絕對威望，也因為講故事這種「方便說」，是最生動形象的說教方式，尤其是面對以目不識丁為多數的信徒，「討論這些重大的問題真是發瘋！」——這個看看今天印度的文盲比例就足以以今知古了。

因果關係是人類認識事物過程中對各種已知現象的一種節約思維成本的歸納方法，至今它仍像帝王一般統治著人類的知識王國。在哲學意義上，因果律指的是客觀現象之間引起與被引起的關係。大多數人認為，這種關係是客觀的，是不依人的意志所轉移的，並帶有時間上的先後性，即前因後果。在佛陀身邊的、當時的理論體系中，也只有因果論，能最好地、最「圓融」地解釋他的家族「應該」遭此姦殺擄掠的前因後果。

不幸的是，後來，喬達摩·悉達多每次遇到難題都用因果來解釋，也被弟子們總結為一條鐵律。

定業難轉啊，也就是說佛法能解決一些不定業，至於定業那是無法解決的。

可是按照因果律，又有哪一樣不是前生注定的呢？

既然改變命運都是徒勞之舉，那麼今生就什麼都不要做了。今天世界第二人口大國，擁有絕對貧困人數世界第一的大國，之所以這麼悠閒、穩定和慢生活，也就不難理解了。

5. 消失在霧霾中的唯物主義的晨曦

這段故事中的還有一個插曲，讀來也是饒有趣味。

琉璃王攻打釋迦族，先生自然傷心。

學生目犍連有大神通力，欲往救之。

《增一阿含經》曰：

神足輕舉，飛到十方，所謂大目犍連比丘是。

《智度論》曰：

　　　　如舍利弗，於智慧中第一，目犍連神足第一。

　　而我卻勸目犍連勿救。因為我瞭解他，更瞭解佛法……

　　目犍連舉神足，飛到釋迦族處，以其缽裝入五百人眾，助其脫困。

　　目犍連對佛陀說：「救了五百人。」

　　我說：「在哪裏？」

　　目犍連取出缽，一看大駭。

　　五百人眾已化為一灘血水矣。

　　所以我說，神通不敵業力。

　　又，目犍連神通第一，卻被外道打成肉泥。

　　所有比丘有疑惑，都來問佛。

　　我只好說：「在往世，目犍連為婆羅門子，淫溺他的婦人，對母親亦不孝。有一天，他的母親大怒，而發毒誓：此子不孝不仁，願世世有強人，打破他的身子。由於母咒其子，因此，五百世，身子仍被打碎。

　　縱然目犍連有大神通，也證了聖道，但，猶受此報也。

　　認命吧，一切都是因果，一切都是報應。

　　把婆羅門的那些「古聖先賢「的教誨再搬回來解釋現實，考量歷史，他也只能這樣說了。

　　這樣，起初是反對婆羅門神學的、已經具備明顯的唯物的、辯證意識思潮而興起的佛教，就不得不再次回到婆羅門的神學懷抱中尋找答案，就像繼承了康乾盛世的、起初意氣風發的嘉慶一樣，後來事無鉅細，都要從祖訓中尋找答案一樣。

　　但是這一次，悉達多沒有像沉思苦難的根源那樣，準確地找到國破家亡的正確答案，他只能感慨命運了。

　　這得多大的仇啊？居然讓琉璃王對釋迦部落充滿這樣的嗔？進行一個不剩的種族滅絕呢？

　　因為種姓制！

　　這是天竺國由來已久的傳統，看看今天民主印度的實際國情，我們不難理解「慣性」或「習氣」的力量。

　　波斯匿王向釋迦族求婚的時候，後者把一個奴隸冒充公主嫁給了波斯匿，生下了琉璃王，後來被琉璃王得知，並遭到羞辱，這些都是在王子少年時代發生的、留下深刻記憶的。

釋迦族的災難，讓佛陀在頭疼之後，一種新的，具有啟蒙意義的思想，在他善於冥想、善於尋根問底的頭腦中誕生，直到現在都閃爍著它那耀眼的光輝。

佛陀認為一切皆因緣起，並用緣起論為工具，否認了神的存在，進而主張四姓平等，由此更衍生出了眾生平等的偉大口號，星星之火可以燎原，一時間吸引了一大批信眾，聚集在他的身邊。以他為「神」，並愈演愈烈。

人類是群居動物，必須是被領導著的，即使在人們不再爬行之後，動物本性上的「習氣」，也一直發生著作用，這是全人類的禍，抑或福？

動物世界和叢林法則一再告訴人麼，沒有「集體」和「領袖」的力量，可能很多物種，包括人類早已滅亡了。

在人類社會中，金字塔下層的勞苦大眾，在什麼時候、在什麼世界，都是大眾和「基礎」。

得到大多數的用戶的訂單和投保，不僅是企業的成功之道，也是政治成功的基礎，更是宗教走向輝煌的標誌。

6. 到什麼山頭唱什麼歌

中國有一句俗話，「到什麼山頭唱什麼歌」，和它一個意思的「入鄉隨俗」出自《六度集經‧之裸國經》，大意是說兄弟二人到「裸人國」經商，不同的相處方式得到了迥然有別的結果，有興趣的可以看看。

悉達多的出家修行，是很受時代影響的，他本人就是在城門口偶遇了一個沙門告訴他修道可以得到解脫，而迷戀瑜伽的。

「沙門運動」發生在古代印度在公元前 6 世紀左右，這些新運動的領導者，都是婆羅門的對立面，他們來自社會的各個階層，創立自己的學派。沙門就是出家者。在古代印度，為了專心致志於哲學研究，一般的哲學家都是出家的，這也是佛教的出家根源，但後來意義不同了。

各派沙門退出社會，成為遊行者。以在森林曠野採拾食物，或乞食為生。他們的目的是發現真理，找到心靈的歸宿。他們捨棄了一切社會責任，自由地從事於思考、修苦行、研究自然以及傳佈教法，並建立學派，訓練門徒記誦及傳播教法。他們在農村或城市發表演說，而且也在尋找著向君主說法的時機，很有點中國春秋戰國的「百家爭鳴」的意思。由於印度在歷史上很少是「統一」的，這在瞭解印度史以及印度哲學宗教史上，是極為重要的。沒有統一，沒有「獨尊」，學術思想自由化才有可能。諸沙門因而得以獨立於政府之外。沙門

之間所弘講的內容，雖然大有岐異，但都是傾向於倫理道德的。至於對食物的接受，甚至金錢接受，則視之為彼等傳佈教法的正當報酬，所以如果他們發現某個政府不合適，他們不需要逗留在該國境內。

關鍵是，沙門否定《吠陀》以及婆羅門的權威，譏笑繁瑣的禮儀，指謫《吠陀》的荒謬、矛盾、不道德與胡說八道。這些，都深刻地影響了佛陀。由於《吠陀》的絕大部分是「神話」，因此要批判它並不困難。有「憤青」基因的沙門甚至宣稱整個婆羅門制度就是一種陰謀，用那些荒謬的啟示與祭祀斂財腐敗。

沙門嘲笑《吠陀》的同時，他們想獲得真理，所以對醫學、天文學和數學特別感興趣，他們的學說經常包括一些對宇宙的描述，諸如宇宙的構成元素、元素的分類、宇宙的生成、生命的意義。和各種古老的文明之初有一樣的寶貴認識，他們認為宇宙是一種自然現象，依據自然法則而運行，它不是由神或上帝所控制，也不是由某種超自然的力量所創造。宇宙間如果真的有神存在，那麼神與人、動物一樣，都是自然物。居住在不同的領域，與人類一樣──服從自然法則。他們不是不朽的，如同人類一樣，有生有死。

值得注意的是，大多數的沙門相信某種形式的輪迴說。即從亡者身上脫出的「靈魂」或「意識流」，會投入新的生命體內。在此之前，《吠陀》或婆羅門已經接受這種觀念。在當時，似乎有很多人相信他們可以記得他們的前生。輪迴說的接受，或許正反映出人們拒絕接受他們在此一生中所承受的苦樂經驗：相信有某種自然法則在宇宙中起作用，保證得到最後的公平。另一方面，此一時期的多數哲學家認為宇宙間的生活完全是苦的，他們看出了地主也有地主的難處，他們的目的在於不再轉世，而不是再生於較好的環境。因為再好的環境也只是暫時的。然而不再轉世意味著什麼呢？人的靈魂或意識能到某處去嗎？能進入靜止狀態嗎？能完全湮滅嗎？

公元前 6 世紀的沙門運動中，發展出許多各不相同的哲學派別。從許多較科學化、較有思辨性的系統中產生的，至少有五家宗派最為成功，並且在其後的二千年的印度哲學史扮演主要的角色，有時候還影響到印度境外的遠方。印度哲學的大方向，以及理論的架構，就是佛陀時期的沙門所建立的。

在這種以道德教誨方式勸導社會改革的同時，有些人創立了脫離社會的團體。在這些沙門宗派中，最為重要且最成功的，是借助佛陀之名所創立的宗派。我們應該知道，佛陀原本就是一位遊行僧，是活動在北印度諸國的一位標準的沙門。他收了不少門徒，他所傳播的學說和理論，至少在表面上，具有沙

門運動的一切特徵,是典型的沙門學說。

佛陀否定權威,這是沙門運動的核心精神!他主張學生應該自己親自驗證師長所教導的是否正確。不要因為是師長所說的就全盤接受。宇宙只服從自然法則。透過對這些法則的探究,人們乃可以獲得自由與幸福。在自然法則之中,最重要的法則是因果律。由於意識之流依循倫理因果律而生生相續,因此輪迴說也是必要的。而修行的目的,則是結束輪迴以及獲得終極平靜。

和現代人一樣,包括佛陀在內的諸沙門極力指出,社會的趨勢將會愈來愈糟糕。因此需要加以阻止,人們應該藉著真理以獲得幸福,這種幸福基本上也是心靈的寂靜。就像美國華盛頓郵報最近評選出十大奢侈品,竟然無一與物質有關:

1. 生命的覺悟與開悟。
2. 一顆自由,喜悅與充滿愛的心。
3. 走遍天下的氣魄。
4. 回歸自然。
5. 安穩而平和的睡眠。
6. 享受真正屬於自己的空間與時間。
7. 彼此深愛的靈魂伴侶;
8. 任何時候都有真正懂你的人。
9. 身體健康,內心富有。
10. 能感染並點燃他人的希望。

逝者如斯夫,幾千年過去了。看來人們內在的心靈訴求,好像沒有多大的變化啊。

再說說那個大輪子吧。

面對沒有法眼無法看到那個摩天輪子的、持懷疑態度的人,善於開導的覺悟者沒有像批評(婆羅門)傳統的不平等觀念那樣直截了當地給出自己的看法。

導師是智者,他有他的心法:死亡如果就是終點,倒還簡單,所謂一死百了。如果死亡不是終點,生命還有輪迴,如何活?作惡亦或揚善?就是人生的大問題了。

《卡拉瑪經》是南傳佛教中最為廣傳的經典,其重要性在於佛陀在此經中告訴了人們辨別真偽(或者說是過著正法生活)的原則!《卡拉瑪經》講述了

佛陀到古印度拘薩羅國卡拉瑪小鎮，「市民」向佛陀問了一些問題，就含有六道輪迴這問題。

這一次，佛陀並不是向卡拉瑪人直接去否定婆羅門教的核心概念——六道輪迴說，而是通過一連串的發問，問一些和人們有切身利益的問題，例如：

「卡拉瑪人，如果人類心中沒有貪欲、嗔怒及愚癡，你們覺得對人是有益的，還是無益的？」

佛陀進一步說：「第一，你們會這麼想：我不確定這個世界上到底有沒有輪迴，有沒有因果業報。但萬一這些事情存在，那麼我死後一定會昇天，或出生在美好的地方。第二，你們會這麼想：我不確定這個世界上到底有沒有輪迴，有沒有因果業報。就算沒有，那麼虎死留皮，人死留名，至少我可以為自己、家人或親友留下好的名聲。第三，你們會這麼想：若作（惡）之人有惡報，那麼我不對任何人懷有惡意，不造惡業，我將來一定不會遇到不幸。第四，你們會這麼想：假設作惡之人沒有惡報，那麼至少我心安理得，無愧於天地，無負於他人。」

卡拉瑪人聽完皆茅塞頓開，集體皈依。

說一說我看到這些對話的感受吧。這麼流暢的思路和邏輯，這樣的對答如流，不是長期經過長期的苦苦思索、深度冥想，一時間不是容易出口成章的；同時，這樣到位的、嫻熟的心靈分析、因材施教，和不知不覺中的角度轉換——換到每一個人自身的覺受和可以感知的角度——而輪迴的真實與假想的問題，在人們心中已經退居在了次要地位。

即便是惡人，也願意通過作惡來獲得喜樂，而不是獲得痛苦，這是人類的「習氣」，是本性中的東西。

所有的人，無論善與惡、美與醜、貧與富、老與少、男與女、貴與賤，等等，沒有人不希望自己獲得長久的平安與喜樂的，只是很多人獲取平安與喜樂的方法是錯誤的，結果也就可想而知。

佛陀的話是不是對我們有所啟示呢？

反正，我就要相信有這個摩天輪了。

這時，智者又轉換了話題：

不要立即接受或相信任何事，以免成為他人（包括佛陀本人）的知識奴隸。

為此，佛陀總結了十項準則：

1. 不因傳說而輕信。

2. 不因傳統而輕信。

3. 不因謠言而輕信。

4. 不因經典記載而輕信。

5. 不因邏輯推理而輕信。

6. 不因學說推論而輕信。

7. 不因符合常識判斷而輕信。

8. 不因預設成見而輕信。

9. 不因說者外表而輕信。

10. 不因師長所言而輕信。

不破不立，不立不破。這讓人徹底凌亂了。

人生五十年，如夢又似幻。

一度得生者，豈有不滅乎？

佛陀的言外之意，或者就「上乘佛法」來說，已著皮相矣，是為勸化愚民而設的，可有可無，可信可不信。

有，有有的道理，無，有無的說法。

信，有信的好處；不信，有不信的意義。

《卡拉瑪經》裏面的佛陀，正是我想尋找的，坐在大乘佛經深處的佛陀——前者推翻了後者單純的「以信為本」。

在南傳佛教地區，《卡拉瑪經》是一部家喻戶曉的經典，深受廣大信眾，尤其是知識階層的尊重與推崇。漢傳佛典中，與《卡拉瑪經》對應的，是《中阿含·伽藍經》。但在關鍵部分，如佛陀所言十項準則，卻未見記載。這是耐人尋味的。也許這就是「入鄉隨俗」吧。

某中意義上，從佛教建立伊始，「佛法」已經不是釋迦摩尼研究的「佛法」了。

7. 禮敬偉大的覺悟者

無論東方，還是西方，人們對因果關係的哲學研究歷史都是悠久的，印度佛教和希臘的亞里士多德在兩千年前就各自出示了對因果的研究成果。

羅馬繼承了希臘的傳統和接受了基督教之後，奧古斯丁認為一切事件都一定有一個原因，他從這個論點出發是為了論證上帝的存在。從培根到洛克，

一直都把因果規律看做是必然。

　　休謨認為它只是心理因素，但他未能完全說服我。

　　至於佛家所謂的輪迴報應的因果律，和基督教的、西方的、邏輯學上的因果律，僅僅是字眼相同罷了，含義則別如雲泥。

　　所以因果律在不同的學派和宗教手裏，是被當作一種工具在使用的。

　　按照佛教意義的因果律，又有哪一件事不是如詩人云：

　　　　一切都是命運

　　　　一切都是煙雲

　　　　一切都是沒有結局的開始

　　　　一切都是稍縱即逝的追尋

　　　　一切歡樂都沒有微笑

　　　　一切苦難都沒有淚痕

　　　　一切語言都是重複

　　　　一切交往都是初逢

　　　　一切愛情都在心裏

　　　　一切往事都在夢中

　　　　一切希望都帶著注釋

　　　　一切信仰都帶著呻吟

　　　　一切爆發都有片刻的寧靜

　　　　一切死亡都有冗長的回聲

　　　　一切，都是無奈之舉。

　　思想家不得不重新撿起流傳久遠的、深入人心的因果輪迴報應地獄天堂甚至建立淨土，來平衡信徒的心理。

　　於是佛教走入了這樣一個怪圈，如果繼續批判和譴責婆羅門主義，那麼佛祖親自奠基的「無神論」地基，在它的邊緣地帶勢必出現一個巨大的不可彌補的裂縫，塌方是不可避免的，佛教的整個教義也將陷入風雨飄搖之中。

　　晚年的喬達摩·悉達多，應該是身心疲倦、步態蹣跚地回到了他出發的地方——這是符合人性的，青春煥發的季節過去以後，人到老年，往往回首一生的時候，更多的會樂意接受宿命之論和上蒼的安排……

　　我們再看今天的印度的「眾生相」，別說二三十年了，再過二三百年它估計它也跟不上中國的腳步，只能被撇得更遠，為什麼？

因為中國出了個提倡天行健君子自強不息的孔子。

而和印度交界的尼泊爾交界的印度那個小村莊，出生了一個滿懷悲觀主義、厭世情結的喬達摩·悉達多。

你有機會去尼泊爾旅遊的話，當地人會告訴你：來這裡做生意和工程的，給本地帶來希望的，都是中國人。來這裡乞討的，基本上是印度人。

在他圓寂之後，留給佛教的是出世時就帶有的一種與生俱來的慢性病——不斷向原始佛教反對的婆羅門眾神思想祭祀行為靠攏，逐漸失去理性的思辨，演變成徹頭徹尾的迷信，然後融入了印度教的——現在已經是污濁不堪至目不忍視的——那條「神河」之中。

同時，佛陀在練習「瑜伽」的時候，也是走了很多彎路。

比如在苦行林裏面的六年，日食一麥一麻，修的是斷食，這個苦行險些要了他的命。

而且在佈道的期間，也是種種不幸接二連三。比如教弟子們白骨觀的時候，這種「悲觀」的法門顯然很符合喬達摩悉·達多的心態，但是卻造成弟子自殺了幾位。其實，解決人慾的法門很多，比如佛教過午不食的傳統就是很好的法門。

儘管如此，我還是敬仰釋迦牟尼，在兩千五百年前，他穿越謬誤的河流去尋找真理，歷經千難萬險，他終於逆流漂出，並把一些寶貴的經驗傳達於後來，比如，誓願、慈悲和忍辱，在修身養性上的重要性。雖然他（或者說「佛教」）誇大了精神意識的作用，但是，又有誰，能像這位敏感而脆弱的王子一樣，能覺察到那樣一個別樣的心靈世界呢？

4

兩則軼事：

1.「川西夫子」劉沅，曾遇一位唐姓高人，兩人展開論辯。劉是大儒通才，唐最終義理不敵。在理屈詞群時，遂取針刺手指，擠出了白血一滴，劉遂拜服，認為遇到了聖人，故劉沅也叫劉止唐。

2.《神隱聖逸天社山》一書稱：此說是在民國初年孕育出爐的，由四川一個會道門——悟善社（「唐門」）炮製。原因是：時槐軒之學在四川傳播甚廣，劉門以宣揚正道為己任，排斥歪理邪說。劉沅要求自己的門人「止於唐氏」，故自名「止唐」用以警醒後人。如此一來，對「唐門」的打擊著實不小。到了唐煥章創教的時候，於是就授意心腹編造了一篇文章，故意隱去了他祖父的名

字，只說姓唐。以此來證明「唐門」的工夫是真正的大法，遠高於槐軒所傳的下乘心法。此後，這種說法慢慢流傳於民間，大家都以訛傳播訛，一些人當真認為唐煥章是真神下凡，好多人都歸附他，他創立的「世界六聖宗教大同會」也有了相當大的規模，為斂財奠定了基礎。

這個豪門恩怨，孰是孰非，就留給有腳力地去考古吧。

比較有意思的是，人們又翻出了那個老話頭，來一分高下：

> 果然百日防危險，血化為膏體似銀。
> 果然百日無虧失，玉膏流潤生光明。
>
> ——鍾離權《破迷正道歌》
>
> 須臾六年腸不餒，血化白膏體難毀。
>
> ——呂洞賓《窯頭坯歌》
>
> 金木交而土歸位，鉛汞分而丹露胎。
> 赤血換而白乳流，透九竅兮動百骸。
>
> ——呂洞賓《勉牛生夏侯生》
>
> 透體金光骨髓否，金筋玉骨盡純陽。
> 煉教赤血流為白，陰氣消磨身自康。
>
> ——陳泥丸《金丹詩訣一百首》
>
> 赤血換兮白血流，金光滿室森森然。
>
> ——陳泥丸《紫庭經》
>
> 辛苦都來隻十月，漸漸採取漸凝結。
> 而今通身是白血，已覺四肢無寒熱。
>
> ——陳泥丸《羅浮翠虛吟》
>
> 煉之六個月，體如銀膏，血化為白漿，渾身香氣襲人，口中出氣成雲。
>
> ——張三豐《返還證驗說》

把老話的來龍去脈搞清楚，有利於修行人腦海清澈。

試想，把一腦袋的漿糊，煉製成鍋巴不難；化成「一股清氣」，不難嗎？

丹經中屢屢有「白血」之說，這是一個難以證有，也難以證無的話題。

若強為之說：體者，非指吾人之色身，乃法身、真人，即炁也；其「膏」其「銀」者，喻珠、圓之相。

若究其來源，一是源自「萬古丹經王」：

> 太陽流珠，常欲去人。
>
> 卒得金華，轉而相因。
>
> 化為白液，凝而至堅。
>
> ——《周易參同契·流珠金華章第十》

> 下有太陽氣，伏蒸須臾間。
>
> 先液而後凝，號曰黃輿焉。
>
> ——《周易參同契·金丹刀圭章第十四》

《參同契》的「白液」與「白血」無涉。魏伯陽以「男白女赤，金火相拘」，是換了一個說法，把「抽坎填離」又說了一遍。以後說吧。

二就是從佛教那裡套過來的。

> 西天賓王問師子尊者曰：「在此作什麼？」尊者答曰：「在此蘊空。」王問：「得蘊空法否？」尊者答曰：「已得蘊空法。」王曰：「求師頭得否？」尊者答曰：「身非我有。豈況頭乎！」
>
> ——《摩訶般若波羅密多心經唐大顛禪師寶通注》

西天賓王的故事，見於《傳燈錄》：禪宗相承系譜西天二十八祖中之第二十四祖師子尊者，遊化至罽賓國，其時，彼罽賓王名彌羅崛，邪見熾盛，毀壞塔寺，殺害眾僧，並以利劍斬殺師子尊者，尊者頭中無血，唯湧出白乳，高達數尺，而王之右臂亦隨之墮地，七日之後命終。

在佛系高僧傳中，關於白血（白乳）之「湧出」、「上出」和「橫流」的說法，比比皆是。擱在佛經裏，這些表說都不算什麼。豈止白血，汗也白汗哈，「要得通身白汗流，先看火裏君洗澡。」其實，說得藝術一點，「火裏栽蓮」，多好！取《金剛經》的原則來，說是一物，即非一物，故名一物。佛法寓言「菩薩行慈，血變成乳，如慈母育子，以慈愛心故。」置於具體禪修中，則別有說法：

> 憍梵波提嚼鑌鐵，舜若多神遭一跌。
>
> 無位真人眼豁開，驚得虛空流白血。
>
> ——天逸《無位真人眼豁開》

這位高僧的偈子中，陳述得很明確：無位真人＝虛空＝白血！

無位真人是什麼？看大顛和尚注《心經》：

> 若信於此，但去靜坐。坐令極靜，舉心動念，有一無位真人，

常在赤肉團上，出出入入。

簡言之，法身。

內丹道從佛教那套過來「白血」幹什麼呢？丹經裏它就是那個「得一萬事畢」的「先天一氣」。

同時，也是比喻，借喻，以此說明仙佛與凡人的「截然不同」。

如果，一個人的血液是白色的，那麼，你知道這個人從外觀上看去，會是什麼個不一般得酷嗎？

走在街上，眾生不以為妖精才怪！這個你可以去諮詢醫學博士。

我說都不想說了，換一個話題。

東漢王充在《論衡‧骨相篇》中議論道：

> 傳言黃帝龍顏，顓頊戴午，帝嚳駢齒，堯眉八彩，舜目重瞳，禹耳三漏，湯臂再肘，文王四乳，武王望陽，周公背僂，皋陶馬口，孔子反羽。斯十二聖者，皆在帝王之位，或輔主憂世，世所共聞，儒所共說，在經傳者較著可信。若夫短書俗記、竹帛胤文，非儒者所見，眾多非一。蒼頡四目，為黃帝史。晉公子重耳仳脅，為諸侯霸。蘇秦骨鼻，為六國相。張儀仳脅，亦相秦、魏。項羽重瞳，云虞舜之後，與高祖分王天下。

蒙昧時代，人們為了把聖人與凡人分開，對聖人進行的神化，導致「聖人皆有表異」，看：黃帝長得像龍，顓頊的頭上長角，嚳的牙齒連成一片，堯的眉毛有八種顏色，舜的眼睛有雙瞳，禹的耳朵有三個孔，湯的胳膊上有兩肘，最想讓人罵娘的是，周文王居然長了四個乳房，再看他兒子周武王，眼睛向天，高傲得可以目視頭頂上的太陽，除了比目魚，你能想想那是怎麼長得嗎？！

與之相比，這些人還是不入流的：

周（公）駝背兒，皋（陶）馬嘴，孔（丘）圩頂。

《史記‧孔子世家》：孔子生而圩頂，故名丘。

司馬貞曰：窊也。江淮閒水高於田，築堤而捍水曰圩。

子何以名「丘」？「有餘者損之，不足者與之。」

王充，東漢時期著名的思想家與哲學家。在《論衡》中有關「天」、「命」、「氣」、「神」等多方面獨到思想，深深觸動了董仲舒的「天人感應」以及讖緯迷信的核心地位而被視為「異端」，這也是後來王充哲學思想被高度讚揚的一

個重要原因，在過去的中國哲學史上都將王充歸入唯物主義先驅之列。實際上，在王充的哲學體系中，存在大篇幅的神學論述與「宿命觀」。他認為「性命繫於形體」，這個說得固然好。然後呢，站在「真理」的巔峰，他又向前邁一步，要從人的骨骼、形體、相貌、聲氣上，考察它們與貧富、窮達的必然聯繫。還很神秘地表示，一個人只要知骨相、懂骨法，就能察相而知其命運：「是故知命之人，見富貴於貧賤，睹貧賤於富貴。案骨節之法，察皮膚之理，以審人之性命，無不應者……」列舉的例子是范蠡去越，尉繚亡秦：「越王為人，長頸鳥喙，可與共患難，不可與共榮樂。」「秦王為人，隆準長目，鷙膺豺聲，少恩，虎視狼心……不可與交遊「。這種察相知命說，實在不敢恭維。連王充這樣博覽群書、獨立思考、卓爾不群的學者，都難免被侷限於「時代」和「歷史」，何況以人云亦云為常的芸芸眾生呢？

有請孔子站出來大家瞻仰一下吧。史料上留下了一段這樣的記錄，那是當年孔子倉皇從宋國逃出以後，在鄭國又和門人走散了，有人見他獨自可憐兮兮地站在東門的城牆根下，就對到處找他的子貢說：

> 東門有人，其顙似堯，其項類皋陶，其肩類子產，然自腰以下
> 不及禹三寸，累累若喪家之犬。

傳說中堯正是瘦長的身子，「河目隆顙」的腦袋，而「皋陶之狀，色如削瓜」，皮膚泛著青色，禹的身高據史載正是九尺二寸。說孔子自腰以下不及禹三寸，大概是說他身長腿短吧。子貢按照那人的指點果然的原話告訴了孔子，孔子聽後莞爾笑道：「外貌說的還在其次，倒是『像喪家之犬』這句話，說得太神似了。」他老人家在詼諧中對鄭人的描述有些「自慚形穢」、「無可奈何」。關於孔子之醜，一種原因是孔子確實長得磕磣，在「聖人」故里曲阜民間有「七出」之說。所謂「七出」，是指孔子牙齒暴露在唇外，鼻孔朝天，耳朵奇大，眼睛突出，加起來就是七竅突出的意思。另一種就是古人對神人、偉人相貌的誇張導致，謂之「異相」。《史記》上說孔子「長九尺六寸，人皆謂之長人而異之。」根據吳承洛《中國古代度量衡史》的推定，周尺一尺合今 19.91 公分，那麼孔子的身高就當今天的 1.91 米多。關於孔子的面孔，《孔叢子》說他「河目隆顙」，是個長眼高顴骨的人，類似於我們今天所說的奔兒頭。《史記》上的「點睛之筆」是：

> 生而首上圩頂，故因名曰丘云。

什麼是圩頂呢？根據司馬貞《索引》的解釋，就是：

頂如反宇。反宇者，若屋宇之反，中低而四旁高也。

這樣看來，孔子的頭頂骨是中間低而四邊高，感覺這模樣相親都難啊。

也請老子和他的朋友們出來，大家瞻仰一下：

晉王嘉《拾遺記・周靈王》：

> 老聃在周之末，居反景日室之山，與世隔絕，有黃髮老叟五
> 人……瞳子皆方，面色玉潔，手握青筠之杖，與聃共談天地之數。

葛洪《抱朴子・微旨篇》這樣描述神仙的標準相：

> 眼有方瞳，耳長出頂，亦將控飛龍而駕慶雲，凌流電而造倒景。

《漢典》：方瞳，方形的瞳孔。

劉向著《列仙傳》云：

> 偓佺好吃松實，形體生毛，長數寸，兩目更方，能飛行逐走馬，
> 以公子遺堯，堯不暇服也，贊曰：偓佺松餌，體逸眸方，足躡鸞鳳，
> 走超騰驤，遺贈堯門，貽此神方，盡性可辭，中智宜將。」

這是最早的方瞳的傳說。古人以之為長壽之相，被道教關注以後，引申為「得道之相」、「仙人之相」。

據說開元初期的一代國師道士葉法善曾經「遠訪茅君而遇，嶽骨上起，目瞳正方，冰雪綽約。」（《故金紫光祿大夫鴻臚卿越國公景龍觀主贈越州都督葉尊師碑銘》）

李白《遊泰山六首》寫他去天門山訪仙：

> 清曉騎白鹿，直上天門山。
> 山際逢羽人，方瞳好容顏。

王琦注：按仙經云，八百歲人瞳子方也。

> 君年甲子未相逢，難向君前說老翁。
> 更有方瞳八十一，奮衣躞蹀走山中。
>
> ——蘇軾《子玉以詩見邀同刁丈遊金山》
>
> 我昔識子有武功，寒所夜語樽酒同。
> 倦僕立寐僵屏風，叮嚀勸學不死訣，自言親受方瞳翁。
>
> ——《贈五頤赴福州》
>
> 予遊江南，見元初（即周元真，字元初）天鳳凰臺上，方瞳灼
> 然，長眉叢然，傲視天萬物之表，竊意緱山仙人乘鶴吹笙而下也。
>
> ——宋濂《周尊師玄真小傳》

直至方瞳年，岩電常晶熒。

——趙翼《反矑目篇壽王西莊七十》

當「方瞳」還不夠神奇的時候，附加的「碧眼」，就能讓這種神奇成為「真實」。

麻姑山下逢真士，玄膚碧眼方瞳子。

——李咸用《臨川逢陳百年》

因為「胡人」綠色（非藍色）的眼睛，已經不為「世界之都」長安的居民所陌生。

現在收藏在中國醫史博物館的那幅《內經圖》上，那首「內煉」詩就有一句：

白頭老子眉垂地，碧眼胡僧手托天。

再請歷代真龍天子出場，大家瞻仰一下。

為了突出表現帝王們受命於天、異於黔首的資質，從帝王出生、相貌、才能到登極，都有許多天命的徵兆，從感生、異相、符瑞等方方面面，形成了一套神化模式。

在主要靠文字記載的時代，寥寥幾筆，就能出神入化。以正史為例，漢高祖劉邦「隆準而龍顏，美鬚髯，左股有七十二黑子」。東漢光武帝劉秀「身長七尺三寸，美鬚眉，大口，隆準，日角」。宋武帝劉裕「及長，身長七尺六寸，風骨奇特」。齊太祖蕭道成「姿表英異，龍顙鐘聲，鱗文遍體」。梁武帝蕭衍「生而有奇異，兩胯駢骨，頂上隆起，有文在右手曰『武』。……所居室常若雲氣，人或過者，體輒肅然」。陳高祖陳霸先「身長七尺五寸，日角龍顏，垂手過膝」。隋高祖楊堅「忽見頭上角出，遍體鱗起……為人龍頷，額上有五柱入頂，目光外射，有文在手曰『王』。長上短下，沉深嚴重」。唐太宗李世民「龍鳳之姿，天日之表」。宋太祖趙匡胤「生於洛陽夾馬營，赤光繞室，異香經宿不散。體有金色，三日不變。既長，容貌雄偉，器度豁如」。宋太宗趙光義「及長，隆準龍顏，望之知為大人」。宋真宗趙恒「生於開封府第，赤光照室，左足指有文成『天』字。幼英睿，姿表特異」。明太祖朱元璋「及產，紅光滿室。……比長，姿貌雄傑，奇骨貫頂」。清太宗皇太極「儀表奇偉，聰睿絕倫，顏如渥丹，嚴寒不栗」。清世祖順治「生有異稟，頂發聳起，龍章鳳姿，神智天授」。清聖祖康熙「天表英俊，岳立聲洪」。清高宗乾隆「隆準頎身」。這一連串關於帝王相貌的正史記載，其實都有固定的模式，一是出生時

就不同凡響，二是骨相奇特，常用的詞是「龍顏」、「隆準」等等。

這些儒家的、道家的和世俗的領袖、精英，一個個不是頭上長角就是身上帶刺兒（生鱗），有的長得這麼奇形怪狀，出於人類固有的惻隱之心，我們不能說他們是「反人類」的，但是，這些「傳聞」的目的之一就是說這些人和我們不是「一類人」啊！這在那個「民可使由之，不可使知之」的舊社會，「小道消息」經過各種消息渠道「瘋傳」，也就「約定俗成」地就達成了「共識」，並言之鑿鑿地錄入了史書。到了清代，照相機隨同鳥銃一起舶來，帝后嬪妃一一曝光、上報，神話遂被科技打破。封建社會再也延續不下去了，那就共和吧。

真相大白的時候，我們或許才認識了，一生都在踐行「大學之道在明明德在親民，在止於至善」的大教育家和他的博愛之心，噢，斷章取義害死人啊，原來，「興於詩，立於禮，成於樂。民可，使由之，不可，使知之」還可以如是解：詩、禮、樂這三樣素質教育，一定要抓好，如果人民掌握了詩禮樂，那好，就要給他們足夠的自由去做他們想做的事，如果民眾的知識與素質還比較低，就通過辦教育來提高國民的認識與素質。

現在科技日新，網絡發達，這些東東到處都是，不必「程門立雪」，隨時隨地可以進行自我教育、加強個人的素質修養。你能把這些看似和你關注的、參研的「內丹之道」沒有聯繫的東西聯繫起來，然後若有所悟，提高認識，這才是善於學習，善於「思考」，善於「窮理」。古人云：「先要知真，後要行真。知且不真，溪雲口訣？」

俱往矣，中國文化受外來文化影響最深的，是印度的「佛學」、兩河文明的「天文學」，和近代的「科學」。我們可以這樣說，在這個世界上，沒有一個國家像中國這樣熱愛科學了。不僅僅是科學被科舉絆了上千年的腳步，也同時是在經過一百年的屈辱之後，這個即善於直覺又講理性的民族，徹底覺醒了，只有科學，才能拯救中國。看到這裡還看不懂的，趕緊把家裏的網線拔了、手機的數據關了，然後手錶自行車都交給那個「賣拐」的——以那樣的智商和眼光，也該告別互聯網、手錶和自行車了。

羅列這些資料讓羅列者已經感覺頗煩了。「呂先生鶴頸龜腮，適有鍾離之會；石居士鹿鼻鼠耳，偶逢平叔之來。」繼續編，外行看熱鬧內行看門道好了。

回到「白血」之說。

如果一定要把白赤的轉換給出一個「合理」的注腳，就是「推情合性」、「取坎填離」、「以鉛投汞」。何其故耳？離女者赤，坎男白也。

> 剛施而退，柔化以滋。
> 九還七返，八歸六居。
> 男白女赤，金火相拘。
> 則水定火，五行之初。
>
> ──《周易參同契·養性立命章第二十》

> 丹砂木精，得金乃並。
> 金水合處，木火為侶。
> 四者混沌，列為龍虎。
> 龍陽數奇，虎陰數偶。
> 肝青為父，肺白為母。
> 腎黑為子，離赤為女。
> 脾黃為祖，子午為始。
> 三物一家，都歸戊巳。
>
> ──《周易參同契·四者混沌章第二十八》

> 男白女赤者謂金始因生水而屬陰系北方坎卦是象乾中男乃曰坎男金白故云男白也火屬陽系南方離卦是象坤中女乃曰離女火赤故云女赤也真金在鼎內則為坎男是離女之夫及在鼎外反為離女是坎男之妻故金母受太陽之氣而產靈汞也則水定火者謂金火相拘使真水不流蕩也五行之初者水生數一也上善若水者水為萬物之母清而無瑕不可視見道之形象者潛運於鼎中變化不一不可圖畫也變而分布者謂五行各守疆界而符火四時不差忒也
>
> ──《周易參同契通真義》

自己打標點吧，大詩人說過：汝果欲學詩，工夫在詩外。

學法修道亦復如是，座上工夫固然不可缺少，「座下工夫」也非常重要。

看不懂？那要補習易學常識了。這就是古人說的「未有神仙不讀書」，就是俞子說的「夫古仙留丹書於世，蓋將接引後學，其問論議昭然可考。夫遇者固可於此探討，既悟者亦可於此印證，古之得道者莫不皆然。劉海蟾謂：恣遊洞府，遍討仙經。幸不違盟，果諧斯願。楊虛白謂：名山異境歷斗而靡不經遊，秘訣神方淵奧而素曾耽玩。陳默默謂：歷覽群書，參叩高士，足跡幾類雲水。

反而思之，所得盡合聖詮。蓋未有自執己見而不訪道友，獨守師說而不讀丹書者也。」

那麼，紫陽真人都讀過什麼，他在《悟真篇》開篇序言裏就說過了，那就照著他的研究方向惡補吧：

> 惟金丹一法，閱盡群經及諸家歌詩論契，皆云日魂月魄、庚虎甲龍、水銀朱砂、白金黑錫、坎男離女能成金液還丹，終不言真鉛真汞是何物色。又不說火候法度、溫養指歸。加以後世迷徒，恣其臆說，將先聖典教妄行箋注，乖訛萬狀，不惟紊亂仙經，抑亦惑誤後學。

這裡要強調的是，其白其赤與月經和精液沒有關係！

丹經，出自真修實證的丹經，是不談論色身上的「對象」或「附件」的。就像「生我之門死我戶」啊啥的，別往生殖器上聯想，丹經是性命之學，不是講生理衛生。道教的雙修和密宗的雙運，說到底，那還是「淫意」在作祟，「不負如來不負卿」的萬全法，這個世界沒有。

> 世人好小術，不審道深淺。
> 棄正從邪徑，欲速關不通。
> 猶盲不任杖，聾者聽宮商。
> 沒水捕雉兔，登山索魚龍。
> 植麥欲獲黍，運規以求方。
> 竭力勞精神，終年無見功。
> 欲知伏食法，事約而不繁。
> ——《周易參同契・傍門無功章第二十三》

> 先白而後黃兮，赤黑達表裏。
> 名曰第一鼎兮，食如大黍米。
> 自然之所為兮，非有邪偽道。
> ——《周易參同契・法象成功章第三十二》

> 三世諸化同此路，天無門兮地無戶。
> 森羅萬象一光吞，歷劫不曾少鹽醋。
> ——普庵《加頌蜀僧雪頌》

修行人，你確定了想要一些什麼，那就一定得捨棄一些什麼。

元代尹志平說「玄關」時有好詩一首：

一陽初動眾陽來，玄竅開時竅竅開。

收拾蟾光歸月窟，從此有路到蓬萊。

元代陳致虛在釋「刀圭」時有佳話一段：

故以鉛投汞，即流戊就己之義也。言戊土與己土一處相交，則

金花自結，卻吞入腹中，此為飲刀圭也。

這些詩、話放在這裡以解「血化白膏」，都是頗為妙哉的。

不管你修煉到何等「不可思議」的高度，除了一氣氤氳彌漫如白雲，血管中都不會流動白血，就像古人如何修煉「長生之道」，後來無一不一一作古一樣。愛信不信。

以上這些丹經契歌，是道教徒從佛教那裡的「借用」，以表人仙之別、丹道之逆！參吧：

靈山一會費商量，四十餘年久覆藏。

今日通身全吐露，分明只在一毫芒。

闔門緊閉不通風，多少躊躇歎路窮。

不是輕勞彈指力，安知里許量如空。

窮子歸來見父時，此心相委信無疑。

縱將寶藏全分付，若不掀翻總不知。

無邊剎海總蓮華，可歎從前盡數沙。

君向毛頭親點破，自今常御白牛車。

——憨山《答雨法師寄法華新疏》

5

「拔宅飛昇」、「乘黃鶴去」，這些很具象的行為無疑會引起人們對「得道成仙」的種種幻想。當然，還有一些優美的不見仙人只有風景的句子，學者若參破了，那實在是「出人意外」的：

山中何所有？嶺上多白雲。

只可自怡悅，不堪持贈君。

——陶弘景《詔問山中何所有賦詩以答》

高臥終南萬慮空，睡仙長臥白雲中。

夢魂暗入陰陽竅，呼吸潛施造化功。

——陳摶《詠蟄龍法》

華陰高處是吾宮，出即凌空跨曉風。

臺殿不將金鎖閉，來時自有白雲封。

——陳摶《詩一首》

絕學無為閒道人，不曾禮拜不看經。

不動遍周塵剎海，卓爾孤身混白雲。

——普庵《頌證道歌》

霜凌溪竹寒，雲外疊峰巒。

誰人知此意，獨坐且深觀。

——普庵《金剛隨機無盡頌·妙行無住分第四》

盡卻耳根並眼底，不知何處見如來。

數聲幽鳥啼寒木，一片閒雲鋪斷崖。

——祖璿《頌古七首》

千古蓬頭跣足，一生伏氣餐霞。

笑指武夷山下，白雲深處吾家。

——白玉蟾《自贊二首》

野人無心來，寧復有心去。

來去總無心，白雲知所趣。

——紫柏老人《宿可休堂》

空山一室白雲封，鳥道玄微入萬重。

不是直通霄外路，安知步步絕行蹤。

——憨山《酬心光法師》

揀最後一首說解說解吧。憨山與雲棲、紫柏、藕益，為明代四大高僧，是中國近代禪宗最大的成就者。

高僧以「生平抱煙霞之癖……隨有口占，命侍者錄之，以志幽懷，非言詩也。興來即筆，略無次第云耳」為樂。那咱就也不按常規注解了：

「西當太白有鳥道，可以橫絕峨嵋巔。」

《蜀道難》裏說，有一條險峻的狹徑，僅容得飛鳥可行，能夠到達峨眉山的頂峰。

起承句的風景中有微言，筆者也信手塗鴉幾句，以奉和解之：

一片混沌裏，空中有一物。

天地寥廓兮，鳥跡有是無？

轉合兩句，先「就事論事」做個俗解，那是大師類似李太白的感歎，這不是一條可以直出天際的路啊，非行者不知每每山窮水盡，處處舉步維艱……

再說說聖義：還有一條雲外路，呵呵，無形無相無影無蹤啊，不說了，說了人也不知，知了也南行，行了也難至──蓋存天理滅人慾之道也。

> 當那一天到來，
> 我活著死亡。
> 那一天不在任何日曆中，
> 祥雲繚繞，天雨沐浴。
> 我的心靈被澆透了，
> 沙漠頓成綠洲。
>
> ──Kabir（1398～1518）

自己悟吧，「氣穴」、「玄竅」，「先天一氣」，它們「不在任何日曆中」，就藏匿在這些詩情畫意後面的《內經圖》中，就在莊子的《天地篇》中：

> 千歲厭世，去而上仙；乘彼白雲，至於帝鄉。

就在洛甫有名的禪語中：

> 一片白雲橫谷口，幾多歸鳥盡迷巢。

就在普庵的《紙被歌訓行童》中：

> 一片白雲掛在身，披時不許染紅塵。
> 輕羅細想應難比，重錦尋思未可親。
> 豈非顏色白如玉，成現都盧只一幅。
> 紅窗妖豔見低頭，六賊三尸盡降伏。
> 日充衣，夜得蓋，不長不短也不大。
> 世人問我何處尋，蔡倫弟子將來賣。
> 買得將來披，不許邪魔罔兩知。
> 解向市廛遮雲雨，要與閒人隔是非。
> 縱顛狂，任落魄，披入村中人惡惡。
> 直饒紫綬與金章，我也未肯輕輕博。

就在友鶴山人的《山居詩二首呈諸道侶》中：

> 日日看山眼倍明，更無一事可關情。
> 掃開積雪岩前走，領取閒雲隴上行。

不共羽人談太易，懶從衲子話無生。

劃然時發蘇門嘯，遙答風聲及水聲。

紫陽真人說過「未見如何想得成？」，這是實話。

但對於一些天賦很高的人來說，也有例外：

半壁見海日，空中聞天雞。

千岩萬轉路不定，迷花倚石忽已暝。

熊咆龍吟殷岩泉，栗深林兮驚層巔。

云青青兮欲雨，水澹澹兮生煙。

列缺霹靂，丘巒崩摧。

洞天石扉，訇然中開。

青冥浩蕩不見底，日月照耀金銀臺。

霓為衣兮風為馬，云之君兮紛紛而來下。虎鼓瑟兮鸞回車，仙之人兮列如麻。

忽魂悸以魄動，恍驚起而長嗟。惟覺時之枕席，失向來之煙霞。

世間行樂亦如此，古來萬事東流水。

這是一位浪漫主義詩人，描述的一副美輪美奐的仙遊圖。

如果這段文字收入《道藏》，並隱去作者大名，我不會懷疑這是一位經歷過內丹術之「開關展竅」的有道之士。換言之，謫仙子以美酒和詩篇，與高道對飲之間，讓對方道破天機，諒非難事。

是啊，呵呵，唐天寶三年，詩仙李白在齊州（今山東濟南）正式受籙入道。用他自己的話來說，已經是「名在方士格」了。

唐朝三位「李」姓大詩人中，李賀可以肯定為皇室後裔，李商隱似乎也與皇室沾親帶故，李白呢？郭沫若在《李白與杜甫》一書中，第一節說「李白出生於中亞碎葉」，有人說李白帶「胡人」血統，這還真不是沒有不可能的嘞。不過李白自己不會認命的，在與王室中一些非重量級人物交往時，經常理直氣壯地稱他們為族叔、族兄、族弟、族侄等等，《寄上吳王三首》：「小子忝枝葉，亦攀丹桂叢」，就明示他也是老李家這棵大樹上的枝杈，與那些金枝玉葉是同氣連枝。據說吳王並沒有異議，默認了他為同宗。這也好理解，李唐王室還說自己是老子的一脈骨血呢。

秋來紈扇合收藏，何事佳人重感傷？

請把無情仔細看，大都誰不逐炎涼。

不說這些了，且說正事，詩人幼年時代隨父親回到家鄉四川昌隆，江油歷來道教興盛，縣裏有座紫雲山，是道教勝地，鄰近綿竹還出了一位大道士王玄覽。推而廣之，峨眉山的王仙卿、青城山的趙仙甫都是名聞四方的著名道士，詩人從小生活在這麼一個仙風彌漫的環境中，不能不對道教產生濃厚的興趣。

詩人到了 15 歲時，已是飽覽道書，仙遊四海，「五嶽尋仙不辭遠，一生好入名山遊。」可說是行者李白的真實寫照。

只要聽說哪裏出了個有名的道人，詩人總是不遠萬里，跋山涉水，風餐露宿地趕去拜訪。有次聽人說起嵩山有個焦煉師道術精妙，十分了得，於是立即動身上了嵩山。可是三十六座高峰尋遍，也不見煉師身影。

高人雖沒有找著，但詩人展開想像的翅膀，在腦海中與焦煉師神遊了一番：

> 八極恣遊憩，九垓長周旋。
> 下飄酌潁水，舞鶴來伊川。
> 還歸東山上，獨拂秋霞眠。
> 蘿月掛朝鏡，松風鳴夜弦。
> ……
> 願同西王母，下顧東方朔。
> 紫書倘可傳，銘骨誓相學。

又有一次，詩人聽說泰山有仙人，又風塵僕僕登上泰頂，閉上眼睛，在想像中遨遊了一番：

> 登高望蓬瀛，想像金銀臺。
> 天門一長嘯，萬里清風來。
> 玉女四五人，飄颻下九垓。
>
> 仙人遊碧峰，處處笙歌發。
> 寂靜娛清輝，玉真連翠微。
> 想像鸞鳳舞，飄飄龍虎衣。
> 捫天摘匏瓜，恍惚不憶歸。

《夢遊天姥吟留別》的寫作背景，大概也就不言而喻了，耶或耳聞天姥山中有高人故耳。

說了這麼一些題外話，是因為不免地想起了自己「尋仙問道」的經歷。

也就是說，我們心中的修道，有多少成分，是受到了文學的影響呢？

這種影響對於實修而言，是有益的成分多呢，還是有毒的成分多呢？

你能不能從傳說中、從文學手法中、從宗教思想中，還原出一個樸實無華的「丹道」？

在這個「窮理盡性以至於命」的過程中，不僅僅需要靠實踐，還有年齡和閱歷。

詩人的性格深處，是沒有清靜無為這段基因的。而且，如果他是我的鄰居，我一定叫警察，或者自己搬家，「雞犬之聲相聞老死不相往來」。

那份癲狂、張揚、喧囂和真性情，受不了的。

飲酒、嗑藥，都是人體能量的釋放，而「道樂」是源自「聚精會神」的修養工夫。

《黃庭經》言：

> 仙人道士非有神，積精累氣以成真。

背道而馳，焉能成就？

好在，詩人這種「胸懷天下」之人，雖然好道，到也不會被其絆倒，或成「神道」。

宋代幾位文藝天子都是相當地好道。

真宗問以點化之術：「先生有點金術，人言信乎？」

賀蘭棲真回以「（帝王）以堯舜之道點化天下，可致太平。」

徽宗也向三十代天師問及內丹之道。

虛靖先生答曰「此野人之事，非人主所宜嗜，但清靜無為，便可同符堯舜。」

這是在丘處機對成吉思汗說的「有衛生之方而無不死之藥」外，人們聽到的最好的高道語錄。

道教一般都說，丘祖的「化胡」是很成功的，「一言止殺」。其實，從窩闊台開始，在蒙古人把「活兒」做大之後，已經意識到濫殺無益了。同時，蒙古人對所有宗教派別，有著「一視同仁」的態度，只要你支持他、響應他。

大定二十七年的初冬時節，王玉陽初奉宣詔，遠在陝西終南劉蔣村的丘處機於次年正月之前便得知了詳情，消息傳播得如此之快，這與全真道上下的激動情緒焉能沒有關係？然而丘處機的反應顯得格外平靜，某日清晨他醒來後，吟了一首《聞詔起玉陽公戲作》：

> 三竿紅日自由睡，萬頃白雲相對閒。
> 只恐虛名動華闕，有妨高枕臥青山。

　　詩中流露的情緒十分複雜：既對道者清靜無為的生涯難以割捨；復對有違道家本旨的紅塵虛華存有顧慮；可同時又對王玉陽為世所用的機遇感到一絲欽羨！丘處機的性格中原本不具備「弄潮兒」的動因，曾有人勸說丘處機：「稍施手段，必得當世信重。」丘處機置之罔聞。說者再三，丘處機笑道：「我五十年學得一個『實』字，未肯一旦棄去。」大弟子尹志平對此的評價是：「至人不為駭世之事。」這可以說是丘處機個性的真實寫照。就在他回絕南宋召請的當年，成吉思汗的詔書到了。詔書稱成吉思汗「視民若赤子，養士若兄弟」、「七載之中成大業」，稱丘處機為「道充德重」之士，又謂「三九之位，未見其人」。成吉思汗表示要「親侍仙座」，聘丘處機為「三公九卿」，問以「憂民治世之務」和「保身之術」，雖然「先生既著大道之端要，善於不應」，難道不念「眾生之願哉」？「一代天驕」並且列舉了周文王恭請姜太公、劉備三顧茅廬的典故以表仰慕，這段出自耶律楚材的華麗的文筆，最終促成了高道的西遊，雖然後來二人又因為「佛道之爭」這個亙古的議題而鬧掰了。

　　會晤之後，成吉思汗應該是失望的，李志常簡單地以「上嘉其誠實」一筆帶過。

　　誠實的人才能忠誠，忠誠的人才能服從，成吉思汗是這樣邏輯的。蒙古「其俗淳而心專，故言語不差。其法，說謊者死，故莫敢詐偽。」顯然，成吉思汗是憎惡說謊者的，他的《大札撒》規定「妄語」者處死，甚至犯人也「不要因為恐懼而招認，不要害怕，要說實話。」波斯學者拉施特認為，這個斷案原則，奠定了判決的基礎。

　　也就是說，成吉思汗沒有受騙的感覺，反而感覺很受用，這源自因為丘處機的誠實無欺——就這樣，在成吉思汗的一生中，頗為相似的一幕重現了：丘處機獲得了與哲別、耶律楚材等蒙古重臣一樣的嶄新命運，穩穩地在蒙古大汗心中站住了腳。此後，全真道因其領導人的個人品格而贏得了歷史機遇，並隨著征服者的馬蹄聲而漸漸迎來了它的高潮！在此我們必須注意到，未來的局面並非歷史的潮流所致或謂之大勢所趨，偉人的個性和言行對歷史的影響是何其之大。

　　丘處機之行，成吉思汗就給予了一份免去全真道一切差役和賦稅的蓋有御寶的聖旨，雖然這不比大汗給與其他宗教的稍多一點，但是這不是一張「空頭支票」，它是全真道崛起的全部資本。在那個時代，在整個十三世紀，成吉

思汗說過的話就是「札撒」！

　　對於中國文化史上的佛道之爭，我沒有任何興趣。拂去歷史表面的塵土，佛道所爭的關鍵是「訂單」，其實無論是丘處機，還是八思巴，看誰能要帝王、要眾生投保，就是能耐。故而，兩者不分伯仲、難言高低。如果說有區別，那就是，具備操守、德行和修養的人，依王者而得以立法、弘道，則造福天下、澤及牛馬之理想之願景，甚或「大同世界」，可期可待。

　　如此說來，丘祖的「拯救事業」可以說是成功的，那麼我們一般人呢？是不是通過修道，就可以因為「腦洞大開」而做出一番驚天動地的事業呢？

　　或者說，在修道之後，我們會有什麼樣傲視天下的智商？什麼樣與眾不同的成就？

　　呵呵，如果我說，得道之後，粗看起來跟普通人沒什麼兩樣兒，您不會拍磚的，是啊，已經「弱智」到只會流著哈喇子打哈哈和笑呵呵了。一句話，在「元神主事」下，很多事轉眼就忘，智力幾乎「喪失」，不會有略微之提高，能做到生活上的自理就要知足了。認真地說，能像老子那樣深沉穩定就好了，稍微「煉己不純」、有所把握不住的，就成小說裏的「坡腳道士」與「癩頭和尚」了。哦，還有著名的濟癲。

　　所以，天上的列仙諸佛，我從來沒有崇拜過。

　　我從小崇拜的是孫中山、李大釗、瞿秋白、趙一曼等等。這些一介書生，在民族危亡之際，在投筆從戎之後，他們那非凡的精神和人格表現，你們不認為這些民族英雄是天神下凡嗎？我們修行人今天能生活在這個即「熟悉」又「陌生」的世界，就是這些革命先驅拋頭顱灑熱血給我們留下的，真正的戰爭是什麼樣的，我們沒有經歷過，因為已經有前輩替我們扛下來了。我們今天可以隨心所欲地選擇自己的愛好和生活方式，呵呵，實在地說，和天上的神神道道、佛佛仙仙，沒有一毛的關係——我曾經在另一篇講稿裏說過，這些人都是屬於「鹹吃蘿蔔淡操心」的那一類，很難想像有什麼好崇拜的呢？

> 　　從來就沒有什麼救世主，
>
> 　　也不靠神仙皇帝！
>
> 　　要創造人類的幸福，
>
> 　　全靠人們自己。
>
> 　　　　　　　　　　　　——《國際歌》

　　而在中國經典哲學的研究過程中，也只在老子、陳摶兩座巨峰前，令人感

到了高山仰止。有「恨不生三百年前，為青藤磨墨理紙」之感。我的意思是，至於列仙神佛，我在研究他們的時候就沒有「高不可攀」的感覺，所以在今天看來，我的世界觀對於我瀏覽宗教文化，是起到了很好的矯枉作用。

還有，修行，更不會給你帶來現世的功利，帶來了您也沒有心情「享受」哦。信不信你聽真人、古魯和先知說：

> 大道修之有易難，也知由我亦由天。
> 若非積行施陰德，動有群魔作障緣。
>
> ──《悟真篇》七言絕句第六十一

> 那些不瞭解任何事情的人，
> 安心地在睡夢中過了一生。
> 但是已知謎底的人，
> 反而要面對所有的麻煩。
>
> ──Kabir（1398～1518）

如果以個人感受，我沒有說錯的話，古魯說的「面對所有的麻煩」，就是佛教說的「消業」，清代高道劉一明有個「煉己」的專論，有點長，但是頗為「會心」，值得參閱：

> 返還之功莫先於煉己築基。煉己者，煉其歷劫根塵、氣質偏性，與夫一切習染客氣，即懲忿窒欲，克己復禮之功。能懲忿窒欲，克己復禮，則無思無慮，不動不搖，根本堅固。即如起屋必先築基，基地堅固，木料磚瓦由人做作，無不負載也。
>
> 煉己即在築基之中，築基不在煉己之外。愚人不知，以煉己為守心，築基為閉精者，非也。夫煉己之功，為丹道始終之要著，直至陰盡陽純之後，而煉己之功方畢。若未到陰盡陽純之時，而煉己之功不可歇。若謂守心閉精即是煉己築基，豈能全金丹之大事乎？
>
> 順中逆運天機，有口傳心授之秘，必須真師指點，非可私猜而知。世間學人，恃自己螢火之明，管窺之見，記下幾句話頭，看過幾宗公案，自謂知道，再不求人，人前賣弄，滿口亂談，以己盲而引人盲，罪過罪過。

如果讓薩特發個言，他會說簡而言之「人注定是要受自由之苦的」，如果愚下用心理學來詮釋就是：

> 我們自出生以來，在低級條件反射的基礎上，在身心上建立起來的一個個

高級條件反射，是我們在低級的叢林（自然界）和高級的人類社會中生存的「物質」基礎。失去這個基礎，無論是「自然人」，還是「社會人」的存活，都是個問題。

同時，人類除了對具體信號發生反應，建立與動物相同的條件反射，如望梅止渴、畫餅充饑之外，還能對由具體信號抽象出來的語言、文字發生反應，建立另一類人類特有的條件反射，如談虎色變。這使得人類走出叢林之後，探索宇宙奧妙和改造自然的能力大大提高的同時，也給人類帶來了「困惑」與「煩惱」。比如，人類走出自然界（「大道廢」）後所形成的「觀念」（或再高一等級的「理念」），在老子眼中，（「有仁義」）實在不是值得慶賀的，佛系宗教家懷有同感，認為這些就是眾生的頭腦被其掌控的「幻想」、「妄念」或「我執」。

在流行於世界各地的「修行文化」中，概莫例外的推崇「直覺」真理，例如丹派對「後天」、「識神」的漠視和佛教對「諸相」的幾乎全盤否定——這在實修的層面上，是毋庸置疑的（體驗）。凡是達到這一境界的，「識神」系統確實不能再居主導位置了。但是，「人性」也不是完全地泯滅了，那些基礎層面的東西一旦也泯滅，不是羽化、圓寂，就是精神分裂，二者只在一步之間。一句話，原來每個人都是一個宇宙，只是我們被大宇宙所展示的社會現象迷惑住了，我們「被習慣」了、「被異化」了。所以說，修行就是返璞歸真，這個「真」，就是「自然」之道。

肯‧威爾伯是很少的一位要把「感悟」與邏輯貫通的，稱謂他什麼好呢？心理學家？哲學家？靈性導師？呵呵，cool guys 往往是超越角色的。

這位「後人本心理學」的最重要的思想家、理論家和發言人，他的超個人視野，充分反映和涵蓋了威廉‧詹姆斯、榮格、馬斯洛的心理學研究。無論是否行得通，他都在試圖統一心理學、宗教、哲學和科學。他的整合哲學是直覺與理性兼具的，一個由空性含攝知識萬有的一體之夢。把畢德哥拉斯，巴曼尼德斯，蘇格拉底、柏拉圖、亞里士多德，再傳遞給奧古斯丁、阿奎那斯、邁蒙尼德、史賓諾沙，黑格爾以及海德格的那個傳承，與佛教上座部思想，龍樹中觀學派、華嚴學派、唯識學派、吠檀多哲學、波斯蘇非的玫瑰園的東方部分，鑄造成一個——內涵東西方現有的各種心理學和心理治療，從心理分析學到禪學，從格式塔心理學到超覺冥想，從存在主義到密宗哲學，無所不有——的東西。不僅僅是這些學派之間的常常的水火不容，而是就在「識神」退位的一瞬間，這一切就全部成為了「灰燼」，就像一個孩子滿懷熱忱地堆積起來的積

木的坍塌。老子把這個精神現象總結為「絕學」之道，就是丹派所謂的「返本還源」。

內丹的玄關，佛教的見性，其實也就那麼全身身過電，「驚厥」了「一下」。

「道自虛無生一氣」這個狀態，可以打上「失控」的標籤：

顯然，頭腦主管邏輯區域皮層，是關閉了的。

這個條件反射由此之後，很容易進入，這就是一得永得。

汞珠易逝，定在真鉛。

人情苦厄，終結一炁。

一炁者，天外之客。

天外者，喻言先天。

撞開「門戶」，就全仰仗「他」這個丹頭了。

古云「得關中者得天下」，大軍叩關之際也，天降瑞祥：

列缺霹靂，丘巒崩摧。

洞天石扉，訇然中開。

青冥浩蕩不見底，日月照耀金銀臺。

霓為衣兮風為馬，雲之君兮紛紛而來下。

虎鼓瑟兮鸞回車，仙之人兮列如麻。

……

俄頃，紫氣東來，「沖氣以為和」，識神退位。

通關後，老子留下的文字，最簡約又最富內涵：

天地之間，

其猶橐籥乎？

虛而不屈，

動而愈出。

所以說，你得先行「饒他為主我為賓」；然後方得「元神主事」得「我命由我不由天」。

對應在佛學中就是，釋迦牟尼先得「捨身飼虎」，然後才能「成佛作祖」。

牙如劍樹目如燈，電爍妖魔法不生。

千聖出頭難插足，普庵也道我也能。

──普庵《金剛密跡》

　　腦袋開炸之前，隨著呼吸的忽然急促和「驟然而止」，一種氣短、窒息感導致恐慌之情的彌漫，先是短暫的一片空白感，一種被棄的、瀕死的恐懼心，油然而生。如果有人有過被糖塊、花生米誤入喉管的經歷，那麼，那一時刻的巨大的恐懼，你去問他吧，呵呵。

　　有意思的是，嬰兒從母體「哇──」地一聲脫落的瞬間，「不由自主」的「胎息」轉變成了自主呼吸，兩個截然不同的狀態得以交接，由此開始了的人生的後天之旅，或曰流浪。而以「顛倒顛」為追求的內丹道與此正相反，在「倒行逆施」於虛極靜篤、開關展竅之際，修行人的自主呼吸的停止，又出現了那個「不由自主」的「返祖」現象──內丹道意義上的胎息，道曰「子藏母胞」、「重返先天」，儒謂「至誠無息」。

　　「故至誠無息，不息則久，久則徵，徵則悠遠，悠遠則博厚，博厚則高明。博厚，所以載物也；高明，所以覆物也；悠久，所以成物也。博厚配地，高明配天，悠久無疆。如此者，不見而章，不動而變，無為而成。」

　　拿《中庸》第26章這一段，與《行氣玉佩銘》比較一下，頗有同趣。

　　「行氣，深則蓄，蓄則伸，伸則下，下則定，定則固，固則萌，萌則長，長則退，退則天。天幾舂在上，地幾舂在下。順則生，逆則死。」

　　現在一般都以郭氏的為標準。70年代後，隨著郭店簡等一系列新出現，在學者們對戰國時期的楚文字進行了大量的研究後，普遍更認為比如「氣」字應為「炁」──這就和呼吸吐納無關了，而更多地是在描述「得炁」之景。

> 　　虎躍龍騰風浪粗，中央正位產玄珠。
> 　　果生枝上終期熟，子在胞中豈有殊。
>
> ──《悟真篇》七言四韻第五

> 　　蓋此段工夫，神既入竅，則呼吸一在竅內，而吾鼻之呼吸只有一點，微而若無，方為入竅之驗。驗驗不失，乃得真金焉。
>
> ──《皇極闔闢仙經》

> 　　夫人在胞胎時，只有一點元氣，並無呼吸之氣。及至十月胎全，脫離母腹，遂假口鼻之竅，外納天地之和，此呼吸氣之所以由來也。於是而思慮之神，亦緣此氣而進。借家為寓，奪舍而居。此神乃歷劫輪迴種子，生時先來，死時先去，棄舊圖新，毫無休息者。赤子下地而先哭，蓋亦默著其輪迴之苦也。迨其撫養漸成，識神用事，情慾纏擾，元氣日亡，並使呼吸之氣刻無停息，亦何慘也！更有後天之精者，

生不帶來，死不帶去，只因身中元氣漸充漸滿，推而至於十五歲後，陽極陰生，陰長陽消，遂令渾淪之氣，化為交感之情。交感者，有交有感則有精，無交無感亦無精。此精乃欲念所逼，氣血所化者也。更有夢感、夢交而遺其精者，必是氣血不固，腎竅難留也。此交感之精也。吾願學道之士，只取先天，不取後天，則上藥可得矣。

——《道竅談》

開掛之後，心中一片真空；

真空之中，彌漫一片「恍」然——

這個字確實造得好，端的是有「道」在焉。

緣岸嚴陵釣，半夜守天曉。

及至日頭紅，未免隨他照。

——普庵《金剛隨機無盡頌‧不受不貪分第二十八》

日日看山眼倍明，更無一事可關情。

掃開積雪岩前走，領取閒雲隴上行。

不共羽人談太易，懶從衲子話無生。

劃然時發蘇門嘯，遙答風聲及水聲。

——友鶴山人《山居詩二首呈諸道侶》

有驚厥自然就有蘇醒，蘇醒之後呢？手機，還在；大金項鏈子，還在；招標合同，還在，繼續趕路，突然感覺哪裏漏風，等等，門牙呢？這兒怎麼有個「洞」……

除了人們平素最喜歡表現的「灑脫倜儻」、「博學廣識」、「足智多謀」，甚或總括於「人心唯危」中的「非分之想」、「鬼蜮伎倆」等等的喪失外，餘下的，似乎恢復了平常；但又不一樣，在很多的時候，更平添了一些「絕學無憂」的「文盲」氣息和「笨拙木訥」的苦瓜像——「大軍過後必有凶年」呵呵，「可以無思，難以愁勞。」留下一片需要重建的狼藉。

不見一法即如來，萬機頓絕笑咍咍。

將軍戰馬今何在，野草閒花滿地開。

——普庵《頌證道歌》

千古意分明，萬國賀升平。

昨夜泥牛吼，今早木雞鳴。

——普庵《金剛隨機無盡頌‧善現起請分第二》

伎倆全無始解空，雨花動地泄機鋒。
欲求靜坐無方所，獨步寥寥宇宙中。

　　　　　　　　　　　——普庵《贊須菩提》

但知行好事，好事不如無。
金剛原是鐵，秋至雁銜蘆。

　　　　——普庵《金剛隨機無盡頌·淨心行善分第二十三》

木屋起火時，
裏面的婆羅門、宗教學者，和思想家，
無一幸免。
而一字不識的人，
卻活了下來。

如何向「博學者」解釋真理？
我甚至遲疑解釋內在體驗。
在盲人面前舞蹈有何用處呢？
徒然浪費這門藝術。
知識分子浪費了本錢；
生命，理應花在真奉獻上，
他卻浪費在無益的討論中。
他自以為是位「做者」，
其實不過是個「玩偶」。
殊不知自性和「超我」就在裏面，
但這只可憐蟲總熱切地在紙上搜索。
他們不知道向內探究，
總在邏輯裏轉圈。
若他能覺悟到內在之事，
才能在內外邊都找到上主。
開悟，非透過口頭討論而得，
乃身體實際力行的神秘成就。
但我所見過的知識分子——
他們對於真理，都在紙張上探索。

沒有哪個能確定，或者有望在某一天辦到。

——Kabir（1398～1518）

上面的詩文如果不簡注一下，後面的話和博士們就沒法談了：

「一字不識的人」，對應著丹派的「元神」。

「婆羅門」、「宗教學者」、「思想家」和「知識分子」，對應著丹派的「識神」。

那老子的「絕學無憂」，也就有了丹派解說了。

「學」為「識神」佛說「習氣」──於是，老子之道，落實在了修行上，這個「無憂」也就好理解了。那「不出戶，知天下；不窺牖，見天道」呢？有那麼多不勞而獲的好事嗎？

行遍天涯覓此心，從來都向外邊尋。

縱然未出門前路，須信漫漫草更深。

——憨山《示若拙禪人》

6

人的出生，就是「表現」，是展示，是露一手。而唯有修道，是要你隱逸要你深藏，要你和光同塵。養過德牧馬犬你就知道，狗狗要成才不能散養，要關起來。人要成全自己，要閉關要遁世要隱修。

「孤獨，你配嗎？」有一種人寧可呆在無人說話的空間站，也不願意活在喧鬧的人世間。好萊塢的片子《異星覺醒》裏面的大衛，他已經一年多沒回過地球了，最終死他也選擇了死在外太空。影片中兩人還為誰犧牲有著一段爭執，在大衛說出了「我不想回去和那80億個混蛋待在一起」的話後，米蘭達無語了。前面的劇情是，宇航員捕獲了從火星歸來的探測器，他們吃驚地發現，在船艙中，一個小生命靜靜地沉睡著。外星「朋友」確實存在，我們在宇宙中並不孤獨。而這份喜悅很快就被不安和恐懼所取代。伴隨著飛快的成長速度，小傢伙表現出難以置信的生存耐力、高智商、侵略性，以及嗜血的本能。當人們覺察到事態嚴重時，一切都太遲了。這個天外來客，狡詐地逃出封閉艙，並且讓飛船通訊中斷、陷入燃料危機，變成它的一個封閉的狩獵場。影片的結尾劇情是，大衛終於把帶著具有毀滅人類危險的火星八爪魚誘騙進了一個逃生艙，向外太空飛去，米蘭達則乘另外一逃生艙返回地球。後者落到了地球某東南亞國家裏的一條河裏，被兩個划船的漁民發現了，這時，鏡頭切換，厲害了。在逃生艙裏面，火星哥正緊緊地摟著大衛，還掀開了他的面罩。兩位漁民把逃

生艙打開了，劇終。

全劇自己掏錢去影院看吧，幾個宇航員的命運對我們修行人的啟示可以再囉唆幾句：工程師羅裏開頭出艙執行任務，指揮官讓他小心，他說「我可不想死，我還要回地球呢。」然後在出場三十分後就掛了；那個日本宇航員秀，在地球上的老婆給他生了個仔後就想著返航，每天睡覺前對著照片說「等我回來」，不久也掛了；從頭到尾都是「我就屬於太空」、「老子才不要回地球」、「死算什麼老子不在乎」的大衛，就他一個人活著回來了，還給地球人帶回了朋友火星哥。這個給修行人什麼啟示呢？求之不得！

呵呵，人類啊好玩不？人們把自己的那些留在叢林中、草原上的遠親近鄰都已經快趕盡殺絕了，他們卻在想著和外星人交朋友？

有這麼一個傳說，不知是否屬實。一天，上帝看了世界《紅皮書》獲悉，全世界每天有 75 個物種滅絕，每一小時就有 3 個物種被貼上死亡標籤。很多物種還沒來得及被科學家描述和命名就已經從地球上消失了。20 世紀已有 110 個種和亞種的哺乳動物以及 139 種和亞種的鳥類在地球上消失了。目前，世界上已有 593 種鳥、400 多種獸、209 種兩棲爬行動物和 20000 多種高等植物瀕於滅絕。上帝震驚了，把時光之鐘倒撥了 1000 萬年，於是地球上又出現了原始森林、草地、獸類、昆蟲和「萬物霜天競自由」的一派生機盎然之像……上帝很滿意，在離去時宣布說：「這個世界雖然是我造的，但歸根結底是你們的，大家還有什麼要求嗎？」全體動物跪在地上泣求上帝，指著森林邊上的一群猴子說「賣糕的，請把他們帶走吧。」

還有一個故事，想必人類都會異口同聲說是「紀實文學」：

上帝造驢時對它說：「給你 50 年的壽命，但是不給你智慧，還要不停地幹活，行不？」

驢子說：「啊？那……50 年太長了，20 年就好。」

然後，上帝對他造的猴子說：「給你 30 年的壽命，但是，你要在這 30 年中要不停地被人耍……」

猴子說：「噢賣糕的，我只要 10 年，這種生活 10 年就夠夠的了。」

接著，上帝問一隻狗：「我給你 20 年的生命，條件是在這 20 年中要絕對忠誠，就是吃屎也不許背叛主人。」

狗說：「不要！這樣的日子要是能撐過 10 年我是狗。」

最後，上帝問了一個人：「我給你 20 年的生命，在這 20 年中你可以過無

憂無慮的生活，而且你可以運用智慧去控制其他的物種，並主宰世界。」

人說：「這好日子，怎麼才 20 年？也太少了吧，真想再活五百年。」

上帝說道：「……那好吧，我這兒有驢、狗、猴都不要的生命都給你，也就是說，在你這一生中，有 20 年活得還像人，餘下的日子對不起，那就是當驢做狗，被人玩耍取笑、出盡猴相嘍……」

不知道人是怎麼回答的，這都不重要了，《日瓦格醫生》那兒也沒有後文。因為不管人如何回答上帝，當下正在閱讀的你，已經不具備尼采，或者哪一位希臘哲人說的那個選項了：世上第二幸福是在出生時掛了，唯一比它幸福的是沒有出生。我補充一點人生最悲催的事：小時候，我們和大人，同時盼望自己長大……

「人要麼永不做夢，要麼夢得有趣。要麼永不清醒，要麼清醒得有趣。」如果你對「後天」即現在的生活方式和生活的環境還都滿意，還有著滿腹的「事業心」、「折騰勁」，那就不要琢磨修道的事，好好做一個「正常人」，在「討生活」之餘如果再做一些微薄的「功德」，那就真真得是極好的了。最好的好人好事莫過於「植樹造林綠化祖國」，怎麼算來您都不會吃虧，如俗話說的「前人栽樹後人乘涼」，那些既是上帝造的、也是你自己造的「業」──那些後人，包括您的兒子、兒子後面的孫子、孫子後面的重孫、重孫的後面，和後面的後面、後面的後面的後面，即愚公之「雖我之死，有子存焉；子又生孫，孫又生子；子又有子，子又有孫；子子孫孫無窮匱也」──他們在移民火星之前，還是要生活在這個他們先人曾當驢做狗和耍猴過的一生結束之後，一樣也帶不走的地球上，繼續當驢做狗和耍猴。哦，這樣沉重的話題還是留人類中的哲人來總結吧，「人，動物的人，就根本沒有意義。他在地球上的存在根本沒有目的：『人到底為什麼？』──這是一個沒有答案的問題。對於人和地球意志是缺乏的；在每一種偉大的人類命運背後迴蕩著一種起抑制作用的更響亮的『徒勞』！」

不必要深入宇宙，就在萬米高空，你把目光透過懸窗時，那種《宇宙：時空之旅》所描述的感覺，就會油然而生。

在一代人以前，阿波羅宇航員照下了一張地球的全景照。

在 1990 年，「旅行者 1 號」飛過海王星時，在著名天文學家卡爾·薩根強烈倡導下，旅行者在距離地球 64 億公里處，把它的鏡頭轉向地球，拍下了它離開太陽系之前，最後一眼中的家園──一個泛著蒼白熒光的暗淡小點……

如果沒有標記，在這個圖上根本就可以忽略了地球的存在。

你能想像得出來這麼小一個點是一個充滿著山川河流、鳥語花香，擁有著幾十多億人口和不計其數的動植物的星球嗎？

當這些「真相」——宇宙中的數量、質量、時間、空間，大到令人絕望的真相，展示在我們的眼前時，從宇宙的維度看去，任何事物都是微不足道的了：

一個個星系，不過是沙灘上的一粒粒沙塵；

一顆顆恒星從明亮到黯淡，真的就像星星眨眨眼；

一個個文明的興起、繁榮與消亡，如風雨中的燭火，轉瞬即逝；

那麼一個人的一生呢？短暫得不值得一提。

請把觀天文放在閱讀宗教(哲)學的前面吧，可以作為我們修行的一部分。

順序也最好不要顛倒。先觀「天垂象」，後研經典，這樣，你要學做聖人，是有希望的；順序顛倒了，可能會學成聖人蛋的。呵呵。

一部由 NGC 打造的高分紀錄片，就像是一部完美的教科書，從動畫製作，配樂，到講解，不僅表現了科學之美，和科學思想之重要，而且其價值觀、世界觀，都是值得稱讚的。在最後一集的結尾處，有一大段值得全文背誦的，詩一樣的旁白：

> 當你看它，會看到一個小點。
>
> 那就是這裡，那就是家園，那就是我們。
>
> 你所愛的每個人，你認識的每個人，你聽說過的每個人，歷史上來過這世上的每個人，都在它上面度過了自己的一生。
>
> 聚集在這裡的，是我們的歡樂和痛苦，是成千上萬的意識形態、言之鑿鑿的宗教信仰和經濟學說。所有狩獵者和採集者，所有英雄和懦夫，每一個文明的創造者和毀滅者，每位國王和農夫，每對熱戀中的年輕人，所有的父母、滿懷希望的孩子，所有發明者和探索者，所有道德導師，所有腐敗的政客，所有「超級明星」，人類史上每一位「最高領袖」，每一位聖徒和罪人，都生活在這裡——
>
> 如一粒微塵，懸浮在一束陽光之中。
>
> 地球是一個很小的舞臺，在浩瀚的宇宙背景下，想想過去的血流成河：
>
> 那為帝王將相而流的血，只為讓他們在光榮和勝利中，成為瞬間的偉人，佔有那一個小點中，那一小部分。

想想那無盡的殘酷，圖像裏那一個像素點的某個角落的民眾，每天把這殘酷施加到與他們沒什麼區別的另一個角落的民眾身上。他們為何常常誤解，他們為何渴望殺死對方，他們的憎恨為何如此狂熱。

我們在裝模作樣；

我們自以為很重要；

妄想著我們人類地位特殊，在宇宙中與眾不同；

這一切，都因這泛著蒼白藍光的小點而動搖。

我們的星球，不過是一粒孤獨的微塵，籠罩在偉大的宇宙黑暗之中。

我們默默無聞，沉浸在無盡的浩瀚裏。

沒有一絲線索顯示，除了我們自己，還有誰能拯救我們？

地球是目前已知唯一有生命的世界，生命再無其他去處，至少在不久的將來，亦是如此。

沒有外星球，供人類遷移，只可參觀，不能定居。

不管你喜歡與否，現在，只有地球供我們立足。

據說研習天文，可以讓人謙卑，塑造人心，磨煉個性，也許再沒有更好的方法能比這遙遠的畫面更好地顯示出人類的自負與愚蠢。

對我而言，它強調了我們的責任，要對人更友善，懂得珍惜與愛護——

這泛著蒼白藍光的小點是我們知道的唯一的家園……

所以，對於另外一些人，一些具有自我救贖意識的人，那些除了腳印什麼都不想留下的，或者連腳印都不想留下的人，投身於這項事業之際，一定要曉得，修道是需要全身心投入的！

一旦投入，你身邊的正常人就會覺得你「不正常」了，呵呵，「十道九瘋」嘛。如果你僅僅是搞明白「修道」是怎麼一回事，或者想做出一些理論研究成果，還是洗洗睡吧不要熬夜，這不是個理論問題。

修煉的人到了一定的時候，會生一場「大病」。

天要「降大任」時，他還是要看你能否扛得過去。

丹經佛書常說「道樂」、「法喜」，而鮮言「解脫」出自「束縛」。

身心猶如社會，變化意味著革命。

不僅是身體上要有一場「大病」，而且精神世界也要經歷一場「革命」……

比如熟悉的世界，現在「看山不是山看水不是水」，用白話說，就是忽然變得陌生了……

一些東西要重新學習……

就像在廢墟上重新建築，祖師曰「栽接」。

> 無根樹，花正微，樹老重新接嫩枝。
>
> 梅寄柳，桑接梨，傳與修真作樣兒。
>
> 自古神仙栽接法，人老原來有藥醫。

大顛注《心經》引「寶公道：有相身中無相身。」

許多左道旁門，未得三豐真意境，解釋得離譜。

佛經提到的「無根樹」，經過道教祖師的詮釋，這就接上了地氣。

> 混沌生前混沌圓，各種消息不容傳。
>
> 擘開竅內竅中竅，踏破天中天外天。
>
> 斗柄逆旋方有象，合光返照始成仙。
>
> 一朝撈得潭心日，覷破胡僧面壁禪。
>
> ——陳虛白《玄牝圖詩曰》

經過這一場身心「革命」，《楞嚴經》的意思就浮出水面了：「狂心頓歇歇即菩提。」

佛經中還有一句，自己悟吧：「香象過河截斷眾流。」

別猜了，費精神。都是同一個意思。

換丹派的話說：

栽者凝神入炁穴，接者採藥歸爐也。

萬般渣質皆非類，真陰真陽正栽接。

「神仙栽接法」，用白話說，就是識神退位，元神主事。

就是「香象過河截斷眾流。」就是「龍銜海珠遊魚不顧。」

純粹的身心內發生的事兒，總與男女無涉。

> 原是菩提樹下人，到來恍惚見前身。
>
> 溪聲常說無生法，可惜時人聽不真。
>
> ——憨山《過菩提庵喜逢智河禪友》

「病癒」之後，在色身之外，意外地就多出了一個炁身。

炁至，在感覺上：

出神入化、無所不在，「遍及一切處」，等等、等等。

經典的意境，豁然開朗。

炁息時，復杳無蹤跡。

所以高道高僧往往說，修行到了最高處，結果卻是，「一無所獲」。

> 四大久觀如泡影，病魔何處可潛蹤。
>
> 古人自有安閒法，只在無生一念中。
>
> ──憨山《訊專愚衡公病》

插個腦科學研究的結果：

被人們使用的大腦部分功能，比如被人們公認最接近神的人──愛因斯坦，也僅開通 10% 左右，就更不要說芸芸眾生和吃瓜群眾了。

占人體體重不到 4% 的大腦，卻要人體付出四分之一的能量，而且還是僅用於維繫大腦不到 10% 的功能的常態運行。

那麼，人腦的功能全部激活，即大腦被完全開發會發生什麼事情？

人體其他的機能就勢必「癱瘓了」！

為什麼？能力（量）不夠嘛，那是機體根本無法承受後果。

丹派中的「得藥」，西方心理學謂「高峰體驗」，

就是能量的積蓄與顯示，《黃庭經》曰「積精累氣以成真。」

比如，被聖賢簡單地歸納為「食色性也」的這麼一個「本性」，要是交給生化學家去解說，尼克・萊恩就很「合理地」詮釋了，「對性的欲求是以死亡為代價的，這是從何時開始的？為什麼？」讀讀這兩本書，《生命的躍升：40 億年演化史上的十大發明》（Life Ascending: The Ten Great Inventions of Evolution）、《至關重要的問題：為什麼生命會是這個樣子？》（The Vital Question: Why Is Life the Way It Is 跡）。書裏面有這麼一個觀念，「能量限制」是進化史上出現重大變化的原因。嚼嚼其中的味道，對於理解修煉、內丹，是很有意義的。簡而言之，「一切都在於能量。」能量就這麼多，看你要用在哪個方向了。人們越是將資源集中在繁衍後代上，人類在進化方面的表現就越好。但如果人們把所有資源都用在繁衍上，那讓人們自身延續生命（成就自己）的資源就所剩無幾了。也就是說，一個具有「好基因」（當然也包括「好出身」）的人，造化會「安排」他（她）在能量的分配上，更多地流向進化。從進化的角度看，這無疑是人類的福音，而這對被淘汰的個體，則是悲劇。

不知道我說明白了沒有？用哲學的語氣來講，就是每一個人都是以死亡（或短命）為代價活在這個世界上，「生還是死，這是個問題。」對於「王侯將相」尤其如此。讓莊子來說，取「無用之用」者，是謂養生主。讓紫陽真人說，就是「五行順兮常道有生有滅，五行逆兮丹體常靈常存。」三豐曰：「順為凡逆為仙。」

在內丹道的修煉中，計有兩次高峰，曰「玉液」曰「金液」。《入藥境》云「得丒者常似醉。」這裡的「醉」是借代「醉意」、譬喻「混沌」、所謂「忘我」，西方翻譯蘇非作品時常做「狂喜」，實在大謬也。一個人一天能十二個時辰嗨皮不已，老話曰「入魔」，白話叫「神經了」。這就是真病了，得治。

所以在開發大腦剩餘的潛能時，是一件危險的事情。吾人大腦在這個「應激」狀態下，所需要的能量幾乎是身體無法承受的，在「沖氣以為和」、「反者道之動」的那個「剎那之間」，身體就「垮了」。所以被激發了大腦的人，記憶最深刻的就是這個過程中的「休克」與「死亡」。釋道同曰「活死人」。

所以你得想好，縱使你有能力去開發，去忍受這個「向死而生」的「瞬間」，那麼，你有無能力去承擔「狂喜」之後的結果，即剩下的開通潛能之後的長期結果嗎？

在「香象截流」之後，解決不好平衡打破之後的平衡再建，那麼一旦潰壩，呈現的又是一片廢墟、狼藉……

想想看，在人類社會中，個體為了生存而腦袋中一輩子建立起來的──那麼多的條件反射被一一否定，只剩下了吃喝拉撒，佛曰「應無所住而生其心」老子曰「聖人皆孩之。」再沒有供養人，可怎麼活人呢？！

義玄說「佛法無用功處，只是平常無事，屙屎送尿，著衣吃飯，困來即臥。愚人笑我，智乃知焉。」

宗遠說「吃飯、睡覺、拉屎、拉尿，拖一個死屍在路上走。」

憨山說「此事本來平平貼貼，實實落落，一味平常，更無玄妙。所以古人道：悟了還同未悟時，依然只是舊時人，不是舊時行履處。更無玄妙，工夫若到，自然平實。」

> 我人消息盡，忘軀失卻命。
>
> 參方不遇人，卻乃成心病。
>
> ──普庵《金剛隨機無盡頌‧淨心行善分第二十三》

請憨山注：古人初以見道為難，及乎見道，而法執最難遣，多墮在此。所

謂認著依然還不是。此中工夫，雖無著精彩處，而捨法見一著，不可不知也。高明以為何如，昔從念念捨去。捨到無可捨，亦不坐在無可捨邊，自然不被見縛。

> 夜靜風悲人悄悄，眾緣事辦寂寥寥。
> 趺坐結跏雲漢定，誰知臥月忽明朝。
>
> ——普庵《行住坐臥三十二頌》

> 生死無常一息間，好將心志在青山。
> 但能不作紅塵業，贏得終身物外閒。
>
> ——憨山《示真嗣沙彌》

> 上帝要提拔人靈到天國時，祂要關閉了一切樓臺的門、一切宮殿的窗戶。有時人們還能使用自己的感官，但在此際往往卻連呼吸都不能進行了，不僅不能講話，乃至手臂麻木，肢體僵硬，靈魂離體，呼吸驟止。但是這種情形不會持久，因為這個巨大的神樂，使得肉體在遲滯之後，漸漸又復蘇了，又有了呼吸。總之，在經歷了這一巨大的神逸後，靈魂非常心滿意足，而理智（「識神」）則凝固了……對萬物來說，它就像是死去了。
>
> ——St.Teresa of Avila（1515～1582）

重建，還有重建之道。

用一句早年間不才訪學問道時最經常聽到的、最提胃口的一句話就是：這個是（需要付費部分的）天機，我就不能再說了。但是莊子透漏過一些做好在世聖人的生活則要，有志之士可以參考：

1.「六合之外，聖人存而不論。」

首先我們仔細揣摩一下孔子的聖人範兒，「祭神如神在。」再比如，「誰的第一推動力？」「我想知道上帝如何創造了這個世界。我對這種或者那種現象，光譜或者元素並不感興趣。我只想知道上帝的想法，其他的只是細節。」這些個話頭兒讓巨人都參得頭痛，我們這些小麻雀一樣的腦袋最好迴避。東南西北上下之外連聖人都不去管它，何況我們這些凡人呢？「生有涯知無涯」，我們沒有認識的東西太多太多了。所以「多言數窮不如守中。」所以「Silence is God'sfirst language.」

2.「六合之內，聖人論而不議。」

和高層高端相處，你可以表達自己的淺薄的看法，但是不要去展開爭議。

因為爭議這種事情，你贏的時候，就是你輸的時候。我看過一位朋友的感歎後我也很感歎，如果選擇修道專業他一定能讀到博士後。但看他和老婆對弈，就做到了聖人的標準：昨天和老婆下象棋，五招之後便勝局在望。老婆臉拉長了，硬說馬可以走「目」字，因為是千里馬，我忍了。又說兵可以倒退走，是特種兵，我忍了。非得讓象過河，是小飛象，我也忍了。最過分的是炮可以不用隔棋或者隔兩個以上都可以打，因為是高射炮，我還是忍了。忍無可忍的是車可以拐彎說哪有車不能拐彎的嗎？這我全部忍了，繼續艱難鎖定勝局。但最後竟然用我的士，幹掉了我的將，說這是潛伏了多年的間諜，特意派來做臥底的……最後，贏棋的女人歡天喜地去洗衣做飯了。而和庸人辯論就更無趣了，看則寓言：獅子看見一條瘋狗趕緊躲開了。小獅子說：「老爹你敢和老虎搏擊與獵豹爭雄，卻躲避一條瘋狗，多丟人啊。」雄獅問：「孩兒啊，打敗一條瘋狗光榮嗎？」小獅子搖頭。「讓瘋狗咬一口倒楣不？」小獅子點頭。「既然如此，何不躲著？」

3.「春秋經世，先王之志，聖人議而不辯。」

人和所有物種一樣是群居的，群居就有「統治」，聰明異常的統治者怎麼治理天下他心中早就自有主張了，叫你去商議是抬舉，但是不要辯論，你一辯論，不識抬舉，麻煩就來了。除非你遇到賢王。所以，老子說「功成身退天之道」，學道之人別去摻和「道」外之事。一句話，「多一事不如少一事」真是醒世箴言，一個人把這一生你能夠做到善始善終，就是最大的智慧了。「窮則獨善其身，達則兼濟天下」，聖人之事。

《莊子》這些都是經驗之談，為此他還展示過一把寶刀不老：

依乎天理，批大郤，導大窾，因其固然，技經肯綮之未嘗，而
況大軱乎！良庖歲更刀，割也；族庖月更刀，折也。

當你逐步把知見和舉止很好的限制在一個有效的範圍內，即「止於至善」，就能維繫著一些正常的生命指徵、基礎的條件反射，那麼像王陽明志在做聖人一樣，則做道人，你其庶幾乎：

手之所觸，肩之所倚，足之所履，膝之所踦，砉然向然，奏刀
騞然，莫不中音。合於《桑林》之舞，乃中《經首》之會。

今臣之刀十九年矣，所解數千牛矣，而刀刃若新發於硎。

提刀而立，為之四顧，為之躊躇滿志，善刀而藏之。

這段文字其實很有意思，與其說莊子在描繪一位瀟灑的庖丁，不如說是他

的個人寫真。你想吧，一位整天白刀子進去紅刀子出來、渾身血污和屎尿的技術嫻熟的屠夫，他的心裏能有生活的「美感」嗎？能進入「美學」之門嗎？當「美」缺失的時候，一顆寧靜的心靈則失去了基石。我看有些人逢人就嘮吧嘮吧地勸人修道，那勁頭兒像是不把人教懂你都要負責任似的，聽不懂你的佈道他自己都覺得不好意思。真想奉勸兩句：這是一些鹹淡人的遊戲，不要勸人修道，芸芸眾生中能拒絕每天戴著面具「迎來送往」的有多少？能擺脫生存之艱辛、能把「法侶財地」置辦好的能有多少？

1953 年，74 歲的愛因斯坦給印度的一位單身漢回了一封信。這位單身漢告訴愛因斯坦，他想研究數學和物理學，只是，自己知識有限，身無分文，問愛因斯坦，怎麼辦？愛因斯坦回信說：「你要繼續從事物理學研究的熱情給我很深的印象。然而，我必須坦率地說，我決不贊成您的態度。我們的衣食住行都是因為有別人的工作，對於這些，我們必須誠心誠意地給予回報，不是以滿足自己願望的工作來回報，而是要以如人們通常說的服務於他們來回報。

否則的話，不管我們的生活需求多麼小，我們也是寄生蟲。在您的國家更是如此，那裡正是經濟起步的奮鬥時期，急需受過教育的人努力工作。這只是事情的一方面。另一方面，您有多方面的本領，可以自由選擇做什麼。在科學研究的過程中，獲得有價值的成果的機會，哪怕是對於非常有天賦的人來說，也是很小的。所以，極有可能是這樣：當您最富有創造性的年華過去後，您會感到沮喪。出路只有一條：把您大部分時間用於幹些實事，例如當教師，或從事其他適合於您的工作，用餘下來的時間從事研究，這樣，您無論如何也能過上正常人的寧靜生活，哪怕得不到繆斯女神的特殊關懷也不要緊。」

拍掌高歌，歎世人宛如燈燭，笑虛生浪死，成何收束？

名利場寬空白戰，詩書債滿尋丹訣。

問先生何日海天遊？容吾說。

親尚在，家難出。恩最重，情難絕。把名韁解下，且歸茅屋。

黍豆承歡耕綠野，山樽介壽載黃菊。要等我侍白頭人，方才決。

──李涵虛《滿江紅》第一體

日前在武夷山遊玩，在閱讀白玉蟾的詩文時，看到了他的高足彭耜的一首《吾家何處》詞：

吾家何處。

對落日殘鴉，亂花飛絮。

五湖四海，千岩萬壑，已把此生分付。

怎得海棠心緒，更沒鴛鴦債負。

春正好，歎流光有限，老山無數。

歸去，君試覷。

紫燕黃鸝，愁怕韻華暮。

細雨斜風，斷煙芳草，暑往寒來幾度。

銷卻心猿意馬，縛住金烏玉兔。

今古事，似一江流水，此懷難訴。

　　起筆是「吾家何處。對落日殘鴉，亂花飛絮。」結尾是「今古事，似一江流水，此懷難訴。」這就是宋詞一句勝出的彭耜經典名言。和其師白玉蟾的《自贊》，可以說是「高山」與「流水」：

千古蓬頭跣足，一生服氣餐霞。

笑指武夷山下，白雲深處吾家。

　　彭耜，南宋末道士。字季益，號「鶴林」。長樂人，一說三山。無論長樂、三山，都是白玉蟾的主要活動過的福建範圍內，在沒有飛機火車的年代，這是「師事白玉蟾」的便利條件吧。「得太乙刀圭火符之傳、九鼎金鉛砂汞之書、紫霄嘯命風霆之文」，得遇明師（而且是名副其實的大師、宗師），是得（真、正之）「法」的前提嘍，當然彭本身也是難遇之「高徒」，其人篤志於學，學問博洽，能詩善賦，年輕時即擅有文名。看白玉蟾眼中的彭耜：「一則妻子債輕，世緣淡泊；二則賦性沖靈，識事幾先；三則眼發骨相，如林侍晨；四則心專一司，如人放箭；五則旦夕焚修，救治無缺；六則動與道合，無甚違真；七則所得已圓，年事未艾。」（《海瓊白真人語錄》卷四）所以彭子拜在白師門下後，兩人情同父子。之後，彭歸作《鶴林賦》，遂潛心於道，「終日杜門，與世絕交遊」，這顯然是得「地」了。「不理家業」說明手裏還是有幾個閒錢哦，他師爺陳泥丸還得「以箍桶為業」，是不是同行是冤家呢？「在漳州梁山，與一箍桶老子椅角（鬥毆），入水而逝。」即便神仙一流，也是活得多麼不易啊。「與妻潘蕊珠同志，晨夕薰修。」這就是得「侶」了。不僅沒有每每以「這日子沒法過了」脅迫他去箍桶、拉車，還被老婆如此這般地仰視著、高看著，甚或把娘家帶來的金銀細軟也都與他助了道，試問在人類的這個世界上能有幾個男同志，享有這幾輩子修來的福報？

呵呵，笑話歸笑話，看「薰修」一詞。詞典解為：佛教語。謂焚香禮佛，修養身心。舉例：《觀無量壽經》：「戒香薰修。」《藝文類聚》卷七六引隋江總《香贊》：「還符戒品，薰修福田。」明屠隆《曇花記·夫人內修》：「皈依三寶，薰修六時。」好像明白了？詞典是大眾讀物，修行是小眾文化。薰，從艸，薰聲。《說文》：薰，香草也。又泛指花草的香氣。《左傳·僖公四年》等已有相關記載：一薰一蕕。在做動詞用的時候，薰通「熏」，即以氣味或煙氣烤製物品。引申義是感化，潛移默化地受影響。如：薰修，佛家語，指修行。

看點兒在這裡：修行，就像用以香薰染器物。「煙霧繚繞」是易見的，但你想吧，那得多久，才能看到器物上附著的「香料」呢？同樣，聖人之「吾日三省吾身」，「損之又損以至於無為」，就是如此的一個「薰修」的過程。總之，修行人之除習氣，實在是一輩子的功課，即在「開掛」之後，亦復如此。

　　琅函訓小孩，得了笑哈哈。

　　欲求天外事，須棄世間財。

　　　　——普庵《金剛隨機無盡頌·非說所說分第二十一》

莊子早在《刻意》中就把導引之士、養形之人與山谷之士、非世之人，平世之士、教誨之人，朝廷之士、尊主強國之人，江湖之士、避世之人等等，列為一類，認為他們皆不是得道的人。只有「不刻意而高，無仁義而修，無功名而治，無江湖而閒，無道引而壽，無不忘也，無不有也，澹然無極而眾美從之」的得道之士，才是體道的聖人。這種聖人就是在精神境界上達到了「恬淡寂漠虛無無為」的人，也就是莊子所說的做到了「坐忘」、「心齋」的人。為此，唐代道教學者還撰寫了《坐忘論》一文，把坐忘得道當作練養心神的最高境界和目的。

兼之，大家都知道人類只是大宇宙的微小一群，作為這微不足道的一群，我們沒有先天的掌有整個宇宙的知識，那整個宇宙的根本規律，我們只能通過無限步驟的努力來認識它、驗證它，至於最終能不能得到完全證明，呵呵，「今人不見古時月，今月曾經照古人」。在自有人類以來，據研究家說已經有幾百億人來這星球上走過一遭，而其中全部最聰明和睿智的學者，在這個「終極真理」面前，都只能保持沉默，保持「坐忘」。也包括紫陽真人：

　　欲向人間留秘訣，未逢一個是知音。

所以縱然你說出了正道、丹法，他未必入耳入心，入耳入心了未必懂，懂得了未必能捨下一切去辦，捨了一切去辦還未必能辦好！佛陀拈花一笑，把正

眼法藏傳給了「沒心沒肺」的愚人……

> 大道西來本絕言，好從愚訥溯真源。
>
> 直須參到忘緣處，方信毗耶不二門。
>
> ——憨山《示深愚字以訥》

　　因為它並不好玩啊。《楞嚴經》中，有釋迦牟尼對阿難的一段囑咐：「汝教世人修三摩地，先斷心淫，是名如來先佛世尊，第一決定清淨明誨。是故阿難，若不斷淫，修禪定者，如蒸沙石，欲其成飯，經百千劫，只名熱沙。」佛祖當年為了叫弟子擺脫「情慾」關，教他們的是「不淨觀」，呵呵，把美女鮮肉觀成腐爛之物後，讓一些心懷美好事物的小年輕是真心地受不了了，當下就自了了，「諸比丘修不淨觀已。極厭患身。或以刀自殺。或服毒藥。或繩自絞。投岩自殺。或令余比丘殺。」

　　不是所有的遊戲都能雙贏的啊，在所有零和遊戲中，有勝出者就有失敗者，有人獲利，就有人割肉，雖云福德不一，但是還是失敗者和割肉者多啊，如果用「一將成功萬骨枯」有些駭人聽聞，概言之也得十之八九吧。說到這裡，在股市中折騰過的親們笑了，眼含熱淚。而且，他不是有六神通和宿命通嗎？那在聚會時還問「何因何緣諸比丘轉少？」然後阿難告訴了他這些可憐人都哪兒去了。呵呵，呵呵……佛教的「方便說」，其實好聽一點叫比喻不好聽地說就是隨便說。話說回來，面對群盲他不這樣說又能怎樣說？後來深受其影響的道教，在這方面也比它強不到哪裏。佛教於東漢之際的傳入，使得在「舉孝廉」和「科舉」沒有走通的一些窮酸儒生，一下子看到了躋身「權貴俱樂部」的希望，「不做紅袍將軍便做黑衣主教」，原來還有一條可以和「政權」分庭抗禮的另外一條道路，中國本土的宗教就產生了……

　　一句話，這個以頭為注的遊戲不好玩，即便高手也是如此：

> 雖然，每至於族，吾見其難為，怵然為戒，視為止，行為遲。

　　動刀甚微……

　　而大德蘭嬤嬤這一段論修行險境的自述，已經有些佛教的味道了，讀後你也就明白了，丹派重視肉體的修煉，和佛教視之為「臭皮囊」，看似水火不容，其實是一頁紙的兩面：一個在妙哉之境中懂得「止止」，一個嚷嚷道「死了算」；在這「醉意」的狀態下，道家說：「我醉欲眠卿且去，明朝有意抱琴來。」佛教說：「我沒醉……沒醉……」

> 依我的經歷，在神修之路上，有兩個危險，一個是我上述的苦

痛，構成了一個大險。另一個則是樂極生悲：這時人感覺已經就要死了，已經沒有什麼肉體與意識分不開的結了。說真的，如果真是死了，也不失其為一個莫大的幸福。從你們的角度看，我的姊妹們，我所說的要勇敢些是否有理呢？

看蘇非仙女拉拉是如何修養的：

> 日常我的追求，非財富也不是權力，
> 也不是追逐感官的愉悅。
> 飲食適度，我過著有節制的生活，
> 並熱愛我的神。

看基督中的聖徒若望是如何修養的：

> 你所受之贊，悉歸上主，
> 因為你並不堪此美。
> 絕不允許自己向人肆意炫耀，
> 靜默是天主的母語。

看看基督徒聖大德蘭修女是如何修養的：

> 人生在世，無論聖德修到如何崇高地步，也不能貢高我慢，總應該小心翼翼謹慎恐懼地把持自己。

> 本來是最好隱修的，一旦張揚起來了，由此會引來不少麻煩。我的姊妹們，看看大家閉關在這斗院內，沒有什麼娛樂，沒有足夠的空間，這對我們很多隱修院來說，是很必要的，我覺得，你們樂意在這裡尋找天上的宮殿，實在是太安慰人心了！因為不用任何人的許可，在那裡，你們將是完全自由的。

看印度的古魯卡比爾是如何看修行的：

> 獅子不會成群結隊，
> 天鵝不會聚成一夥。
> 寶石不會成堆出現。
> 檀木在森林中稀有，
> 有些海洋裏沒有珍珠，
> 修行者在道上獨行。

看俄國大佬葛吉夫是怎樣看修行的：

> 人類大眾的進化違抗了大自然的目的，而某個小百分比的人的

進化或許就符合大自然的目的。人的內在含有進化的可能性，但人
類整體的進化，也就是，在所有的人〈或大部分的人〉裏面發展這
些可能性，或即使只是一群人，對於地球或一般星球世界的目的來
說這都是不必要的。而且，事實上，這還可能有害或致命。因此，
有一些特別的（一種星球特質的）力量阻擾人類大眾的進化而使它
維持在應有的水平上。

「一些特別的力量」，大佬是指社會發展規律？更像是指人類的「習氣」。

是啊，人人都像印度叢林中的沙門一樣「一絲不掛」，誰來管理國家？誰
來建設國家？誰來守衛和平？呵呵，不過要是人類都這樣了，這一切人們誰還
需要？

但是誰給你烙大餅卷大蔥呢？這個比較現實。

《清靜經》裏面說得好：

　　既有妄心，即驚其神；
　　既驚其神，即著萬物；
　　既著萬物，即生貪求；
　　既生貪求，即是煩惱；
　　煩惱妄想，憂苦身心。
　　便遭濁辱，流浪生死。
　　常沉苦海，永失真道。

用莊子的話就是：

　　嗜欲深者天機淺。

用現代的一句話就是：

　　人被欲望蒙蔽了雙眼。

而光明之道呢，佛經道書明明白白告訴了人們，就在「眼前」。

　　己躬下事甚分明，不用尋師費遠行。
　　只向目前親薦取，是誰見色與聞聲。

　　　　　　　　　　　　　　　——憨山《示天淵禪人》

嗜欲者，七情六欲自然包括其中，在佛教中對應者習氣說。

吾人這個「小宇宙」即猶如一部天機，其天機不可洩漏也，亦有狹義與廣
義兩種內涵。

若學人不能「損之又損」，遣散欲擾，凝定心神，三花不能聚頂，五氣何

以朝元？

太上云：

> 遣其欲，心自靜。澄其心，神自清。故六欲不生，三毒消滅。

嗜欲深者，皆因心未澄清欲未遣也，自然「漏洞百出」，故其天機淺矣。

岐伯云：

> 出入廢則神機化滅，升降息則氣立孤危。

修行就是把你家（身心）打掃得窗明几淨，迎接貴賓。

一個亂七八糟的地方，真人不會留下的，「可惜了一杯茶」。

> 天下事皆是凡夫做得，人惟不肯做凡夫，吟詩作賦，自謂多才，不知天地間，哪少你這幾句文字？描山畫水，自號專家，不知天地間，哪少你這幾筆墨水？枉將有限之光陰，徒為無益之閒戲。傷也乎哉！要做事，須做天地間少不得的事。凡無之不為輕，有之不足重者，讓那一班閒漢做去。

——《唱道真言》

修道這事兒，不屬於才子，不屬於大眾，更不屬於忙忙碌碌「討生活」的人。

它也不是人們所想像得那樣浪漫，它是少數懷「貪天之功」者的精神遊戲，一些不甘於「自然法則」的「機器人」的自我「覺醒」，一個充滿不確定因素的、有刷機成磚頭的危險之旅……

所以，李太白最好還是去寫詩，宋徽宗最好還是去畫鳥。

> One day a falcon invited a duck
>
> to leave the lake and see the high plateau.
>
> The wise duck said,
>
> "Water is my source and fortress, my peace and joy.
>
> Don't tempt me with where you love to be.
>
> You have soaring gifts. I love this low marsh."

鷹邀請鴨子，

離開窪地，往高處飛。

鴨子說：

「我在這兒活得很好。

請別誘惑我了，

你有你的凌雲志，我卻只愛這沼澤。」

　　　　　　　　——Rumi（1207～1273）

竹杖芒鞋過萬山，遠從南嶽扣松關。

石頭路滑難移步，莫道參方是等閒。

　　　　　　　　——憨山《示大智禪人》

十二、金鼎欲留朱裏汞
　　玉池先下水中銀

1

丹砂已向坤爐伏，玉汞先從坎鼎烹。

活計一張焦尾外，碧壇在尺禮星辰。

　　　　　　　　　　——曹文逸《題謝先生白雲庵》

在宋代仙女曹文逸的這首詩中，「坎鼎」比較惹眼，很有點意思，因它未與「坤爐」對仗。

鼎爐，原是方士煉製外丹的器物。

內丹道興起後，援而喻陰陽、喻他我、喻身心、喻「心」「腎」，總無外乎，神炁二物。

呂洞賓說「鼎器本是乾坤體。」張伯端道「先法乾坤為鼎器。」

既有乾鼎坤爐之稱，亦有坤鼎乾爐之說者，何也？

讀《參同契》，可得正解：

> 天地設位，而易行乎其中。天地者，乾坤之象；設位者，列陰陽配合之位。

> 易謂坎離。坎離者，乾坤二用。二用無爻位，周流行六虛。往來既不定，上下亦無常。

丹派與之相似的，還有龍虎說：

既有青龍白虎之稱，亦有火龍黑虎之說者，何也？

取讀《道言淺近說》，可得正解：

> 紫陽曰：「赤龍黑虎各西東，四象交加戊巳中。」陶仙謂：「龍
> 從火出，青龍變為赤龍；虎向水生，白虎更名黑虎。」

《周易·乾》：「同聲相應，同氣相求。水流濕，火就燥。雲從龍，風從虎。聖人作而萬物睹。」

在內丹道興起之後，龍虎被借用為道家煉丹的術語，與「鉛汞」、「坎離」、「水火」是同義詞，都是陰陽概念的「具體化」、「形象化」，或曰「物化」。

就五行論而言，性屬木，木代表東方，於卦為震，故比為青龍；情屬金，金代表西方，於卦為兌，金白色，故喻為白虎。以金能剋木，故情多損性。

如何使得金木無間、龍虎自伏？內丹道做的就是這件事，非「以戰求和」而不可得：

龍虎多表動態，表靜極生動，表天人合發。

表的是「沖炁」：

> 兩獸相逢戰一場，波浪奔騰如鼎沸。
>
> ──張伯端《贈白龍洞劉道人歌》

而爐鼎者，多表位置，表靜態，表欲動未動之時，或動極生靜之後。

表的是「以為和」：

> 二獸相逢鬥一場，元珠隱伏是禎祥。
>
> ──張伯端《石橋歌》

結果就是「須臾戰罷雲雨收，種個玄珠在泥底」：

> 西山白虎正猖狂，東海青龍不可擋。
> 兩手捉來令死鬥，化成一塊紫金霜。
>
> ──《悟真篇》七言絕句第三十五

鼎爐既陰陽、坎離之代名，具體而言，則依「汞」（心意）所在者為爐，依「鉛」（一氣）所至者為鼎。

一般，就「位置」而言，倘一氣生於坎，即坎為鼎；倘藥物墬於離，即離為鼎。

只是一般很少有曹仙女的「坎鼎」說：

> 天機深遠少人知，一粒刀圭午上持。
> 霧卷古潭秋靜夜，雲收碧嶂月明時。
> 蛟龍捉得囚離鼎，猛虎擒來鎖坎池。

煉就仙丹超造化，去奔蓬萊禮真師。

——譚處瑞《水雲集·述懷》

所謂乾鼎坤爐者，乃採取坎中的陽氣於離中，而離本中虛，得坎中真陽之炁所補為乾，故又稱乾鼎；坎本中實，得離中之真陰之精還歸坎中為坤，故有坤爐之謂。此即離、坎兩卦中爻互換，扭轉為乾、坤矣。又所謂坤鼎乾爐者，是指坎離未交前而言，此時真陽仍伏坎中，故有坤鼎之稱，而離則為乾爐。

所以，就「動靜」而言，又此二物，循環不已，生生不息，《參同契》曰「二用無爻位，周流行六虛，往來既不定，上下亦無常。」這就是道家丹派的「取坎填離」說，在實踐中的真章落實。《悟真篇》概言「取將坎位心中實，點化離宮腹內陰。」

「取坎填離」在清靜法派看來，我之一身坎離具備，陰陽均有，可在自身中採取，不必移花接木，借彼補我，而可自補自足；但對陰陽法派來說，孤陰不生，獨陽不長，不能在自身採取，須要男女雙修，移花接木，採補於彼家。

本來，「呂洞賓」說得很明白了：

陰陽二物隱中微，只為愚徒不自知。

實實認為男女是，真真說做坎離非。

而陰陽法派實實真真沒有看明白。

而在《敲爻歌》裏，「呂洞賓」卻又說得就很「不明白」了：「一夫一婦同天地，一男一女合乾坤。」

但陳致虛是看明白了：「鼎器者，靈父靈母也。乾坤者，男女也。藥物者，靈父靈母之氣也。乾男坤女之精，以此變煉於凡父母軀殼之中以成丹，效法天地之造化矣。孤陰不產獨陽不生，陰陽若合，方得真種。咦，妙矣哉。」

上陽子這一段「鼎器妙用章」非讀百遍，不能得其真意也：

《陰符經》曰：「爰有奇器，是生萬象」。太上曰：「當其無有器之用」。《龍虎上經》：「圓中高起，狀似蓬壺，關閉微密，神運其中，爐灶取象。」《黃庭經》云：「出入二竅合黃庭，呼吸虛無見吾形。」伯陽真人云：「此兩孔穴法，金氣亦相胥。」紫陽真人云：「先把乾坤為鼎器，次摶烏兔藥來烹。」

上陽子曰：鼎器之名，非但一說，非遇聖師，難可擬議。曰乾坤鼎器，曰坎離匡廓，曰玄關一竅，曰太一神爐，曰神室黃房，曰混元丹鼎，曰陽爐，曰陰鼎，曰玉爐，曰金鼎，曰偃月爐，曰懸胎

鼎，曰二八爐，曰朱砂鼎，曰上下釜，曰內外鼎，曰黃金室，曰威光鼎，曰東陽造化爐，名雖多而所用亦別。且如內鼎、外鼎之說，內鼎者即下丹田，在臍之下三寸，一曰臍後腎前，一曰前對臍、後對腎，一曰臍之下、腎之上。凡此說者，猶暗中而射垛也。有道之士，只要認取下丹田之極處為準。蓋下丹田是神氣歸髒之府，方圓四寸，一名太中極。太中極者，言當一身上下四向之中，故曰太中極也。大海者，以貯人一身之血氣，故曰大海。《悟真篇》云：「真精既返黃金室，一顆明珠永不移。」李清庵云：「乾宮交媾罷，一點落黃庭。」即此內鼎神室也。

外鼎者，亦名谷神，亦名神器，亦名玄關，亦名玄牝之門，亦名眾妙之門，亦曰有無妙竅。凡此數者，猶聾人而聽管籥也。有道之士，只要認其經營採取之所。紫陽真人云：「要得穀神長不死，須憑玄牝立根基。」葉文叔注：「以玄牝為兩腎中間混元一穴。」無名子題曰：「誤矣，殊不知玄牝乃二物也。若無此二物，安能有萬物哉？」故內外二丹，從此而得，聖人秘之，號偃月爐、懸胎鼎也。《參同契·鼎器歌》：「圓三五，寸一分；口四八，兩寸唇；長尺二，厚薄勻；腰臍三，坐垂溫；陰在上，陽下奔；首尾武，中間文；始七十，終三旬；二百六，善調均。陰火白，黃芽鉛，兩七聚，輔翼人。」《悟真篇》首云：「周圍一尺五寸，中虛五寸，長一尺二寸，狀似蓬壺，亦如人之身形。分三層，應三才。爐面周圍一尺二寸，明心橫有一尺立唇，環匝二寸，唇厚二寸，爐口偃開，鍋釜如仰月狀，張隨號為偃月爐。」此上言外爐也。

仙師之意借物為喻，使後來人易於領悟。只如圓三五，寸一分，此非真師詳誨，豈有自知？況其下文多少深意，如葉文叔自敘，丹丘有遇，了然明白，豈謂玄牝之說？不得師傳，妄意紬度，果何益哉？後之學人，既蒙師授，當明大要，不可尋文而泥像也。

又詳陰爐陽鼎之說：偃月爐者，陰爐也。中有玉蕊之陽氣，即虎之弦氣也。何謂偃月？蓋此爐之口，偃仰之間，如偃月之狀，陰海是也。先天自然真一之火，月生日長於其中，是曰陰爐也。朱砂鼎者，陽鼎也。中有水銀之陰氣，即龍之弦氣也。號曰懸胎。以其不著於地，如懸於灶中。此鼎入爐八寸，身腹通直，是曰陽鼎也。

似此之類，皆不可泥文，切須尋其義也。

——《金丹大要》

讀吧，「未有神仙不讀書」。

讀書，是誰也替代不了誰的功課：

　　　　問曰：「何謂鼎？」

　　　　答曰：「鮑真人云：『金鼎近泥丸，黃帝鑄九鼎』是也。」

——《金丹問答》

「一點落黃庭」，講的是小爐鼎，屬於命功的範疇。

一經「遷爐移鼎」，「全身無處不丹田」的境界就出現了：

　　　　問曰：「何謂爐？」

　　　　答曰：「上品丹法，以神為爐，以性為藥，以定為火，以慧為水。

　　中品丹法，以神為爐，以氣為藥，以日為火，以月為水。下品丹法，

　　以身為爐，以氣為藥，以心為火，以腎為水。」

——《金丹問答》

大爐鼎是以「天地」為爐鼎，「全身」及「吾人」，已經杳然無蹤。

陽明曰「吾心即是宇宙，宇宙即是吾心。」佛（經）說「通身是，遍身是。」

所以，太虛爐鼎以無形無象、無涯無際的虛空為爐，以無形無象之心為鼎，這個是不能「理解」、「不可思議」的，在玄關竅開後，自然的覺受。

　　　　清對濁，美對嘉。鄙吝對矜誇。花須對柳眼，屋角對簷牙。志

　　和宅，博望槎。秋實對春華。乾爐烹白雪，坤鼎煉丹砂。深宵望冷

　　沙場月，絕塞聽殘野戍笳。滿院松風，鐘聲隱隱為僧舍；半窗花月，

　　錫影依依是道家。

《笠翁對韻》是從前人們學習寫作近體詩、詞，用來熟悉對仗、用韻、組織詞語的啟蒙讀物。下卷有「坤鼎」對「乾爐」一說。

就世間法言，乾鼎坤爐說，是合乎封建「禮儀」的。

乾，法天象帝表元首。鼎，是它最好的象徵之物，代表了最高權力。

最初作為食物器皿的鼎，主要用於煮盛肉食。因此，成為宴會、狩獵等場合的必備器具，並逐漸演化為重要的祭祀禮器，直至成為家國寶器。在推測為夏文化的二里頭文化第三期發現有青銅鼎，這被認為是青銅禮器的源頭。

鼎在成為祭祀禮器後，意義重大，製作也日益考究，不僅造型凝重，以竭力顯示嚴鼎盛的氣勢，而且宴飲、征戰等紋飾也明顯增多，饕餮、夔、虬等「原

始龍」紛紛登場，這就是它常與「乾」關聯的原因。

到商代，開始出現大量的青銅鼎。毫無疑問，中華文化在源頭處便和鼎結下了不解之緣。尤其是，早商的二里崗時期，出現了青銅方鼎，到商代中晚期，方鼎數量大增，與圓鼎一起成為主要的祭祀禮器。作為炊食器皿，原始社會的鼎均為圓形，甚合實用之目的。在圓鼎之外再鑄方鼎，反映了鼎由實用的食器向象徵性的禮器的一個重大轉變。因為方鼎在燒火、取食方面遠遠及不上圓鼎，但是作為禮器，這一象徵意義取決於商朝人「天圓地方」的「世界觀」。

《易經·序卦傳》：「革物者莫若鼎，故受之以鼎。」《易經·雜卦傳》：「革去故也，鼎取新也。」說明在很早的時候，鼎和改朝換代就聯繫在一起了。春秋時，周王權威下降，諸侯紛起。周定王元年（公元前 606 年），楚莊王伐陸渾之戎，陳兵於洛邑附近，定王派王孫滿前去慰勞。楚莊王探問九鼎的「大小輕重」，遭到了王孫滿的回絕：「周德雖衰，天命未改，鼎之輕重，未可問也。」這就是歷史上有名的「問鼎」故事。

特別是「禹收九牧之金鑄九鼎，皆嘗亨觸上帝鬼神」之後，九鼎也就成為王權的象徵，國之重器。「桀有亂德，鼎遷於商」。周滅商，成王又遷鼎於洛邑。歷代帝王都希望自己找到九鼎，「以承天休」。於是從夏商周開始，九鼎就是帝王或中國的代名詞，以及王權至高無上、國家統一昌盛的象徵，也是中華文化的一個重要標誌。上個世紀末，香港、澳門先後回歸祖國，中央政府均以「回歸寶鼎」相贈，象徵中國對香港、澳門主權的全面收復。

唐宋都曾鑄九鼎祭祀天地，講究「拿來」和「實用」的蒙古人，忽必烈的長兄蒙哥，是第一個使用漢式儀式來祭天的蒙古大汗。

而忽必烈問鼎中原後，在劉（秉忠）先生，為他撰寫的華麗文章中，大汗登基詔書天下云：法《春秋》之正始，體大《易》之乾元……

就內丹道言，乾鼎──坤爐說，與坤鼎──乾爐說，就像青龍──白虎說，與火龍──黑虎說，一樣成立，它表述的丹道的核心天機：

> 若問金丹端的處，尋師指破水中鉛。
>
> ──張伯端《石橋歌》

2

此法真中妙更真，都緣我獨異於人。

自知顛倒由離坎，誰識浮沉定主賓。

　　金鼎欲留朱裏汞，玉池先下水中銀。

　　神功運火非終旦，現出深潭日一輪。

——《悟真篇》七言四韻第四

　　鉛、汞，原來是外丹的術語，後來被援入內丹，但是又賦予了它新意。

　　用《易經》的術語來說，鉛就是坎中陽，汞即離中陰；用老子的話說就是虛其心實其腹知其白守其黑為天下式；從性命之學來說，鉛就是命，汞就是性；從五行學說來闡述，鉛就是水中金，汞就是火中木；用神話文學的語言來說鉛就是黑虎汞就是火龍；如此這般延展越說越複雜了，道教的「雜而多端」在這一塊兒表現得格外突出。

　　所以在道教史上一個現象即非鴻儒難以成大道。若用從《內經》延續下來的現代中醫學比較慣用的術語說，則最簡單易懂：鉛就是精氣，汞就是神意。魏伯陽道「推情合性」。

　　因為神具汞性，其靈而易飛、易散、易變、易化、易走、易失，不可「捉摸」、難以掌控——似乎人心，一言蔽之就是吾人之神不易守舍！那麼，女大當嫁怎樣的男子才能留住她海底的心呢？五行謂之水剋火也。克者，擒、制意。

　　張伯端「金鼎欲留朱裏汞，玉池先下水中銀」，就是說的這層意思，有了水中金（銀，金屬也），拜金女神她也就神有其捨了：

　　二八誰家姹女？九三何處郎君？

　　自稱木液與金精，遇土卻成三姓。

　　更假丁公鍛鍊，夫妻始結歡情。

　　河車不敢暫停留，運入崑崙峰頂。

——紫陽真人《西江月》第五

　　元代陳虛白《規中指南》有一個比較白話的句子，「大道教人先止念，念頭不住亦徒然」，與紫陽真人這個「金鼎欲留朱裏汞，玉池先下水中銀」可以互為表裏。即可以理解為，前面陳說的是條件，後面張講的是道理。後面的道理如果也用白話來說，就是「一氣」來時，氣穴如潮湧似漩渦，意識不由得就捲入了其中，這是「識神退位」、「元神主事」的一個質變階段。釋子謂：「打破虛空歸去來，離世界兮入法界。」

　　像大風大浪一般，很快地就過去了，然後是平靜的降臨。上主（「元神」）在內一旦出現，人們立刻忘掉了世界。

——St.Teresa of Avila（1515～1582）

在這個神氣包融、混沌坐忘的定境中，修行人感覺不到時間的流逝和空間的存在。「洞中方一日世上已千年」就是這個狀態最好的比喻。

3

前面說的「大道教人先止念」注意了沒有？

我覺得它的重要性可以排在所有的丹經契歌之首位，因為它是入道的基礎啊。

> 如果知識的發展勝過素質，一個人能知卻沒有能力做，這是無用的知識。反過來說，如果素質勝過知識，一個人有力量做，卻不知道要做什麼，這樣的素質漫無目標，所做的努力也只是白費。
>
> ──Gurdjieff（1866～1949）

看葛吉夫的弟子的注疏：

> 意識本身不會給人知識。知識必定是學得的。無論多高狀態都不能給予人知識，而且多少知識也無助於找到意識。此兩者既非平行也不能彼此互相取代。不過，要是你進入有第三意識狀態，你就會看到以前所未見過你的東西。如果你堅持不懈地工作（「修行」），它就會產生巨大的效果，整個世界都不一樣了（「看山不是山看水不是水」）。

鄔斯賓斯基又用現代語言詮釋了教派中的下手「口訣」：

> 有一個簡單又實用的方法，設法停止你的思想，但同時不要忘記你的目標；你是為了找到自己而停止思想的。什麼阻止找到自己呢？就是「意識流」。你若無法找到自己，就設法停止思想。停止思想非常困難，你不能對自己說：「我要停止思想」，心就定了，這是需要下大工夫的。

在葛吉夫、鄔斯賓斯基的「第四道」的語境中，「意識」、「自我意識」、「找到自己」指「第三意識狀態」，也是其修行體系中所謂的「高等意識」，對應著丹派的「不神之神」、「元神」、「真人」，佛教的「本來」、「法身」。

藏，書籍貯藏之所，漢代即已將「藏」用作藏書之庫。

據說讀完五千多卷《道藏》的，只有陳攖寧先生、陳國符教授。

前者是研究內丹的，發明了仙學；後者是研究化學和外丹的。

據說《道藏》中的丹經主要集中在洞神部，我沒有看過，也不想看，主要

是一定很傷神，紫陽真人也說了：

　　萬卷丹經語總同，金丹只此是根宗。

——《悟真篇》七言四韻第十六

《悟真篇》是道教內丹學派的經典，未入「眾妙之門」是看不懂的。

就是把全部經書看完，也仍然是身在門外。

　　不悟陰陽罔闢機，想存作用總成癡。

　　雷符燒盡千千紙，雨澤何曾一點施。

——翛然子《明真破妄章頌·妄想行持》

「紙上得來終覺淺」，是否能看明白，取決於你是否實踐過，並且清醒地「見到」過「它」，而不是李白夢遊模式的「好道」。

　　這個名為祖竅穴，黍珠一粒正中懸。

得此一竅，無論它在五千卷中以什麼名詞出現，也無論是誰在佈道、哪一本上在說，你一眼過去，就知道，是否是真傳，是否是真經，是否是真人，是否是煉師。

王重陽《五篇靈文注》指明：

　　乾宮乃虛無一竅是也。

丘處機《大丹直指》指明：

　　玄關乃在臍裏一寸二分。

那麼，怎麼，這對兒著名的師徒說的不一致呢？

看看陳攖寧與門人、讀者的書信來往：

《答覆北平某君來函》：

　　我教人初步工夫，口訣很簡單，只有八個字：「神氣合一，動靜自然」，果能做到如此地步，延長壽命，定有把握。

《答溫州瑞安蔡續民君九問》：

　　「守中抱一，心息相依」，這是陳希夷派的要旨。

《答湖南省常德電報局某君來函》：

　　伍沖虛、柳華陽二位所做的工夫，下手著重在調息，而不在乎守山根。「心息相依，神氣合一」是他們最要緊的下手訣。《性命圭旨》的特長，在他每篇之理論，頗有透闢精湛之處。至於書中所附載種種圖式，皆是由各處採集而來，無足重輕。那些行氣導引小法子，利少害多，毋須研究。秘訣應當於普通讀《性命圭旨》之人所

最易忽略處求之。

《答虞山吳悟靈君十問》：

> 《樂育堂語錄》、《道德經講義》、《清淨經》、《定觀經》、《心印
> 妙經》、《黃庭經講義》、《孫不二詩注》、《唱道真言》、《靈源大道歌
> 白話注解》、《伍柳仙蹤》、《坐忘論》、《性命圭旨》等書，最好都要
> 看過，庶能知所採擇，而悟性命之要旨。若云守竅，當以「規中一
> 竅」為最適宜，但不可死守，當順氣息之自然，從容不迫，若存若
> 亡，要如《參同契》所謂「真人潛深淵，浮游守規中」之象。若不知
> 浮游之旨，便是死守，不論守在何處，終不免要出毛病。

就算按照學術界的考據，《大丹直指》不是丘處機的原創，是施肩吾一系
的託名之作吧，那又有什麼要緊呢？

既因為這個竅是活的，既因為「上以下為基」，又所謂「玄竅開時竅竅開」。
所以，你守哪個竅感到舒適，你就守哪個竅。

「意守」之所以深入人心，是拜託了「氣功潮」時代的宣傳。《唱道真言》
用「觀」而不用「守」。

身上的守不住，就用內丹西派和茅山宗的法門。

如果「身外虛空」也守不住，不舒服，就放棄。改修「持咒」法門，從瑜
伽（和佛教）裏面下手。

嗯，佛教到了後期，逐漸地又返歸「傳統」了，諸如觀想、持咒，這些原
本婆羅門的東西，在跟苯教的神聯姻後，又叫藏傳「佛教」。就像禪宗是印度
佛教和中國道家的結合物一樣，錫克教是伊斯蘭文化和印度文化碰撞的結果。

現代印度錫克教的祖師爺，一位叫卡必爾的老修行，在他介紹自己身世
時，就把入道的法門給你明示了：

> 我住在低等社區，我的階級是久拉哈；
>
> 我只有一項長處，那就是那姆。

「久拉哈」是織布工，「那姆」是指「聖音」，即「南無」，通俗地說就是
「咒語」。

佛教從婆羅門教義中繼承下來的「咒語」，實在多得數不過來，最著名的
就是那句「阿彌陀佛」。

佛經中的很多用字，在現代人眼中並非是什麼古字僻字，但其讀音卻與現
代大為不同。出現這一現象的主要原因在於「梵文」的音譯上。

　　佛經中音譯的情況主要有三種：一是一些佛及菩薩或羅漢的名號。二是一些名詞，由於含義太多，譯成漢文過於冗長，所以保留原音。三就是咒語了。由於咒語是口耳相傳，所以較多地保留了古音，所以與現代日常讀音不同。「南無」這兩個字，經常出現在各種佛及菩薩的名號之前。如：南無阿彌陀佛、南無釋迦牟尼佛、南無觀世音菩薩、南無大勢至菩薩等。它們是梵文 ㅅㅴㅗ〔namas〕的音譯，佛經中讀為 ná mó，而不讀 nán wú。一般解釋是，表示對佛及菩薩的尊敬或皈依，實質上，就是大乘佛教和密乘瑜伽行的修煉方式。

　　所以大勢至菩薩說：「我無選擇，都攝六根。淨念相繼，得三摩地。」

　　所以卡比爾說：「要祝福那張嘴呵！它念誦造物者的名，潔淨了整個村莊。」（注意，這裡的村莊，喻言身心。）

　　所以巴巴‧吉說：「你問我怎樣控制頭腦，只有通過內在音流才能控制住它。每天傾聽內在音樂，觀想師父的形象。然後，頭腦就會停止游蕩，有一天，受內在音流的影響，靈魂會到達 Daswar Dwa，於是，丟掉心智水平的設備，靈魂就與純淨的音流匯聚，再經由明師的恩典到達真理世界，不用懷疑，它會到那裡的。」

　　所以弘一法師說：「阿彌陀佛，無上醫王。捨此不求，是謂癡狂。」

　　所以南懷瑾先生說：「淨土法門念一聲佛號，叫做『三根普被』，這句話是最大的教義，也是佛教最重要的，大家卻很輕視。」

　　至於這些「咒語」是什麼意思，這本該輕視的，大家卻很重視。

　　釋之「言語道斷，心行處滅。」道謂「多言術窮」。

　　但持咒不在其列，因為它非辯、非論、非思、非想。

　　至於這些「咒語」是什麼意思，就是玄奘譯經時的「五不翻」的「秘密不翻」。

　　不單是玄奘如此，其他譯者亦然。

　　像《心經》的結束語，「揭諦揭諦，波羅揭諦，波羅僧揭諦，菩提薩婆訶。」這是《西遊記》里師徒取經返程乘著老黿（先天一氣）渡通天河（「端的上天梯」）時候，應做如是唱的歌曲，那是很鼓舞人心的。

　　翻譯一下，成什麼了？難道是一大堆的艄公的號子？

　　在民智大啟的時代，神秘主義走不遠。你不說，也有人說。

　　所以在梁啟超的法眼裏，這些實在是不值得翻嘛。

　　翻出來還有意思嗎？不要管它，乏味之心一起，咒以住之——這不就又有

意思了嘛，呵呵。

用佛教從婆羅門教（經典《奧義書》）中學來的雙重否定的思維模式來包裝一下，那就更有意思了，「非念非非念非非非念」。

不用參了。簡單說就是不能為了念而念，不能心不在焉地照本宣科哦，那是不治癒的。

怎麼才能治癒呢？淨土宗做到了，它先整了一個「環環相扣」的神學體系，然後，把持咒法門給塞了進去……不說了，再深度解說下去，剛有點意思就又沒有意思了。

但願不要影響了淨土同修，您只管念、憶，一心一意、一門深入，指定成功。呵呵。

對佛教不耐煩的同學別煩，念「祖傳」的金光咒的漢字部分吧，漢字部分的後面，還有一堆毫無意義表音異體字，就算了。你懂的。

這是我師從臺灣馬師西派一脈時，最最寶貴的收穫。

當然，還有那個「身外虛空」。

在我所試驗過的法門中，以內丹道西派的意守之法，最為曼妙。

找對了適合你的方法。然後，才是「一門深入」。

嗯，還有，「身外虛空」，可不是雲裏霧裏，沒有實處——繫心於此「妙有」之地，與那個「意守丹田」，別如雲泥。紫陽真人云「不遇明師莫強猜」。

> 無咎無法，不生不心。
>
> 法無異法，妄自愛著。
>
> 將心用心，豈非大錯。
>
> ——《信心銘》

丹派、瑜伽與禪修，各自選擇了各自時代的哲學體系，來建築自己的法理體系，究其實質，並無二致。如果說有區別，也是佛教、瑜伽關注的是「心」，而丹派較注意對「身」的重視，它對「命功」的詮釋，已經是完善到了極致，這與道家思想和《內經》的養生旨趣有關。

話說，東土人的心腎是一上一下，天竺人的心腎是難道是顛倒著長的？

晚清之際，天朝上下，無不認為洋人眼色碧藍，怕見陽光，不能遠視；兩腿細長，沒有膝蓋骨，不能彎曲。「以長梃俯擊其足，便可使其應手即倒」而擒之。「開眼看世界的第一人」魏源還把一則「道聽途說」收進《海國圖志》裏去了：「聞夷市中國鉛百斤，可煎文銀八斤。其餘九十二斤仍可賣還原價。

唯其銀必以華人睛點之乃可用。而西洋人之睛不濟事也。」

取人之眼，還必須要用「卓有遠見」的華人之眼來點化，這些言論，在我們今天看，良可歎也，而那個時代，看得出，人們還是很認真地、一絲不苟地、循規蹈矩地、煞有介事地，在埋頭「著書立說」，傳「真知」於後人。

4

長期打坐沒有任何效驗，卻把性格搞得很古怪，這樣的修行人不少見。追究過原因嗎？

> 顏回曰：「回之家貧，唯不飲酒不茹葷者數月矣。如此，則可以為齋乎？」曰：「是祭祀之齋，非心齋也。」回曰：「敢問心齋。」仲尼曰：「若一志，無聽之以耳而聽之以心，無聽之以心而聽之以氣！聽止於耳，心止於符。氣也者，虛而待物者也。唯道集虛。虛者，心齋也。」
>
> ——《莊子・人間世》

顏回歎曰：「窮屌一枚，經常是木有酒喝、沒有肉肉吃，這差不多就是齋戒了吧？」孔子說：「這是祭祀儀式上的那種齋戒，並不是「心齋」，算不上練功啊呵呵。」顏回說：「請教什麼是『心齋』。」孔子說：「你要摒除情緒的干擾，專心致志……。凝寂虛無的心境才是我們要的那個心態，天上之寶就落在那個虛空之間……」

顏回得法後回去苦修，進步神速，告訴孔子說已忘了仁義，孔子認為他還不夠深刻。過了幾天，他告訴孔子說他已忘了禮樂，孔子仍然沒有加以讚許。再過了一段時間，他又告訴孔子說他已「坐忘」了。孔子要他描述一下他的「功態」，顏回就說了一句：「墮肢體，黜聰明，離形去知，同於大通，此謂坐忘。」

修行是從訓練注意力集中（「一志」），即意識的專注開始的，打坐、入定是它的結果，把這個「結果」當成「法門」，我觀察過，或許對於一部分人（注意，極少的一部分人）合適，而對於大多數人，則不合適。

是那麼修行最好的法門是什麼，在我看來是佛教中的「持咒」法門，可以算其一。

「大道教人先止念，念頭不住也枉然。」這是元代丹派大家陳致虛著名的句子。

廣為人知的「意守丹田」（丹經中謂「守竅」），目的就是為「止念」。

不過這個下手，似乎除了成全了極少人外，大多學者都被「意守」搞得「精疲力竭」……

你坐下一開始「死守」，老是怕妄念泛起，於是，一個內在的「消耗精神」的過程，它不覺地就啟動了。

一天坐在那裡，消耗你幾個小時，經年累月之後，能不疲態叢生嗎？

所以僧璨提醒說：「虛明自照，不勞心力。」

凡人之心都是以「動態」為常態的，以折騰為習慣。而且大腦裏、潛意識中，又蘊含著各種情緒的「條件發射」在蓄勢待發、在隨時「觸景生情」，所以一下子讓它靜下來無異於在高速路上的急剎車，大腦中的神經網絡裏面的那些繁忙的信號傳輸不發生碰撞不出問題，實屬僥倖。

一天四座，一座兩個小時，你打上三年，大概要有些收穫的：如果用的是雙盤，兩條腿基本上已經是半殘廢了；如果每天是堅持不懈地四柱香燒完，老年癡呆症也差不多提前有了一些徵兆……

聽說過這麼一個故事，一個人把家產全散了去西藏求密，一個活佛說他有祖傳秘法，但是要六根金條，交割之後，這人如獲至寶地回到家一看，紙條上寫著六個字。大概就這意思吧，我也不懂藏文不知道這六個漢字在藏文裏面是幾個字詞，反正是一字千金嘍。那個啥活佛也是，這幾個字哪裏翻看不到，就要人家六根金條？但是我覺得他不虧，一經刷卡，現在有感覺了吧？

猴子大鬧天宮後，和如來佛打賭，如果可以翻出他的手掌，就放了悟空。結果猴子一個跟斗到了五指山，發現卻是佛祖的手掌心。於是被佛祖壓在五行山下。

> 大家正喝得酩酊大醉，忽然，一個巡視靈官跑進來，報告說：「那妖猴伸出頭來了。」如來聽了，說：「沒關係，沒關係。」說著，如來從袖子裏拿出一張紙條，遞給阿難，就叫阿難拿著紙條，到山頂上去貼上，震住妖猴。紙條上寫的是「唵嘛呢叭咪吽」六個金字。阿難拿著紙條，出天門，立即直奔五行山。阿難到了五行山，把紙條貼在一塊四方石頭上，從此，五行山生根合縫，就穩穩壓住了大聖。大聖雖然能呼吸，也能伸出手腳，但卻只能是搖晃手腳，不能動換身體，更不能變化。

──《西遊記》第七回

記得高中時代的政治課，那時候讀的是《辯證唯物主義》，現在可謂受益

終身！當然了，讀大學的時候，翻閱了一些西方的哲學書，不知出於何種心態，有一點輕視唯物辯證法了。後來，國人開始回顧國學了，記得有一次聽湯一介先生的課，他說了，「我至今仍覺得辯證唯物主義，是一種很好的哲學。」這才開始了反省。馬克思博士說，「物質是運動的」、「運動是物質的根本屬性和存在方式」。很有意思，這幾句話能在修行中活學活用，那才是真把「形而上學」落實到具體的修行中，把理論落實到實踐上了。

從唯物辯證法的角度去看，「持咒」是具有印度特色的一種「一念化萬念」的攝心方式。若把它放在印度文化的全景上去看，「佛教」（特指大乘）和（婆羅門教）瑜伽行的「核心」技術，也就不言而喻了。咒語起的作用就是用念誦的方式，斷攝「七子識」，用現代語言說，也就是通過咒語來切斷邏輯、推理，降服「識神」、妄心，或者，破其不良意識，開化我們的清淨心。虛雲和尚「以一念抵制萬念，以萬念的力量集中一處總成一念，來參這個是誰？」道教也應該認可，由此受到了啟發，也開發了自己的一套有別於「祝由科」的、具有收心意義的「咒語」──「金光咒」就是其中代表，這是道教把外來之物本土化的一種智慧──這是我在師從西派時的最最寶貴的收穫，當然，內丹道西派的那個「身外虛空」，也是不可超越的攝心之道。具體操作不能說，「說破人須失笑」。

說來話長，有時間慢慢聊吧，先看下《傳燈錄》：

　　一曰：「師作什麼？」

　　師曰：「磨作鏡。」

　　一曰：「磨磚豈能成鏡邪？」

　　師曰：「坐禪豈得成佛邪？」

──《傳燈錄》卷五

江西馬祖道一禪師，在唐代開元年間，來到南嶽山中修習禪定。懷讓禪師知道他是一個法器，於是前往他打坐之地點化他。

懷讓禪師：「大師坐在此地坐好久了圖什麼呢？」

道一禪師：「圖作佛。」

懷讓禪師於是拿來一塊磚頭在一塊石頭上使勁地磨。

道一禪師：「磨磚頭做什麼？」

懷讓禪師：「想磨成一面鏡子。」

道一禪師好奇了：「磨磚豈得成鏡？」

懷讓禪師反問：「既然磨磚難以成為鏡子，坐禪難道就能讓你成佛？」

道一禪師又問：「那麼怎樣做才可能成佛？」

懷讓禪師設問：「如牛駕車，車若不行，打車即是，打牛即是？」

道一於是留在懷讓身邊，侍奉十個春秋，修證境界日趨玄奧。

元音老人講過這個故事講得非常好：「修行成道單靠打坐是不行的，打坐用功消除妄想，還要在各種境界中鍛鍊磨淨習氣。單靠打坐是除不盡習氣的，一定要在種種順的逆的境界中磨煉，習氣才可以除盡。而且單靠打坐，把心坐死，入滅盡定，非但不能成佛，落入土、木、金、石倒有份在！馬祖根性大利，言下知非，就向懷讓禪師請教：那怎樣做才對呢？懷讓禪師是大手筆的宗師，啟發學人有非常的手段，就反問馬祖：如牛駕車，車若不行，打車對，還是打牛對？懷讓禪師意在何處？為什麼這麼問呢？車，比喻身體；牛，比喻佛性。你要修行成佛就必須證到佛性。把身體拘在那裡不動，就是打車。心性才是牛，心動身體才會動，要修心才對。」

注意這一句，「單靠打坐，把心坐死，入滅盡定，非但不能成佛，落入土、木、金、石倒有份在。」

而存心在身體上守竅的弊端，在陳老夫子整理的一篇文章中，我們看看幾十年前一位老同學「守竅」在「意守」上的心得，不僅觸目驚心，也能感悟的夫子的良苦用心：

> ……惟靜坐心神全注於竅，此則大有害處。年老之人，因守竅而血管爆裂，中風而死者，已有多人。余以後遂不敢守竅，三胞弟同時求道，用功九年，而得神經病，患病十年而死。臨終之時，尚不忘守竅。越二年，余已蒙Ｘ師指點真竅，而吾弟墓草已青，可哀也。

一般人們看了一些書，聽了一些講座，就開始回去打坐了，人這「心猿意馬」一下子被拴在「那裡」，令其「一念不起」可乎？類似於「休克」療法，對一些人有用對另一些人就可能致命。況且，「氣沉丹田」、「凝神入氣穴」都是修得的「結果」啊，是「得穴」之際的自然反應，不是下手的最佳「法門」。

「潮起」時你的注意力不灌注也得灌注，而且是「全神貫注」。這就是「汞性好飛，遇鉛乃結」，就是「推情合性」，就是「凝神入氣穴」。結果就是「可以無思」。

火動炎上，水流潤下。

非有師導，使其然也。

——《周易參同契‧姹女黃芽章第二十六》

而且對「一念不起」的理解也決定著你修煉的結果，「無思」不是一個念頭（或想法）都沒有了，而是對「七情六欲」的「損之又損」，是情志的「淡化」。或者說，是當下瞬間。

據說，一個叫臥輪的修行了幾年，來到六祖之處想驗證一下工夫。

見到惠能後，他先出示了「機鋒」：「臥輪有伎倆，能斷百思想。對境心不起，菩提日日長。」惠能禪師看後對弟子們說：「如果依此修行，這是做死的節奏。把『對境心不起』認為是工夫，那是錯誤的。我們修道是要修成活佛，絕不是修成死佛，變成金木土石，那還是什麼佛？不能普度眾生，又有什麼用？」

六祖也做了一個偈子，就是：「惠能沒伎倆，不斷百思想。對境心數起，菩提作麼長？」

惠能是個樵夫，自然沒有「文人相輕自古皆然」的習氣，如果他是個讀書人，會是另外一幅做派：「思想斷了就像一塊石頭？那還有什麼用？一念不生他做得到我做不到哦，我是看見事物就有想法的，呵呵，還聰明智慧在每天增加中，那你修的是個毛線哦。」

惠能這幾句絕對是高見：

我沒有啥子能耐，也斷絕不了各種念頭。

我對境會念起，只是，不再為之煩惱罷了。

石霜：「秀才何姓？」

張拙：「姓張名拙。」

石霜：「覓巧尚不可得，拙自何來？」

秀才一聽，豁然有省，乃呈偈曰：

光明寂照遍河沙，凡聖含靈共我家。

一念不生全體現，六根才動被雲遮。

斷除煩惱重增病，趣向真如亦是邪。

隨順世緣無掛礙，涅槃生死等空花。

——張拙《見道偈》

到了明代的某一天，此偈傳入紫柏耳中：

前兩句說的是，一如遍及一切處，一切眾生處一如。

好。沒問題。

三句說緣起性空，說當下法界：一念不生時，即全體現時；

四句說沾染習氣，說苦之真諦：六根外馳處，乃煩惱生處。

沒問題。好。

五、六兩句，不好吧？

一心求好向善鑽研真理，也是問題嗎？

是不是應該改為：「斷除妄想方無病，趨向真如不是邪。」

同參說「你錯他不錯。」紫柏問為啥？「好自參之。」

咱也不敢說，咱也不敢問。

從此，紫柏每到一處就將這兩句書於壁間，朝思暮想，頭面俱腫。

有一天正在吃飯，忽然悟到了：

生死與涅槃、煩惱與菩提、真如與諸法、入世與出世、生活與修行，一切
平等不二。

> 不用求真，唯須息見。
>
> 二見不住，慎莫追尋。
>
> 才有是非，紛然失心。
>
> 二由一有，一亦莫守。

──僧璨《信心銘》

> 不求真，不斷妄，了知二法空無相。
>
> 無相無空無不空，即是如來真實相。

──永嘉《證道歌》

紫柏頭面之腫也立時消退。自是吐氣揚眉，凌躒諸方。

內丹道也有一句名言：大道教人先止念，念頭不止亦徒然。

丹派這個「止念」，是教人先把「非分」之想、「七情六欲」收住，而不是
正常的「思想」都沒有了！

一般的，人們都會對「念」曲解成「念頭」，而在修行文化中，這裡把「念」
做「情緒」看，才是正解。

> 抱真子曰：「子之言可與上士道，未可與中下言也。若遇決烈上
> 士，智慧圓通，故於身心世事，一一境界，被他覷破，用慧劍斬群
> 魔，火符銷六欲，赤灑灑，空蕩蕩，自是清淨心神，入道大器，但

恐萬中無一。下士為名利纏縛、嗜欲纏縛，中士又為空纏縛、法纏縛，安能一旦了達，解脫此纏縛，而無係戀之念乎？」

覓玄子曰：「不怕念起，唯恐覺遲。覺速止速，此其妙用。人心一念妄生之際，思平日心不得淨者，為此概耳，急止之各川之方泄，實土塞之，裏陵之勢，可絕矣。如火之始燃，杯水沃之，燎原之勢，可滅矣。自一念，以至一切念，亦復如是，久久純熟，自然無念。無念則常清靜矣。余再設一喻，心如鏡，止念如磨鏡，鏡才磨，則塵垢去而光彩矣。念才止，則欲不牽，而心地淨。只此『止念』二字，正是覓清靜的道路。無心真人詩云：『念頭動處頻須掃，戰退群陰育正陽。』陳虛白詩云：『大道教人先止念，念頭不住亦徒然。』皆仙真之確論也。」

抱真子曰：「子與人言金丹之道，常教人心中生意，心意為造化之主。今又教人無念，何其自相錯謬也哉？」

覓玄子曰：「不然。夫無念者，無邪念，無雜念，無妄動念，無常人念，無求速效念，無希仙念，無懈怠念，無一切分神雜源念，難以枚舉。修道之士，非無正念也。」

抱真子曰：「何謂正念？」

覓玄子曰：「不念得，不念失；不念善，不念惡；不念外，不念身；不念昔，不念相；不念求淨，不念生慧；不念痛癢，不念歪正身形，不念呼吸有無。迴光返照，一念規中，非正念而何？此無念之正念，即是真心之真意也。逍遙翁云：『無念有覺，聖人境界。』智者可了知，說者難為說。若向這裡具隻眼，就從念頭上做得去，何患心不清淨而丹道不成哉。」

——《覓玄子語錄》

一般的，社會評論家或特遠評論員，對這個佛教公案解說時，都以惠能勝出，更為究竟高明。

都是在玩水，但是完全不是一個層面的人物：一個在衝浪，覺得自己每天都比昨天更聰明了一些；一個則是深入了「大智若愚」的海底，進入了深沉的禪定之中。

臥輪出示了他的參證後，惠能拍了他一磚。你看，被三祖粲法師「投地敬之讚歎」的人，在六祖那裡卻是「此偈未明心地」，這裡很有是非很有意思啊。

水很深哦。

呵呵，在禪宗那一塊，六祖一直都是拍磚王的角色。畢竟他是個「粗人」，從正面他論辯不過人家。

看一首據說是臥輪的作品：

> 但勤向心照，必當自性悟。
>
> 解時不異迷，迷時不移處。
>
> 若人通達此，不求彌勒度。

從這首偈子可以看出，臥輪是下了工夫的極有修為的一位禪師。當然，六祖的磚頭也是拍得非常得體的，兩者並不矛盾，也沒問題。

看大家與大家玩，不要說楊露蟬高過董海川。

董公公聽了，不會領情。

棋逢對手，恰恰正好玩──

雲對雨，雪對風，晚照對晴空。

高手對決，自有一種玩法。

問題是，兩位老師對「百思想」是怎麼理解的！

其實，很多辯才和門派乃至宗教之爭，都是對某一個概念或範疇的定義之爭，或者對同一風景從不同視野上的描述。

伊索講過類似的寓言：兩位騎士相對而行，從不同的方向對一座塑像進行讚歎。不同的描述導致大打出手。佛曰「盲人摸象」。

再看一首也被六祖拍過的神師的句子：「時時常拂拭，莫使惹塵埃。」

嘖嘖，真正的乾貨！

字裏行間，盡道出了實修中踏踏實實要做的該做的事，也就是惠能老師混在獵人隊中，韜光晦跡的磨礪、和光同俗的用功。

對應著道家、丹派的就是被大顛和尚反覆引用的：

> 損之又損以至於無為。

──《老子》

這也是內丹道在開關展竅後的全部工作。

這也是惠能在窗外聽五祖說法時禁不住地打了個「寒顫」後，所做的十年「保任」。

他撂一句「本來無一物」，沒給「抓手」啊，攀崖你沒有抓手，容易讓初修「抓狂」的。

惠能與臥輪誰更究竟高明？要看兩位老師對「百思想」這個概念是怎麼理解的，管它誰去拜訪誰呢？所以說，「神仙打架，小鬼遭殃。」

從某種意義上說，修行不需要老師，因為一切的火候都是自然發生的，實在不需要誰去指導你，這個過程就是像讀不讀《生理衛生》，你的青春期也如約而來、悵然而去……

所謂老師只是經驗的傳授者，是對自己處境的一個參照。就書本和別人的經驗而言，看了一本好書和找對了人，都是修行之路上莫大的幸事。就像從臥輪去見惠能或者惠能去見臥輪這則公案，學人要是弄明白「一念不起」在實修中的真實義，那麼，這一趟臥輪或惠能的觀見就算沒有白見沒有白說，修得一個念頭都沒有了那是石頭啊，或者石頭上的一顆……

聽說過那一位老太太嗎？每天撐著白傘，蹲在醫院門口的一塊石頭上。一位心理醫生發心要治好這可憐人，要治病一定要從瞭解她開始。

然後醫生也撐著傘，兩人沉默無語的蹲了三個月。

那位老太太開口交流了：請問一下……你也是蘑菇嗎？

不是所有的人，都可以交流的。

持咒法門的原理就是以一念代萬念，元音老人說種子翻騰得越厲害你就越大聲地持，直到它平息。起初不以為然，一用果然神奇。我持誦過六字不念佛號，原因是讓人聽見了自己覺得不好意思。一個安貧樂道、自食其力的人，有啥子求人呢，是要陞官，還是發財？你再聽聽那教主說的那是幾個意思：「如來笑道：記得舊時眾比丘僧尼下山，將此經文在舍衛國趙長春家念誦一遍，只討得三斗三升米粒黃金，我還說他們忒賣賤了，教後代兒孫沒錢用……」

信啥是次要的，修行人，你要的是「若一志」，和在一志（全神貫注）下的多巴胺和內啡肽的分泌。

念到能所兩忘，就是丹派謂之得炁穴時、開關展竅時，好，入門了。

入門後，發現，除了一扇門，啥子都沒有……

能念之人沒有了，所念之咒沒有了……

再回首一看，咋門也沒有了？！

但是又啥子都有、樣樣俱全、無所不有、應有盡有，「虛而不屈，動而愈出」，取之不盡用之不竭！妙哉啊，老子歎曰「眾妙之門」！

宗教思想家的「虛」言「空」語、「真空妙有」，就是由此而來。

按世間法，我們去看老子、看佛祖，總得提些家鄉的特產紅粉條什麼的吧。

提的東西放門口了，這意思，就到了，就不用再拉人家出去坐坐了。老子不會去的，「不出戶，知天下；不窺牖，見天道。其出彌遠，其知彌少。」

中下根器，我等凡夫，都得行有為法。裴曰「阮方外之人，故不崇禮制。我輩俗中人，故以儀軌自居。」

然後，才是無為，才是無為無不為，才是「阮方醉，散髮坐床，箕踞不哭。」才是「非想非非想」。《金剛經》云「非法非非法。

無論你是何人種，信仰什麼，喝到這口酒都會醉。

區別在於，道教說：「我醉欲眠卿且去，明朝有意抱琴來。」佛教說：「沒……醉……」

十三、用將須分左右軍
饒他為主我為賓

1

先說一個典故吧：

嵇康把他的鐵匠鋪子安置在一顆繁茂的柳樹下，再引來山泉，繞著柳樹蓄起一窪水池，打鐵打累了就在水裏泡澡一會兒。

作為當世的數一數二的閒淡人，這個嗜好自然引來了不少人前來圍觀。高士為百姓打造農具來樂此不疲，也不收錢，儘管都知道他是在抗議政府，更主要的恐怕還是欠缺對「火候」的把握吧。

鍾會身居高位，是一位冉冉升起的魏國新星，這位軍爺一直對嵇心生崇拜，可嵇卻拒而遠之。老總曾撰寫了一本書，想得到賢達的一個書評，可是又怕遭拒絕，所以就躲在嵇門外把書隔牆摺入，令「斯文落地」。

一次嵇康上工，鍾會前去觀摩：「潁川鍾士季，特來拜訪先生！」

嵇陶醉於鐵藝，視鍾為空氣。

鍾會臉紅了，他看看嵇一身的破布衣衫破布裙，又看看自己的綾羅綢緞，忽然間有點兒說不出來的味道。

他一半身子在樹蔭裏，一半身子在烈日下，不陰不陽地站了好幾個鐘頭，也沒等來一句問候語。

他覺得自己臉丟大了，「惱羞成怒」大概說的就是這種心情吧！

正想著，「當」地一聲，嵇康掄錘一砸，幾個火星迸到了鍾會華麗的袍服

上，鍾會噌地一聲跳開了。

鍾會行個禮：「您打好。回見。」

大樣的地主停下活計，遲遲而言：「何所聞而來啊？何所見而去呢？」

羞赧的訪客不再猶豫，餘音嫋嫋：「聞所聞而來，見所見而去！」

後來，嵇康犯事，惹怒了司馬氏，鍾會順勢墊了些磚頭瓦塊，嵇康下了大牢，不日處死。

行刑前，嵇康看天色尚早，就在刑場上彈了一首曲子，而後魏晉明星就此隕落。

> 故修性以保神，安心以全身，愛憎不棲於情，憂喜不留於意，
> 泊然無感，而體氣和平。又呼吸吐納，服食養身，使形神相親，表
> 裏俱濟也。
>
> ──《養生論》

顯然，作者以為在呼吸吐納中有天地精炁往來於天人之間，就像他一邊讀老莊一邊拉動的那個風箱，但除了清談終也未知老子的「橐籥」之道的真諦。記得恩格斯的一篇文章（篇名忘記了），他將資產階級議會就叫做「清談館」。呵呵。

一陽初生之時，在於鉛汞相投。

而此時此際也，在於心死神活。

白玉蟾云，「昔日遇師親口訣，只教凝神入氣穴。」

玄關現象，即是見道，即是先天。

這是內丹道的築基，也是最關鍵的質變。

> 竹破須將竹補宜，抱雞當用卵為之。
> 萬般非類徒勞力，爭似真鉛合聖機。
>
> ──《悟真篇》七言絕句第十七

吾人於「恍然」──此「恍然」即「天機」（機者動也）──之間深入道境，老子云「沖氣以為和」，其「沖」其「和」中有光，對應著佛陀的「夜睹明星」。

此際如果起心動念，即失「先天」，這就是紫陽真人何以道「用將須分左右軍，饒他為主我為賓。」何以道「初開綠葉陽先倡，次發紅花陰后隨。」何以道「白虎首經至寶，華池神水真金。」

「陽先倡」者，陽自空中來也；「陰后隨」者，抱我主人翁哉。

秋色漸將晚，霜信報黃花。

小窗低戶深映，微路繞欹斜。

為問山翁何事，坐看流年輕度，拌卻鬢雙華。

徙倚望滄海，天淨水明霞。

……

這是作者告老還鄉的隱居之作。

以逸氣興，以狂氣起，以歎氣收：

深秋時節，隱者的茅舍掩映其間。

小路盤山蜿蜒而上，噫？

路邊的黃花綻放了——

是「霜信報黃花」呢，還是「黃花報霜信？」

隱者也欲辨已忘言……

中國古典詩詞的倒裝句式有：

①主謂倒裝：

抱我主人翁即我抱主人翁。

例如，「賢哉回也。」

「顏回很賢德啊。」

②主賓換位：

抱我主人翁即主人翁抱我。

顯然，施狀元這一句，既有主謂倒裝，也有主賓換位。

要結合這兩個句式，才能貫通這句丹經明言的白話句式：

陽自空中來，主人翁抱我。

首先，他把謂語——「抱」之前置，高道強調的是，「一陰一陽之謂道」，缺一不可。

其次，老子說「萬物負陰而抱陽」時，是闡述道家的天演論、宇宙觀。

丹派反其道而行之，乃主人翁抱我，是謂「陽抱陰」，是謂顛倒之術，是謂「反者道之動」，是謂金丹大道。

意思都懂了，就是不明白。有同學這樣說。

我理解了，但我感覺不到。或者說我感覺到了，但我不知道那是什麼感覺。有同學這樣說。

但是我的能力只能詮釋至此……

剩下的要靠你參。要參到爆頭，自然見他——主人翁！

呵呵，凡古之高道，非鴻儒不成。

他們的作品，內得心源，外師造化，或敷濃妝，耶或淡彩。

有《浣溪沙》詞曰：閒弄箏弦懶繫裙，鉛華洗盡見天真。

所以，紫陽真人又說「常道只斯為日用」，蓋以天垂之象，寓言內煉爾。

> 子野曰：金丹之道，與草木陰陽亦同。譬如草木方感陽氣，即時發生芽蘗，後必以花卉相繼而開花，謝則結實於中。猶人得此一點真陽之氣，其真陰自然混合成胎。陰陽相胥之意大率如此，這些陰陽日用之常道。但其真源反覆處，是則昧矣，此所謂百姓日用而不知也。
>
> ——《悟真篇三注》

> 朱元育闡幽：大而天地，細而萬物，莫不有陰有陽，即如草木無情之物也，亦必陽倡陰和，然後花葉齊敷，著其芳菲；葉之開也，其色綠似乎屬陰，不知惟陽為之倡，葉始微開，是則陽統陰而處其最先也；花之發也，其色紅似乎屬陽，不知惟陰為之隨，花乃大放，是則陰從陽而居其略次也。
>
> ——《悟真篇闡幽》

讓莊子說就是「無以人滅天」，這種意境不能被儒家理解。

荀子批評他「蔽於天而不知人」，意思是說莊子盡因自然，聽天由命，也太輕視人的作為了吧。這不奇怪，荀卿以孔子的繼承人自居，他看重的是「制天命而用之」，關注的是治國理念。自然沒有莊子的理想——「其一與天為徒，其不一與人為徒，天與人不相勝也，是之謂真人。」儒道二家雖然都講「天人」，但儒家側重於「人」，道家則側重於「天」。

你看，莊生也常借孔丘的嘴說話，不過是各說各話：「無聽之以心而聽之以氣。」

這個「聽」謂何意？「聽之任之」也，「我為賓」也，「客觀」也。

這個氣又是什麼呢？就是老子的「沖氣」，沖者動也。

為了區別後天，古人也寫成「炁」。於「寂然不動」中，有炁沖心，此所謂玄關初現，太極乍開。

炁至能感，「感而遂通」，通則明矣，明則自知。

若理解成口鼻之息，那經典裏面的談玄說道，就真是「死人的話」了。

簡注：此處為使動用法，指一切死在經典中的人。

「其氣不是呼吸氣，乃知卻是太素煙。」白玉蟾的這個比喻，要比「玉液流」妙哉，後者容易讓一些「讀書人」誤解為體內有「水流」啊呵呵。

總之，莊生的「心齋」之中的「氣」是「若一志」的後事，是和玄竅、神炁相關聯在一起的「先天一氣」，這些東西綜合在一起就是「機發而顯」的先天內景，已經與後天沒有關係了。

但是你說這時候後天呼吸還有沒有？確切地說，若有若無。

古人在修行中在那個應激狀態中，感覺上是它沒有了，我們不須苛求古人，他們那個時代還沒有相關的儀器和測試理念。他們描述的是個人「直覺」，而「直覺」，我們知道，不屬於「客觀」世界，學道之人最忌諱的就好似去苦苦尋覓尋找這些「死人」的感覺。

你以為的那個轟轟烈烈的修行文化有多壯觀呢？自始至終像《西遊記》那樣熱鬧嗎？

祝賀您，「道友」，如果您業已經歷了「發作」，那餘下的人生您只好拖著一個「死屍」孤獨地走在慢慢人生途了……

開關展竅之時，最顯平素修養，被大玩家們喻為在刀鋒上翻跟頭。

不僅真人告誡道：

> 勸君臨陣休輕敵，恐喪吾家無價珍。

——《悟真篇》七言絕句第十

高僧也是「心有戚戚焉」：

> 急水灘頭泊小舟，切須牢把這繩頭。
>
> 驀然繩斷難迴避，直到通身血逆流。

——高峰《偈頌六十七首其一》

一旦順其勢、趁其機鑽了進去了，就沒你什麼事了。

> 大道體寬，無易無難。
>
> 小見狐疑，轉急轉遲。
>
> 執之失度，必入邪路。
>
> 放之自然，體無去住。
>
> 任性合道，逍遙絕惱。
>
> 繫念乖真，昏沉不好。
>
> 不好勞神，何用疏親。

> 欲取一乘，勿惡六塵。
>
> 六塵不惡，還同正覺。
>
> 智者無為，愚人自縛。
>
> 法無異法，妄自愛著。
>
> 將心用心，豈非大錯。
>
> ——僧璨《信心銘》

這時再看佛經，了了分明。

龍樹於雪山取《般若經》入龍宮齎《華嚴經》開鐵塔傳密藏，跟呂洞賓一樣忙得不亦樂乎，「朝遊北海暮蒼梧，袖裏青蛇膽氣粗。三入岳陽人不識，朗吟飛過洞庭湖。」呵呵，早晨還在北海夜晚已至蒼梧。皆法相也。

一個「有為」的階段結束了，行「無為」之道，招待你的客人吧。

而那個漫長的琢磨、鑽探的過程，更像是一首詩的「起」與「承」，隨之，是不期而至的「轉」，「人」與「道」的「合」，最後，就是「最後一著無人說」的「化」：融於生活、化為常態，方為平常心、真灑脫。

2

《左傳·哀公十二年》：「子服景伯謂子財曰：『夫諸侯之會，事既畢矣，侯伯致禮，地主歸餼，以相辭也。』」

「有朋自遠方來」而「我」罔顧，未盡地主之誼失之待客之道，則真神危矣。

> （工夫）到此，舌下靈液如外水泉一般，晝夜咽納不完，滋味甚異，比糖蜜更強十分。又有至妙者，臨爐下手之初，地將產其金蓮，天先垂乎寶露，忽然一點真汞下降，透心如冰之涼，即運一點神火隨之，攢簇於交感宮內，渾然一團，湛然常明。
>
> ——《大成捷要》

「即運一點神火隨之」，就是「虛而待物（他為主）」，就是「我為賓」——此為狹義的玄關之間事。

更為廣義的意義是，玄關之後，隨即識神退位神主事，即「我為賓」也。

這個光「一得永得」，學者以後的修行就是在這個「法身」——真我中進行的。

學者想一想，你能用被「推翻」了的「後天」（識神）再去使喚「先天」（元神）的功能嗎？這就是佛陀「不以神通度人」的緣故。

但，不僅是下手處，開竅時，即使在還虛階段，「我」也依舊在，只是轉識為智也，其時也，頭腦中的「思想」停止了，只剩下了「一靈獨覺」。工夫愈到高端，理法愈是簡單，一切仰賴元神的先天智慧，後天識神只宜「無人無我觀自在」。如果沒有這份「獨覺」、「關照」，沒有這個「真心」的參與，請問我們還修、養什麼？那無疑是一個四大解體，魂飛魄散，「《廣陵散》於今絕矣」的結果，在丹道就是「羽化」，在佛教就是「圓寂」，在親人就是「走了」。

看全詩：

> 用將須分左右軍，饒他為主我為賓。
>
> 勸君臨陣休輕敵，恐喪吾家無價珍。

——《悟真篇》七言絕句第十

此詩取義於《道德經》六十九章：

> 用兵有言：吾不敢為主而為客，不敢進寸而退尺。是謂行無行，
>
> 攘無臂，執無兵，乃無敵矣。禍莫大於無適，無適近亡吾寶矣。

「用兵有言」傅奕本作「用兵者有言」。

這是各版本文字差異較大的一章：

帛書甲本：是謂行無行，攘無臂，執無兵，乃無敵矣。禍莫大於無適，無適近亡吾寶矣。

帛書乙本：是謂行無行，攘無臂，執無兵，乃無敵。禍莫大於無敵，無敵近亡吾寶矣。

傅奕本：是謂行無行，攘無臂，執無兵，仍無敵。禍莫大於無敵，無敵近亡吾寶。

王弼注本：是謂行無行，攘無臂，扔無敵，執無兵。禍莫大於輕敵，輕敵幾喪吾寶。

河上公注本：是謂行無行，攘無臂，仍無敵，執無兵。禍莫大於輕敵，輕敵幾喪吾寶。

這也是歧解較多的一章，查閱過現代幾位大家的解說，分別是：

王弼注樓宇烈校釋《老子道德經注校釋》：

「進」字，據陶鴻慶說校改，陶說：「『彼』疑當為『進』。『進遂不止』，釋經文『不敢進寸而退尺』之義。」據馬敘倫說，「行無行」意為「欲行陣相對而無陣可行」，「攘無臂」意為「欲援臂相鬥而無臂可援」，「執無兵」意為「欲執兵相戰而無兵可執」，「扔無敵」意為「欲就敵相爭而無敵可就」，此均說明，

由於「謙退」、「不敢為物先」，因而使得他人慾戰、欲鬥、欲用兵、欲為敵而都找不到對立之一方。「扔」字疑當作「乃」，帛書甲乙本可為證。

任繼愈《老子譯文》：

用兵的說得好：「我不敢取攻勢而要取守勢，不敢前進一寸卻要後退一尺。」這就叫做沒有陣勢可以擺，沒有膊臂可以舉，沒有敵人可以對，沒有兵器可以執。禍害之大莫過於低估了敵人的力量；低估了敵人的力量，幾乎喪失了我的「三寶」。所以兩軍勢力相當時，悲憤的一方獲得勝利。

高亨《老子注譯》：

老子說：古代用兵的人有這樣的話：我不敢做主動發動戰爭的「主」，而做被迫進行戰爭的「客」。我不敢進入別國領土一寸，可以退回本國領土一尺之遠。王侯能這樣「守柔」，國家就將沒有戰爭。這就是說，在軍事行動中，可以沒有行伍，不用嚴陣（如李廣）；可以不用纏起衣袖，露出胳膊，表現武打的架式；手裏可以不拿兵器，可能不戰而勝；要捉的敵人，可能根本沒有了。這就是「柔弱勝剛強」的道理。如果真有敵人來攻，則萬萬不可輕視。災禍莫大於輕視敵人。輕視敵人，差不多要喪失我的寶貝。兩國舉兵相加，受侵略而懷著悲憤心情的一方，就將打勝仗了。

許抗生《帛書老子注譯與研究》：

這就可以做到所謂無出師之路可行，無臂膀可振，無兵器可執，無敵人可引出來攻擊。禍最大的是無視敵人，無視敵人就會喪失我的法寶。

陳鼓應《老子注釋與評價》：

這就是說，雖然有陣勢，卻像沒有陣勢可擺；雖然要奮臂，卻像沒有臂膀可舉；雖然面臨敵人，卻像沒有敵人可赴；雖然有兵器，卻像沒有兵器可持。禍患沒有再比輕敵更大的了，輕敵幾乎喪失了我的三寶。

從丹派的角度，我來白話一下：

用兵的人有這樣一個說法，「我不敢主動出擊，而寧可採取守勢；不敢冒險一步，而寧可後退一尺。」這就是，（大軍）沒有開拔，已經達到了出發的威懾；沒有動手，已然具有了奮臂揮舞的氣勢；雖赤手空拳，卻呈現猶如兵器在握的效果，於是乎，「不敢為物先，用戰猶行無行」而「無有與之抗也」，這才是無敵於天下的氣象啊。禍患再沒有比輕敵更大的了，輕敵幾乎是會要命的。注意，這裡的無敵不是俾睨天下沒有對手的意思——在老子看來，連「王道」都是「大道廢」之後的世道，那就更不要說「霸道」了——而是對對手不

懷敵意、不以為敵，內含一些英國詩人蘭德（W.S.Landor）的一點意思，「我和誰都不爭，和誰爭我都不屑。」於是乎天下無敵、無敵天下。身為帝師，老子給君主的講課中，大有招安與懷柔的意思，是（不以兵戎相見的）蓄勢不發、泰然自若、以「勢」取勝、以靜制動的境界。雖云「不敢為」實乃「不願為」也。在老子眼中，「兵者不祥之器，非君子之器。」戰爭乃「不得已而用之」，所以即便打了勝仗，也要像辦喪事一樣。為什麼老子有這種思想呢，這就是他從生活和歷史中，洞見了「剛」不能久、「強梁者不得其死」的規律。凡自恃強大而肆意妄為者大都不能持久、不得善終。老子之道深刻地啟發了一位軍事家，孫子的用兵之道可以說是老子軍事觀的最好的落實：「夫用兵之法，全國為上，破國次之；全軍為上，破軍次之；全旅為上，破旅次之；全卒為上，破卒次之；全伍為上，破伍次之。是故百戰百勝，非善之善也；不戰而屈人之兵，善之善者也。故上兵伐謀，其次伐交，其次伐兵，其下攻城。攻城之法，為不得已。」不僅《孫子兵法》中那個「不戰而屈人之兵」和《左傳》中那個「止戈為武」的理念，是從道家得來的。明清之際的內家拳，也深受老子之道的啟發，那個以柔克剛觀念也是從道家得來的。

於丹派焉，真人用兵家之道，比喻臨爐的「採藥之法」：以靜制動，以逸待勞，慎之又慎，切莫妄為而導致兩敗俱傷。這不僅令人也想起諸葛亮的一句名言：為將之道，必順天因時，依人以立勝也。故天作，時不作而人作，是謂逆時；時作，天不作，而人作，是謂逆天；天作，時作，而人不作，是謂逆人。智者不逆天，亦不逆時，亦不逆人也。丞相是大軍事家，他從反面論述了，布政用兵不可「逆天、逆時、逆人」，更加凸顯了「天時、地利、人和」的重要性。修行人琢磨透了，於煉養之道，大有裨益。

「他」者先天一氣，吾人無法掌控，也不能施以外力。

欲得此天上之寶，必須靜觀其變：

迎合先天氣的某一隨機狀態，而順勢而跟進，「行無行，攘無臂，執無兵，乃無敵。」

「勸君臨陣休輕敵，恐喪吾家無價珍。」後兩句在涉及「火候」之際，一語帶過。

這就是紫陽真人告誡的：「要知口訣通玄處，須共神仙仔細論。」

　　竊為賢者談，曷敢輕為書？

　　若遂結舌喑，絕道獲罪誅。

寫情著竹帛，又恐泄天符。

猶豫增歎息，俯仰綴斯愚。

陶冶有法度，未可悉陳敷。

略述其綱紀，枝條見扶疏。

——《周易參同契·三聖前識章第十三》

「《悟真篇》之丹法，全乎？不全乎？」

「《悟真篇》之詩，其丹旨乃散見於各詩之中，原無貫串之意。而內有數首，其大丹全旨已括。然火候細微，亦有未備。唯憑看書之人會意，而精詳熟玩，將各詩中之義湊集，使橫串直貫，與天道、易道俱合，始為有得也。不然何益哉！」

——《丹道發微》

大丹之法，至簡至易，雖愚昧小人得而行之，則立超聖地，是以天意秘惜，不許輕傳於非人也。而伯端不遵師語，屢泄天機，以其有身，故每膺譴患，此天之深戒如此之神且速，敢不恐懼剋責。自今以往，當鉗口結舌，雖鼎鑊居前，刀劍加項，亦無復敢言矣。此《悟真篇》中所歌詠大丹、藥物、火候細微之旨，無不備悉。好事者儻有仙骨，觀之則智慮自明，可以尋文解義，豈須伯端區區之口授之矣。如此，乃天之所賜，非伯端之輒傳也。其如篇末歌頌，談見性之法，即上所謂無為妙覺之道也。然無為之道，齊物為心，雖顯秘要，終無過咎。奈何凡夫緣業有厚薄，性根有利鈍，縱聞一音，紛成異見。故釋迦、文殊所演法寶，無非一乘，而聽學者量隨會解，自然成三乘之差。此後若有根性猛利之士，見聞此篇，則知伯端得達摩、六祖最上一乘之妙旨，可因一言而悟萬法也。如其習氣尚餘，則歸中小之見，亦非伯端之咎矣。

時元豐改元戊午歲月戊寅日天台張伯端平叔再序。

——《悟真篇·後序》

這是內丹經典的一個特點，它著重在「形而上學」上泛泛而談，而且不用流通語言。

用今天的話就是，這些獨蹈高行之士，更喜歡的是「誇誇其談」和放「嘴炮」，而且是用「廋辭」、「隱語」講話，不好聽的說，就是用「黑話」談「哲學」。用鄔斯賓斯基的話來說就是：

「諸中心」非常古老。但在我們「被告知」有關它們的事情之前，我們不會發現它。要是人家告訴我們，我們就能觀察自己，會發現那是真的，但只憑自己是無法發現的。事實也證明了這一點，因位這觀念還未被普通人或心理學家發現。

縱觀全書，論述「主賓」即「主觀」與「客觀」的另外一首契歌，亦無不體現了這個特色：

不識陽精及主賓，知他那個是疏親。

房中空閉尾閭穴，誤殺閻浮多少人。

道光注：鍾離曰「四大一身皆屬陰，不知何物是陽精。」蓋陽精是真一之精，至陽之氣（注：指鉛），號曰陽丹也。自己之真氣（注：指汞）屬陰，為一身之主，以養百體。及陽丹自外來以制己之陰汞，即是陽丹反為主也，而自己陰汞反為客也。二物相戀，結為金砂，自然不飛不走。然後加火煉成金液還丹也。故陽丹在外，謂之疏；己之真氣在內，謂之親。反此親疏，以定賓主，即道成矣。迷途之人不達此理，卻行房中御女之術，強閉精氣，謂之煉陰丹。將猶延年，反爾促壽，是猶抱薪以救火者也。《陰符經》曰：火生於木，禍發必剋。可不慎乎？

——《悟真篇注》

這也給同學們提示了一個學道的途徑，與其直接研讀道家丹經，莫若同時從中國經典哲學開始；而要貫通哲學要義，還要從傳統文化著手。把「窮理」工夫做好，例如，把經典中用「入水不溺入火不焚」等等無數隱語譬喻修辭來描述的「先天境界」、「元神主事」正確理解、理解透徹，做成出離「識神體系」轉入「下意識」層面的東西，即基礎的「非條件反射」（或低層次的「條件反射」）。那麼，在「識神退位」的情況下，在「泊然無感」的、「一無所求」的意識狀態下、精神世界中，這就是捍衛你的「人格」的、「真格」的、靈魂深處的東西了。否則，欲學「仙道」而淪為「神道」，只在一步之遙、一念之差。

一位見多識廣的佛教學者說過這麼一個意思：

尤其年輕人學佛更是如此，連作個什麼夢也當大事一件來對我說，聽了我頭就大，可是也只好聽聽。還有同學念咒子或者拜佛，唉喲，昨天得了一個境界，趕快來告訴我。你來講境界時，那個境界早不曉得跑哪裏去了，還要來說境界。那之愚蠢，恨不得一刀宰

了他，幫他換個腦袋。這種心理，都是以有所得心，有所得相來求
法。沒向菩提相、空見上去求……

「寡人無疾」——此情此景，古今皆然。

3

閱讀過阿拉伯-波斯文學的同學，都不會陌生它外面的濃妝豔抹和裏面嗆
鼻的「荷爾蒙」味道。

但是，不知道你們關注過蘇非的詩歌沒有？蘇非，通俗地說吧，一些伊斯
蘭信仰中的瑜伽研究者愛好者實踐者，所以蘇非也被學者認為是伊斯蘭教裏
的密教，稱為蘇非派。其實在伊斯蘭文化圈「正統派」的眼裏，蘇非並非一個
教派，而是一個挺「邪乎」的鬆散組織結構。它的「邪乎」在於和佛教走得太
近：

除了唯一真主，沒有任何東西。

我在心中遇到了我主。我說：「你是誰？」他答曰：「你。」

蘇非派以《古蘭經》和「聖訓」為其學說的根據。隨著哈里發帝國推行伊斯
蘭化的進展，它還吸取了波斯、中亞等地居民的一些民間信仰和習俗。與此
同時，在翻譯希臘古籍的過程中，新柏拉圖主義的影響也滲入蘇非派。埃及人
祖奴（？～860）使用了 fan（「寂滅」）和 márīfa（「神智」）等外來詞語，主張
通過冥想與真主交接，並與真主合一。他的思想後來由巴格達的猶納德（？～
910）加以系統化；波斯人比斯塔米（？～874）宣稱人在真主中「寂滅」，他
和波斯人哈拉智（874～922）把「自身」比作神靈，自稱「我即他（真主）」
——這種被認為是安拉「肉身化」的主張傷害了普通信徒的宗教感情，其實這
正是多數人對少數人的不理解，要知道哈拉智有一句名言，「他的存在就是奇
蹟，因為他沒有存在的形式。」由於蘇非派在苦修中的「人主渾化」是一個特
殊的體驗，非常人所能理解，非常言所能表達，所以通常使一些雙重含義、隱
晦難懂的語言，而常人往往是從書面上直接接受——兩者難以對話。但是後
來，他的表現就接近「禪宗」了，他否定了傳統的朝觀制度，主張摧毀麥加天
房。更有意思的是，他自己家中修築了一個小「天房」，倡導精神朝觀。

據說哈拉智曾遠遊至印度，那麼，他和印度教的直面就是免不了的了。那
麼，他的一些思想就似乎有些來由了。比如他認為「沒有一個哲人能認識真主
的教誨，沒有一個哲人能瞭解真主的觀點，真主不對任何人打開創世之秘。」
只有（在冥想中）當人的靈魂與真主（的本體）化為一體時，人的個體意識消

失，成為真主統一的本體，這樣就可以說「我就是真理」（Ana al-Haqq）了——
也就是這句話給他帶來了殺身之禍，應了他的老師、著名蘇非學者祝奈德的讖
言，「你捅破的洞只能用自己的頭顱去填補它。」到底，觸犯了伊斯蘭教的官
方信仰和權威。

在哈拉智以後，神秘主義完成了它的系統化和形而上學化過程。在這方
面，主要是由西班牙的伊本·阿拉比（1165～1240 年）的「存在單一論」和波
斯的蘇哈拉瓦迪（1153～1191）的照明學說做出了重要貢獻。而神秘主義本身
再沒有出現更為引人注目的發展。

雖然蘇非派沒有統一的教義或學說，但是究其實質，人們還是可以發現，
蘇非的修行之道，與流行於世界各地的修行文化並無二致，它也是從「專注」
開始的：

　　像守著洞口的貓那樣專注，你即可體驗到「注入的恩典」。

　　在「醉意」的狀態中，一個更高的意志（「元神」）便光臨。

　　在「無我」的狂喜下，祂將展示「視覺的或視像的知識」（「真
　實相」）。

　　直接面對上主，就在今生、當下。

很明顯，這也是玩到了「元神主事」的人才能說出的話。

但是漢譯者的「狂喜」這個詞選得委實不妥。

看著名蘇非仙女拉比雅（Rabia）的淺吟低唱：

　　在我的靈魂中，

　　有一座寺廟，一座神殿，一座清真寺，一座教堂。

　　我在那裡跪拜，

　　禱告會帶給我們一個祭壇。

　　它沒有名稱，也沒有圍牆。

　　有哪個愛的所在

　　神聖的虛無不是它的主宰？

　　在那裡，狂喜如傾盆之雨，

　　淋濕了自己，

　　迷失了自己。

　　有哪個愛的所在

　　翅膀充滿了活力，

卻沒有身體或腦袋？

在我的靈魂中，

有一座寺廟，一座神殿，一座清真寺，一座教堂，

它們消融，消融於

神之中。

這是這位「仙女」對「打開本來」、「開關展竅」、「道自虛無生一氣」和「醍醐灌頂」的寫實之筆。

英文原詩就省略了，只是 ecstasy 這個詞，對應著漢語的狂喜、入迷、忘形和銷魂。

沒有「修行」經驗的漢譯者常選用「狂喜」一詞，而讀者又常誤以為這是個道人的「常態」，其實「忘形」是更為「真實」的寫照，它既能涵蓋「狂喜」的瞬間，也包括了永恆的「寂靜」。

「喜悅」若「顛狂」到了不可收拾的、「無法無天」的地步，那就是「藝術」是「狂禪」而不是「正道」。

還是《老子》之「道」醇厚地道、後味無窮：

飄風不終朝，驟雨不終日。

從電閃雷鳴中，西方人看到了大自然的威力，所以他們的上帝時「威風凜凜」的。而老子看到了什麼？老子不是沒有看到這種威力，他同時看到了在這種威力下的生存之道。所以，不同的視角就會造就不同的文化，而文化名人對其周圍的影響是巨大的，當他去向人們闡述自己的思想時，就形成了整體觀念，最後會形成「集體無意識」

狹義地說，蘇非主義（Sufism），是 18 世紀歐美學者對伊斯蘭神秘主義的稱謂，是伊斯蘭教內部發展起來的一大思想派別，早期的「穿粗羊毛衣服」的蘇非過著苦行僧的是生活，他們通過苦行、守貧、禁慾、冥想和祈禱等方式修行，力求達到個人與造物主的溝通。廣義地說，蘇非（sufi）一詞的釋出有多種來歷，這當中就包括猶太「卡巴拉」（Kabbala，猶太經典）中出現的詞 Ain Soph，意為「不可知」，還有 Sophos，意為「智慧」。這些解釋深受許多蘇非門徒的歡迎，他們聲稱與之相應的隱秘深奧的智慧次元是一切宗教的根基。因此英國的蘇非主義追隨者、作家 Ernest Scott 相信蘇非傳統已經使西方文化孕育到了一個我們很難意識到的程度，以致他甚至將其稱作「隱形的傳統」。據他說，在摩尼教（Manichaeism，古代波斯的一種宗教）和卡特里教派（Cathar，

一種基督教異教派別）裏，在中世紀歐洲的遊吟詩人和宮廷弄臣中，在猶太卡巴拉的演化中、在煉金術中，甚至在基督教自身都暗藏著它巨大的影響。Scott說：「有跡象表明，蘇非中最深層的秘密與西方基督教中的神秘主義有著密切聯繫。」有研究者甚至認為蘇非主義並非源自伊斯蘭文化，在它斷斷續續的傳播之路上留下了柏拉圖、希波克拉底、畢達哥拉斯和赫爾墨斯的足跡，也因此使蘇非主義與古代希臘的神秘主義學校有了因果聯繫。葛吉夫的學生英國的神秘主義者本內特（J.G.Bennett）更宣稱蘇非派是古代阿爾泰地區先師術士的後人和精神傳承者，正是在西伯利亞一些傳授智慧的學校裏他們學到了他們獨一無二的臣服之道，即完全順從那個高於人類的準則，這也使人們稱他們為「上主之奴」（the slaves of God）。

隨著翻譯運動的興起，伊斯蘭文化吸收融合了古希臘、波斯、印度的各種哲學、宗教思想，如古希臘神秘主義哲學，新柏拉圖主義，景教、波斯瑣羅亞斯特教和摩尼教教義和印度瑜伽修行術等，這些思想理論尤其是瑜伽文化對蘇非神秘主義的形成產生了巨大的影響。

與此同時，蘇非神秘主義思想也深刻影響了波斯文學，形成了獨特的蘇非文學潮流。蘇非文學是指蘇非信徒或受蘇非思想影響的文人創作的富有蘇非思想的作品。蘇非信徒在尋道的過程中，利用內心的直覺和情感的自省，經過長期苦修，最終達到「人天渾化」的境界。這是一個內省和個人體驗的艱難的精神歷程，個中的感悟是特殊的，非常人能理解，也非常言能表達：「一個淹沒在自己話語中的人，在哀傷中活活燒死。這時沒有任何東西能夠拯救他。」蘇非主義哲學思想的表述與傳播是通過蘇非文學來完成的，當時的波斯、印度，許多著名的大詩人本身就是蘇非，甚至是蘇非長老。他們以詩人的敏感細緻，將自己修道過程中感悟到的蘇非神秘主義玄理，轉化為詩歌的語言，創造了神秘主義和詩歌的完美結合，不僅享譽伊斯蘭世界，而且為世界文學史譜寫了重要的一章，深遠地影響了歐洲文學。

> The Nature Path
>
> Many talk smoothly of the natural path.
>
> But only to a few is it revealed;
>
> Know that alone to be the Natural Path,
>
> Which takes thee straight and easily to the Lord.
>
> Many talk smoothly of the natural path.

But only to a few is it revealed;

Know that alone to be the natural path,

Which gives you conquest over all the passions.

The natural path,

The easy way,

Succeeds in doing every needed thing.

It brought my mind and senses under strict control,

And merged me in the Actionless Infinite One,

And I was freed thereby from the hangman's rope.

Even in worldly life and worldly things,

What you obtain without a struggle is like milk;

What begging brings you is like tasteless water;

Kabir declares outright that what you get

Through feud and quarrels always reeks of blood.

What you yourself plan rarely is accomplished;

'Tis those unplanned things planned by the Great Planner

That always are accomplished without fail.

O Master! Put an end to all my planning,

And let my fate take its predestined course

《自然之道》，卡比爾的詩歌，泰戈爾由孟加拉語轉譯成英語。它的中文翻譯也許是適合大眾的口味，但是它的玄機顯然是被忽視了。

審堂下之陰，而知日月之行，陰陽之變。我再翻譯一遍：

許多人在談自然之道，

但它只對少數人顯靈；

須知只有自然之道，

使你掙脫欲望的牢籠。

自然之道，簡易之道，

它成就一切，

它制約我的妄念，

使我從絞索中解脫。

使我融入梵天。

在那兒，

不須操心你就得到了牛奶；

求來的反倒像無味的水；

人們啊可知：

你一生掙來的，除了夙怨就是業債。

你的規劃鮮有成功；

而無規劃的，

最偉大的規劃者

祂從不失敗。

喔！上師！終止我所有的計劃，

按著祂規劃的走。

「饒他為主我為賓」，我的笨嘴拙舌實在是不如老修行說得清楚：

我無時無刻地在尋找，到處尋找，

神在那裡？神在那裡？

當我在尋的時候，

我找不著，

但是當我放下了，

神就跟著我。

現在神不斷地跟著我呼喚：卡必兒，卡必兒。

讓我們看看，中國仙翁在西方的「知音」怎樣說。

當你從這些蘇非、古魯和瑜伽士的歌詠會返回時，再坐在紫陽真人的丹房外，聞音即知，高道志在「敲竹喚龜吞玉芝」，還是「撫琴招鳳飲刀圭」？

如果看得懂這些箴言，至少，「法侶財地」之「法」──丹派的玄機您得知過半矣，「道門已是半程路」矣：

一粒果仁怎樣進入堅硬的果殼？

理性能帶你到祂的門口，

只有祂的慈悲，才能帶你進去。

　　　　　　　　　　　　　　──Sanai Ghaznavi（1080～？）

當至愛現身時，

我該用哪一雙眼睛看祂？

用祂的，不是我的。

因為，看得見祂的只有祂自己。

——Ibn 'Arabi（1165～1240）

天堂的圖巴樹下坐著隱士，
仰望那崇高的身影；
我的心，都依您。

——Hafez（1320～1389）

面對上帝和人，要懂得辨明上帝的歸上帝，自己的歸自己。而自己本是零。

實情是，憑個人的力量，你越是強大，越是不能進入城堡。必須是，宮殿的主人打開門，允許我們的進入。因此我必須告訴你們，如果遇到了阻力不要強行，祂所喜愛的品質，乃是謙遜。所以讓我們放下自我，謙虛吧，把自己視為不配登堂入室的人。結果反倒是，祂給你們打開了第五樓臺的門！如果你們能恒心善守，至尊就會帶你們到祂的獨居之臺上。

——St.Teresa of Avila（1515～1582）

我看著您，
您看著他
我迷惑了：
什麼，是這個謎的底兒——
您，我，他？
我不斷念道「您，您！」
最後，我變成了您，
沒有任何再屬於我。
當你我間無間隔時，
我的眼中——
只剩下了您。

當我和屬於我的，
在一剎間一起消融時，
我從一切捆綁中脫身，
從我的祂那兒得到信心。

現在已無物為我而存，
我只服侍尊敬的您。
花朵，
從綠葉中鑽出，
「我就是他」的芳香，
在風中浮動。
心之蜂，
停在花蕊上。

當道頑石，
有何好處？
傷害旅人！
哦！造物者
讓您謙卑的僕人
如一粒塵埃。

沒有什麼屬於我，
我也不屬於任何人。
那位創造萬有的，
我被吸入──
祂吹動的風暴中。

在我心中，一絲不掛。
哦！上主，
那些原都屬於您，
若獻給您原屬您的，
有何不捨？

噢！朋友，我，
已經失去了自己，
當一滴水進入大海洋，
還能找到嗎？

我沒有什麼事可做，
也不必做任何事，

因為我什麼都不會。
但聽祂吩咐：
卡必爾、卡必爾。

尋找上帝，
就是熱戀的本質，
看看我！你會看到——
一個熱戀中的奴隸。

我是祂的一條狗，
「莫提」是我的名字。
我的頸拴著鏈子，
拉向哪裏，
就去哪裏。

世人皆好談情說愛，
但知真愛者鮮矣。
愛能讓人快樂。
但它路面很窄，
僅許一人，
不容二者。
昔日的我，
愛欲橫流，
祂寸步難行；
今日之我，
讓在一邊，
祂通行無礙。
色身，
只是一個墳場，
愛不能進入。
它如鐵匠的風箱，
一呼一吸，
不是真實的生命。
我給你保證：

真愛，

可以從我的攤位上購得，

但須你，

提頭來換。

實際上我的要價便宜極了，

勿要遲疑，

勿要還價。

沒有愛，

心無平靜；

沒有明師，

人如頑石。

您看月光鳥對著月亮，

從生到死，

佇立凝視，

甚至因頸仰過高而折斷。

　　　　　　　　　　　　　——Kabir（1398～1518）

　　誰能夠說明一個靈魂，在沉浸於上帝的偉大，並與祂結合後的境況呢？這個結合超不過半小時，我願意真實地告訴你們，這個靈魂（隨後）就不認得自己了，它之前和之後的不同，就像醜陋的蠶與美麗的蝴蝶一樣。它並不知自己是如何掙得了這樣價值連城的財富，也不曉得是從那兒得來這樣的利益。我是說，它知道得很清楚，自己是不配掙得它的。

　　　　　　　　　　　——St.Teresa of Avila（1515～1582）

扔掉了——

所有行李，

關山重重，

與君相見。

我匍匐在謙卑的谷底。

　　靈魂之所以在天主內獲得昇華，正是緣於上主在卓越的榮耀中貫穿著祂自己；兩者便得以合而為一，正如我們形容窗玻璃和陽光融合到一起，又如煤塊和火焰之間的吸引、親和，又如月光和陽光

之間的交相輝映。

靈魂若渴望上主完全向他交付自己，首先必須毫無保留地把自己完全交託給上主。

忘記一切，一件東西都不屬於你，

不要忘記，收斂心神和你的淨配獨處。

──St.John of the Cross（1542～1591）

我已把自己祭獻給了您，

我已完全放棄了自我。

神啊！

現在我站在您的面前，

一心傾聽您的聖旨。

我滅活了自己，

您代它坐在至尊的位置！

是的，我，圖卡，這樣地表明：

現在已不再有「我」，或「我的」。

──Sant Tukaram（1598～1650）

玩家在玩

一場奇怪的遊戲，

讓我跳舞

像祂手中的一個玩偶。

在祂的拍掌聲中舞著

祂所選的旋律。

那是一個顛倒的世界。

鴉攻擊隼，

麻雀猛撲老鷹，

那是一個顛倒的世界。

駿馬被拒絕，

驢子被接受，

那是一個顛倒的世界。

乞丐走起路來像國王，

而國王在街上乞討，

那是一個顛倒的世界。

布拉說：

放棄自我，

就這麼一次忘掉你自己，

然後你就會永遠找到祂！

——Bulleh Shah（1680～1757）

沒有他起死回生的一觸，靈魂不可能從沉睡中蘇醒接受到Naam。靈魂在密集沉重的物質中迷失太遠了，自己不能與SHab接觸。而且，裏邊的路不好走，即使靈魂可以超越物質意識，進入內在的世界，他自己也不可能走很遠。阿修羅和因果世界幾乎是無限的，如果沒有靈性的嚮導，靈魂會一直迷失在它們的神奇中。而且，在這種神秘的旅程中，有一些地點，尤其是一個世界與另一個世界之間，非常難通過，若不是內行，靈魂將永遠被擋在那裡。

頭腦確實是一塊玻璃，一旦被世俗執著的污泥弄髒，一切就模糊了，被遮住了。但在這層污垢被清除的剎那間，在它裏面就現出了宇宙的形象。智慧眼通過Simarn聚集的注意力在音流磁力的幫助下，穿過智慧眼進入內邊世界時，師父的光體來迎接它，然後帶領它走內在的旅程的每一步。

一旦靈魂可以接近內在光體的師父，其主要任務就完成了。餘下的只是時間問題了。當然，明師可以直接把靈魂帶到更高的世界去，但是要慢慢來。

——《巴巴吉傳》

人並沒有單一的我，而是有幾百幾千各自分開的小我。他們彼此之間經常完全互不相識，從未互相接觸，或剛好相反，彼此互相敵對、互相排斥與勢不兩立。每一分鐘，每一時刻，人說著或想著「我」，每一次他的我都不一樣，此時它是個想法，下一刻它是個欲望，再下一刻它是個感覺，然後又是另一個想法，等等，無止無休。人是個複數，人的名字是多數的。

對一部「人類機器」最大的侮辱莫過於告訴他他什麼也不會做，什麼也得不到，什麼目標也達不成。

覺醒，意味著領悟了自己一文不值，也就是領悟自己全然的機

械和絕對的無能為力。

　　一般說來，要如何喚醒沉睡的人呢？一個有效的衝擊是必要的。但當人睡得很沉時，僅僅一次衝擊並不夠，他需要長期持續的衝擊，因此必須要有人來執行這衝擊。我曾經說過如果要一個人覺醒，必須由另一個人來搖醒，想想，誰能勝任這個呢？

——Gurdjieff（1866～1949）

　　人們對自己說的第一句謊言，是從「我」開始的。

　　開始研究自己，首先要對付的一個字就是「我」。這個字比任何字用得多些，我們常說「我覺得」、「我喜歡」、「我討厭」、「我正在做」等等，這是人們的妄念之首，人們最大的錯覺就是認為自己是「一個人」。其實人們由成千上萬不同的「我」構成。此時之「我」，已非彼時之「我」。人們不知道並沒有一個「我」，那些事許許多多與情感和欲望關聯的「我」，但沒有一個具有控制力的「我」。這些「我」時時刻刻在變換角色；一個壓制另一個，一個取代另一個，所有這些鬥爭和衝突就構成了人們全部的心靈世界。

——鄔斯賓斯基（1878～1947）

十四、內藥還同外藥　內通外亦須通

1

　　內藥還同外藥，內通外亦須通。

　　丹頭和合類相同。溫養兩般作用。

　　內有天然真火，爐中赫赫長紅。

　　外爐增減要勤功。妙絕無過真種。

——紫陽真人《西江月》第一

這是張伯端的一篇西江月，要解釋這首詞，先需明其「內外」何指。
請張三豐先生講：

　　日是純陽之體，內含一點真陰之精，屬青龍、姹女、甲木、水
銀、金烏、三魂，即是外彼；月是純陰之體，內含一點真陽之炁，
屬白虎、嬰兒、庚金、朱砂、玉兔、七魄，即是內我。人身造化同天
地，故人身亦有真日月，道本在邇，而人反求諸遠也。三魂屬性，
性在天邊；七魄屬命，命在海底。內外通來「性命」兩個字，了卻
萬卷書。性屬神是陰；命屬是陽，故曰「一陰一陽之謂道」也。那
個真陰與真陽相對，這個真陰之精既不知，又焉知這『一點真陽之
炁乎？今之學者，不唯不知真陽，亦且不知真陰，若知真陰，則真
陽亦自知之矣。不遇真師，枉用猜疑，是道在天地，天地亦不知也。
學者窮究身中天、地、人三才之妙竅，一身內外陰陽真消息，如不
得旨，一見諸書之異名，必無定見，執諸旁門，無能辨理；既不能
窮理，則心不明，心既不明，則性天不能如朗月；既不能見性，焉

—355—

能知命？噫！古人云「只為丹經無口訣，教君何處結靈胎。」

──《一粒黍米說》

你看最後一句，張三豐說的古人就是張伯端。

明代大師這一段「內外通來」論，是對北宋大師「內通外亦須通」最好的注解：

所謂內外，「通來」（不能分開，得擱一塊）說，就是性命啊，就是「一陰一陽之謂道」也。

請紫陽真人的得意傳人做解：

九三二八，算來只在姹女金翁；

七六十三，窮得無過黃婆丁老。

──《紫清指玄集》

白玉蟾說得明白嗎？

把仙家才子的詩意，如果向更具象的方向解讀，即潮與星、電與光……

如果去其擬人化，抽象之後再看，就只剩下了「乏味」的二物了：精神、性情、神炁，易曰陰陽。

換施肩吾的句子看：「陽自空中來，抱我主人翁。」

注意，這一古語是倒裝句，「陽」者「一陽來復」，即先天一氣，是謂「主人翁」，老子道「吾不敢為主而為客」、「不敢為天下先」紫陽真人曰「饒他為主我為賓」。

注意，老子在描述他的宇宙觀時，給出了這樣一個「天演論」：「萬物負陰而抱陽，沖氣以為和。」而在內丹道的顛倒之術中，「陰抱陽」轉變成為「陽抱陰」，所以老子才說，「反者道之動」。

換成白話句式：

天人同一炁，彼此感而通。

陽自空中來，主人翁抱我。

看，句子是正規了，意思也直白了，但詩歌的韻律沒了。

既用了主謂倒裝，也用了主賓換位。嗯，狀元之才就是狀元之才。

對此稱彼也

──《玉篇》

彼君子兮，不素餐兮。

──《詩·伐檀》

　　　　他

　　　　　　　　　　　　　　　　　　　　——《新華字典》

施狀元的絕句，不僅闡述了何為「彼此」，也解答了魏伯陽留的作業：

　　　　同類易施功，非種難為巧。

　　　　　　　　　　　　　　　　　　　　——《周易參同契》

還有一首，據說是紫陽真人的作品，是一個很好的給施狀元的「奉和」：

　　　　天人一氣本來同，為有形骸礙不通。

　　　　煉到形神冥合處，方知色相即真空。

　　　　　　　　　　　　　　　　　　　　——《性命圭旨》

彼此者，同出而異名，分則謂我他，我他即神炁。高僧說：

　　　　我觀大士心，欲潔眾生染。

　　　　故自白其衣，遮護眾生短。

　　　　如水但洗塵，水不自洗水。

　　　　大士與眾生，其實無彼此。

　　　　若見自己心，便識大士面。

　　　　擘破一微塵，大士光明現。

　　　　　　　　　　　　　　　——憨山《白衣觀音贊》

一些有思想、想法多的人，另有演繹，曰「彼家丹法」

比如宋有翁氏，把「真陰真陽」、「同類之物」理解到坑爹的節奏。

　　　　何為真陰真陽？何為假陰假陽？

　　　　陽中之陰為真陰，陰中之陽為真陽，此所用之陰陽，古經所謂

　　「陰陽得類」者是也。

　　　　　　　　　　　　　　　　　　　　——《修真辯難》

把道理落實下來，真陰之神與真陽之元炁，就是同類，神炁交媾，即產真

種。

那麼，何為「彼家」呢？張三豐謂「我身彼家，海底命主。」劉一明解：

　　　　問曰：「在外陰陽，必關乎我身，或謂在天地，或謂在彼家，是

　　否？」

　　　　答曰：「愚人不明在外之義，或吐納天地雲霞等氣，或採取婦女

　　紅鉛梅子濁血，棄正入邪，作孽百端。殊不知外者包羅天地，不屬

　　於我之謂。有生之初，原是我家之物，因先天一破，假者用事，真

者退位，日遠日蹤，與我無涉所以為外。這個秘密，不遇真師，難以認識。」

問曰：「陰陽即在身中，則性命之修持在己，而非可假借於他人者，何以古人又云，莫執此身云是道，須認他家不死方乎？」

答曰：「此就後天言耳。人自有生之初，性命一家，陰陽一氣，漸生漸長，年至二八，陽氣已足，一陰潛生，於是乾與坤交，乾虛而成離，坤實而成坎，離中藏性，坎中藏命，坎陷其真，猶虎奔而寓於西，命不屬我，而我之所有純陰之物耳，若執此身而修，不過修此後天之精氣已耳，焉能到的純陽完成之體？故必須他家不死之方。不死之方，即坎中所陷一點陽精，因其坎陷，非我所有，故謂他家，非身外一切他家之說。若著身外，便是謗謗聖道，當入拔舌地獄。緣督子曰：一點陽精，秘在形山，不在心腎，而在乎玄關一竅者此也。」

——《修真辯難》

講得很敞亮了，正門正道的丹派，以「彼家」之他，比喻坎宮元炁。

師傳不二，但悟性有別啊。

明清諸真，如伍沖虛、柳華陽、黃元吉等，也都嚴厲批判過各類「彼家丹法」。

為了喚醒愚癡，祖師苦口婆心、喋喋不休地，都要把頭搖掉了：

夫天上地下、乾坤坎離、男女內外爐鼎，喻吾一身內外陰陽而言，並無男女等相。仙云：凡所有相，皆是虛妄。還丹本無質，至哉斯言，盡矣！世間學好的人，必不為損人利己之事。宇宙間男女，所賴以生而不死者，唯此一點陽精而已，豈有學仙的采女人之精而利己之身哉？此與世之殺人者，何異焉？又先聖言彼家男女、兩家兩國，及內外爐鼎等說，若人不得正傳，其不錯認者幾希矣。

——《玄機直講》

窮理的工夫，要做到心中沒有一絲的疑惑，才算可以。

修行人腦海如一盆漿糊，而欲反觀到桶底脫落、清澈見底，不亦難乎？

自始至終，猶如置身於在一個黑漆桶中，終究也不知，有一個清清靜靜晶瑩透徹的水晶塔……

繼續參：既然「我」非主人翁，請問我是誰？

就是被習氣與諸相滿滿充斥著的一顆「心」——「群陰」之所啊，這就是丹派眼中，人（我）的本質。

再讀施狀元「陽自空中來」，看到「一陽來復」的痕跡沒有？紫陽真人有個七言奉和：

> 八月十五玩蟾輝，正是金精壯盛時。
>
> 若到一陽來起復，便堪進火莫延遲。
>
> 此章言大藥將產之候，急須採取也。上章云「蟾光終日照西川」，正指水中金而言，此所謂金精也。兩弦並到，合成一輪月乃圓，而為望八月建酉，而金旺於酉，正是金精旺極之時。所以月到中秋，光彩異常。此喻坎離既交，水中之金赫然頓現，而大藥將出爐矣。故曰：「八月十五玩蟾輝，正是金精壯盛時。」水中金現謂之活子時，此言「金精壯盛」，活子時到矣。純坤之下一陽初復，急須下手採取，以作還丹之根基。故曰：「若到一陽來起復，便堪進火莫延遲。」此言大藥方產，及時採取之作用也。

> ——《悟真篇闡幽》

《易‧復》象曰「雷在地中，復。」彖曰「復其見天地之心乎。」何妥曰「復者，歸本之名。群陰剝陽，至於幾盡，一陽來下，故稱反覆。」虞翻曰「剛從艮入坤，從反震，故曰『反動』也。」侯果曰「陽上出，君子道長也。陰下入，小人道消也。」

於是，丹派在援引復之卦象論道時，就有了一句名言，「一點剝（搏）群陰」。

> 不識玄中顛倒顛，爭知火裏好栽蓮？
>
> 牽將白虎歸家養，產個明珠似月圓。
>
> 慢守藥爐看火候，但安神息任天然。
>
> 群陰剝盡丹成熟，跳出樊籠壽萬年。
>
> 此章言還丹妙用，由顛倒而歸自然也，通上數章。坎離交而產藥，乾坤交而得丹，總是顛倒妙用，但世人知之者希耳。即如常道陰陽，火生於木，水生於金，順而出之，欲動忿勝，生轉為殺，所謂五行順行法界火坑也，在《陰符》謂之禍，發必剋丹道。陰陽則不然，水轉生金，火轉生木，逆而反之，忿懲欲窒，殺轉為生，所謂五行顛倒大地七寶也，在佛經謂之火宅生蓮。故曰：「不識玄中顛

倒顛，爭知火裏好栽蓮？」火中生木便名青龍，水中生金便名白虎。白虎原係乾家真金，落於坤宮而成坎者，今用驅虎就龍之法，取坎中真金點在離內，金來歸性，乃稱還丹而乾體圓矣。故曰：「牽將白虎歸家養，產個明珠似月圓」，此金丹大藥產在坤爐之法象也。再加向上工夫，採取鍛鍊。金丹乃歸乾鼎，而稱金液還丹矣。丹既歸鼎仍以爐中真火養之，火候之調全在真息，非後天呼吸之氣也。真息與元神相依，又名神息，天樞兀然，法輪常轉，自然出息不隨萬緣，入息不居蘊界，所謂天然真火也。故曰：「慢守藥爐看火候，但安神息任天然。」凡人四大一身，無非陰氣，從心意識中幻出種種貪嗔癡慢，未出三界，種種皆樊籠也。得此丹頭一點，陰氣已轉而為陽，從此煉之又煉，剝盡群陰，露出圓陀陀光爍爍未生以前面目，頓超三界，永脫樊籠而證萬劫不壞之金身矣。故曰：「群陰剝盡丹成熟，跳出樊籠壽萬年。」

──《悟真篇闡幽》

問曰：先天之氣亦天地所生，何以天不我違乎？

答曰：氣雖天地所生，至人能安身於天地之先，待其一生而即採之，使天地不我覺。故易剝卦上爻曰：碩果不食。蓋留其一陽，止而不進，將為返還之本，所以謂先天之學也。

問曰：剝者，以陰而剝陽，何能由剝而返陽乎？

答曰：剝者，天地順行之造化，留一陽而不進，聖人逆運之，造化由剝而復，後天中返先天，用六而不被六所用，蓋欲借陰以救陽耳，其盜機也，天下莫能知，莫能見。

──《修真辯難》

道祖的世界觀與眾不同，如其所言「我獨異於人」：

觀（一陽來）復時，老子看到的是「儉」；

給帝王講課時，全然孤寡之道，天地之心⋯⋯

丹派看《易·復》，一陽來下，謂之祖炁。

內藥，先天一點真陽是也，譬如乾卦中一畫交坤成坎水是也。中一畫本是乾金，異名水中金，總名至精也。至精固而復祖炁，祖炁者，乃先天虛無真一之元炁。

──《中和集》

繼續參丹經，陽自空中來：

謂之「一點動機」；

謂之「一點真意」；

謂之「一點真面目」；

謂之「父母生前一點靈」。

> 我今得見知音友，故把天機都洩漏。
>
> 坎水中間一點金，急須取向離中補。
>
> 一句道心話與賢，從今不必亂鑽研。
>
> 九夏但觀龍取水，明明天意露真詮。
>
> ——瑩蟾子《原道歌贈野雲》

> 一霎時間，真氣混合。自有一陣回風上沖百脈，是為河車真動。中間若有一點靈光覺在丹田，是為水底玄珠，土內黃芽。爾時一陽來復，恍如紅日初升，照於滄海之內。如霧如煙。若隱若見，則鉛火生焉。方其乾坤坎離未交，虛無寂滅，神凝於中。
>
> ——《大道玄機直講》

> 天上之月，每月初三，西南坤地黑體之下，現出蛾眉之光，其光偃仰，故名偃月，在卦為純陰之下微陽漸生，為復；在人為靜極又動，虛室生白，天地之心萌動。此心內含一點先天祖氣，從黑暗之處微露端倪，有象偃月之光。因其這一點祖氣，為天地之根，為五行之本，能以造仙佛，能以作聖賢，能以固性命，又號為偃月爐。這個天地之心，與天地合其德，與日月合其明，與四時合其序，與鬼神合其吉凶，難逢難遇。幸而偶逢，時不可錯，急須下手摘來，謹封牢藏，勿令滲漏，可以延年壽，可以減病災，但此延年壽、減病災之事，非有大功大行者不能行，非有大志大力者不能作，必須外結良緣以修德，內備法財以用誠，乃能感動皇極而得天寶。
>
> ——《無根樹詞注解》

沒錯，一陽來復者，身為主人翁，卻名「小小」。

老子道「人之所惡，唯孤、寡、不穀，而王公以為稱。」

「父母生前」者，非言人道，比喻先天。先天者，道也。

大道，它小嗎？老子偏謂孤寡不穀……

因其是「唯一」的存在啊，故「不可得而貴」！

一點，即「陽」（爻）；群陰（爻），即「我」。

常言道我很渺小……

北海若曰「天在內，人在外，德在乎天。」

「我」究竟很渺小？還是很自大呢？

俗話說，心有多大，世界有多大嘛。又道是，欲壑難填。

呵呵，佛不也說「一切唯心」、「皆由心造」塞。

丹法剝「群陰」者，群陰謂心，號稱「大」哉。

不也正符合了老子的逆向思維嗎？「貴以賤為本，高以下為基。侯王自謂孤、寡、不穀。此其以賤為本也？非乎？至譽無譽，不欲琭琭如玉，珞珞如石。」（三十九章）「不可得而親，不可得而疏；不可得而利，不可得而害；不可得而貴，不可得而賤。」（五十六章）

一陽搏（剝）群陰，是不是以小搏大？是不是以少勝多？

修道之事，不亦難哉？！

所以，紫陽真人說了：調合鉛汞要成丹，大小無傷兩國全。

所謂大小，只是順逆只是顛倒而已。稱大何嘗大？一點也不小！

> 圓明一念沒遮藏，觸處逢緣盡寂光。
>
> 拈起一塵含法界，更於何處覓西方。
>
> ——憨山《示新安仰山本源禪人》

吾人於修煉中，在天人合一、梵我一如時：

文史曰「是道也，其來無今，其往無古，其高無蓋，其低無載，其大無外，其小無內，其外無物，其內無人，其近無我，其遠無彼。不可析，不可合，不可喻，不可思。唯其渾淪，所以為道。」維摩詰說「內芥子中，無所增減。」

> 河伯曰：「然則吾大天地而小豪末，可乎？」
>
> 北海若曰：「否。夫物，量無窮，時無止，分無常，終始無故。是故大知觀於遠近，故小而不寡，大而不多：知量無窮。證向今故，故遙而不悶，掇而不跂：知時無止。察乎盈虛，故得而不喜，失而不憂：知分之無常也。明乎坦塗，故生而不說，死而不禍：知終始之不可故也。計人之所知，不若其所不知；其生之時，不若未生之時；以其至小，求窮其至大之域，是故迷亂而不能自得也。由此觀之，又何以知毫末之足以定至細之倪，又何以知天地之足以窮至大之域。」

　　河伯曰：「世之議者皆曰：『至精無形，至大不可圍。』是信情乎？」

　　北海若曰：「夫自細視大者不盡，自大視細者不明。夫精，小之微也；垺，大之殷也：故異便。此勢之有也。夫精粗者，期於有形者也；無形者，數之所不能分也；不可圍者，數之所不能窮也。可以言論者，物之粗也；可以意致者，物之精也；言之所不能論，意之所不能察致者，不期精粗焉。是故大人之行：不出乎害人，不多仁恩；動不為利，不賤門隸；貨財弗爭，不多辭讓；事焉不借人，不多食乎力，不賤貪污；行殊乎俗，不多辟異；為在從眾，不賤佞諂；世之爵祿不足以為勸，戮恥不足以為辱；知是非之不可為分，細大之不可為倪。聞曰：『道人不聞，至德不得，大人無己。』約分之至也。」

　　河伯曰：「若物之外，若物之內，惡至而倪貴賤？惡至而倪小大？」

　　北海若曰：「以道觀之，物無貴賤；以物觀之，自貴而相賤；以俗觀之，貴賤不在己。以差觀之，因其所大而大之，則萬物莫不大；因其所小而小之，則萬物莫不小。知天地之為稊米也，知毫末之為丘山也，則差數睹矣。以功觀之，因其所有而有之，則萬物莫不有；因其所無而無之，則萬物莫無。知東西之相反而不可以相無，則功分定矣。以趣觀之，因其所然而然之，則萬物莫不然；因其所非而非之，則萬物莫不非。知堯、桀之自然而相非，則趣操睹矣。昔者堯、舜讓而帝，之、噲讓而絕；湯、武爭而王，白公爭而滅。由此觀之，爭讓之禮，堯、桀之行，貴賤有時，未可以為常也。梁麗可以沖城而不可以窒穴，言殊器也；騏驥驊騮一日而馳千里，捕鼠不如狸狌，言殊技也；鴟鵂夜撮蚤，察毫末，晝出瞋目而不見丘山，言殊性也。故曰：蓋師是而無非，師治而無亂乎？是未明天地之理，萬物之情也。是猶師天而無地，師陰而無陽，其不可行明矣！然且語而不捨，非愚則誣也！帝王殊禪，三代殊繼。差其時，逆其俗者，謂之篡夫；當其時，順其俗者，謂之義之徒。默默乎河伯，女惡知貴賤之門，小大之家！」

　　河伯曰：「然則我何為乎？何不為乎？吾辭受趣捨，吾終奈何？」

北海若曰：「以道觀之，何貴何賤，是謂反衍；無拘而志，與道大蹇。何少何多，是謂謝施；無一而行，與道參差。嚴乎若國之有君，其無私德；繇繇乎若祭之有社，其無私福；泛泛乎其若四方之無窮，其無所畛域。兼懷萬物，其孰承翼？是謂無方。萬物一齊，孰短孰長？道無終始，物有死生，不恃其成。一虛一滿，不位乎其形。年不可舉，時不可止。消息盈虛，終則有始。是所以語大義之方，論萬物之理也。物之生也，若驟若馳。無動而不變，無時而不移。何為乎，何不為乎？夫固將自化。」

河伯曰：「然則何貴於道邪？」

北海若曰：「知道者必達於理，達於理者必明於權，明於權者不以物害己。至德者，火弗能熱，水弗能溺，寒暑弗能害，禽獸弗能賊。非謂其薄也，言察乎安危，寧於禍福，謹於去就，莫之能害也。故曰：『天在內，人在外，德在乎天。』知天人之行，本乎天，位乎得，蹢躅而屈伸，反要而語極。」曰：「何謂天？何謂人？」北海若曰：「牛馬四足，是謂天；落馬首，穿牛鼻，是謂人。故曰：『無以人滅天，無以故滅命，無以得殉名。謹守而勿失，是謂反其真。』」

──《莊子·秋水》

《秋水》篇最有莊子汪洋恣肆風格。

河伯沿著河、海、天地，最後一直入達大道境界。

把長篇濃縮下：

大＝小，

天＝人。

莊子曰「齊物」。

　　默默乎河伯，汝惡知貴賤之門，小大之家？

海神開示河神了：

「沉默下來吧，河神！否則終也難知貴賤（平等）之門和大小（無別）之家。」

海神教河神「默默乎」啥意思？

他前文說了：「『道人不聞，至德不得，大人無己。』約分之至也。」

大人是指思想巨人，無不是經過約束外在感官，而深入於道境的。

所以，天地並不大、毫尖也不小──由「心齋」而來、自體驗獲得。

但入「貴賤之門」、進「小大之家」──佛曰「心法」：

人與天就一般大了……

老子道「沖氣以為和」佛說「緣起性空」；

丹派謂之「開關展竅」，莊子曰「吾喪我」曰「大人無己」。此其時也：

小＝大，人＝天。

佛說「無間」，說「生即是死，死即是生」，說「證生死」。

象山曰「宇宙內事乃己分內事，己分內事乃宇宙內事。」換白話說，啥都不缺了，吾心已滿足──這就是我們要修的佛法和大道！

> 從空中來，求實處住。
>
> 故向凌霄，別行一路。
>
> 身已在空，足未離地。
>
> 若欲超然，必須粉碎。
>
> 雲山滿目，葛藤不少。
>
> 雖無干絆，終是纏繞。
>
> 一物不將，只須放下。
>
> 小處不存，乃見其大。
>
> 不向外求，不從人覓。
>
> 本有現前，一切真實。
>
> 知見消亡，玄妙不立。
>
> 一念直透，銀山鐵壁。

──憨山《靈霄峰梵懷慧山主贊》

> 取將坎中實，金花露一枝。
>
> 慶雲開天際，祥光塞死基。
>
> 歸已昏昏默，如醉亦如癡。
>
> 大丹如黍米，脫殼證無為。
>
> 優游天地廓，萬象掌中珠。

──張三豐《親口訣》

簡注：「小處不存，乃見其大。」鑒於憨山在老莊之學上的高深造詣，用《莊子》秋水篇的故事，來做注腳，大概不會有太大問題：

> 風曰：然。予蓬蓬然起於北海而入於南海也，然而指我則勝我，
>
> 我亦勝我。雖然，夫折大木，蜚大屋者，唯我能也，故以眾小不勝

為大勝也。為大勝者，唯聖人能之。

即使這樣，折斷巨木、掀翻大廈，卻又只有我能夠做到。這就是忘記了「細節」與「局部」而獲得了「全體」啊。如此「以小勝大」，只有聖人才能做到。

注意，「大丹如黍米」這一句，世上煉丹的大師傅們，總好在名相上較真。不妨聽佛說一句，「擬議即乖，校量即錯。」莫抬槓，「無根樹」這篇名看不出來呀？丹派祖師在詮釋佛法哩……

佛道都說眾生苦，話說眾生不是缺錢，就是缺愛，能不苦嗎？

男同志還要通過征服天下而征服女同志，女同志還要通過征服男同志而征服天下……

能不苦嗎？能消停嗎？是謂「苦諦」。

用譬喻，講寓言，換文采而言之，即：

一粒粟＝世界；

一滴水＝大海。

再經過「簡單」地推演，最後成為哲學思想。

道家得出了「天人同構」觀，傳統國醫的「全息論」，亦由此而發軔。

否則，後天的各種不平等，何以說平等？何以稱齊物？「雖亦有間，假說無間」——法界藥鏡中的世界觀，在塵世是行不通的。土豪兄弟給出的是「百萬英鎊」，亨利能還人家一個英鎊能收場嗎？還得娶土豪的千金，給土豪家打一輩子長工才是啊。

而「和其光同其塵」呢？是要修行人把它們貫通起來，佛曰「雖行三界，而不壞法性。」

> 顛倒坎中離，龍虎風雲會。
>
> 妙玄一點包天地，毫釐大小人不知，返三回五透天機。
>
> 離歸坎，坎歸離，坎離水火運東西，嬰兒姹女作夫妻。
>
> 陰盜陽精取坎實，陽伏陰精神離虛，三三六六分天地。
>
> 這些工夫非容易，變乾坤漏泄先天氣。
>
> ——張三豐《陰陽交會曲》

諸家丹經又以此真靈謂先天一氣，其名多端，總形容此一物也。

此物生於先天，藏於後天，位天地，統陰陽，運五行，育萬物，其大無外，其小無內，放之則彌六合，卷之則退藏於密。以體而論，

在儒則謂太極，在道則謂金丹，在釋則謂圓覺；以用而論，在儒則謂明德、謂天地之心，在道則謂靈寶、謂黍米玄珠，在釋則謂正法眼藏、涅槃妙心。人之真靈，本來圓陀陀，光灼灼，淨裸裸，赤灑灑，不生不滅，不色不空，處聖不增，處凡不減。

——《無根樹詞注解》

經曰「一點落黃庭。」又說：

　　一點如朱橘，要使水銀迎。

　　絕不用器械，顛倒法乾坤。

——呂洞賓《百句章》

嗯，注意，這裡的朱橘，法象外丹之 HgO，又名乾汞。再說。

好了，請問同學，能盛載下這一點的那個丹田，它小嗎？

佛說「遍及一切處」達摩說「寬時遍法界，窄也不容針。」

嗯，還有一句才叫絕，「內芥子中，無所增減。」

維摩詰描述佛性的無所不在——

就像把須彌山放入一粒芥子中，也是剛剛得好。

佛教傳入中國，芥子換了粟米，入鄉隨俗。

也就有了「拈將四部洲，放在一粒粟」一說。

然後就是丹派名言的出現，「一粒粟中藏世界」。

這是內丹道一點說的佛教之源。

《憨山老人夢遊集》有一篇「遊記」佳文，選摘於此，不做句讀，請自了斷。

或者讀死，或者讀活，任由自便。

讀死了，一粒金粟咬著不易；讀活了，一粒金粟咬碎不難。

　　瓊郡距澥可十里。城東北隅。岡足水趺。有泉湧粟。粒粒燦然。如珠泛澥眼。人取而試之。去殼出精。宛如北方之布穀。至冬日氣斂泉溫。其粟。出芽。如秧針刺水是則實非幻出也。時人怪而異之。不知所從來。概呼為粟泉。萬曆乙巳春三月。予自雷陽渡澥。訪大宗伯王公。給諫許公。且探瓊澥之奇。陳生於宸。博雅士也。謁余於明昌塔院。邀宗伯公同過天寧方丈。茶話及此。因杖策而觀之。令僕探取沙泥中。果得粟數粒。撚皮出米如新獲者。余甚奇之。因命名金粟泉。意取維摩金粟如來。李白自稱為後身。今於宗伯學士。

若有當也。汲水烹茶。味甚冽。啜之毛骨清涼。如在毗耶方丈。吃香積飯也。陳生畜疑。避席而問曰。粟產於北土。泉湧於南天。相懸萬里。且隔瀚津。胡為乎來哉。此智者所必疑。常情所未測也。敢問其故。余曰噫嘻。此蓋難與俗言也。請試論之。大地浮水上。如一葉耳。水之潛流四天下地。如人血脈之注周身。由生於心。而養五臟。外達四肢。徹於皮膚。下至湧泉。上極泥洹。髮毛爪齒。靡不充足。不充則不仁矣。由是觀之。天地一指也。萬物一體也。水火相射。山澤通氣。風雲呼吸。潮汐吞吐。乾坤闔闢。晝夜往來。無一息之停機。如人日用食息起居耳。復何怪哉。昔有神僧從西域來。飲曹溪水香美而甘。驚曰。此吾西天寶林水也。中山大悲閣。閣高百尺。像高八丈。有唐異僧。遍化金錢銅木。在在納於井中。及歸而取之。盡從井出。以足其用。至今尚有一木存焉。由此觀之。大地之水。未嘗不通。物未嘗不達斯實事也。昔蘇長公居儋耳。嘗品三山泉。謂與惠山相通。因名惠通泉。是則太虛寥廓。萬象融通。人特有心限礙耳。竊觀瓊海。地發於西北。氣結於東南。如人一指之甲耳。甲乃筋之餘也。血以養筋。筋固則甲厚。凡人甲厚者。必多壽。故地土厚者。必多材。說者咸謂中原土厚。故將相多出於其閒。餘則謂不然。瓊居南離。離乾體也。以吸一陰。外剛而內柔。虛而麗照。文明之象也。地浮瀚中。火金生水。故晝炎而夜寒。以乾坤之真氣。極於斯而鍾於斯。故山川之金銀明珠。文禽名香。珍奇異獸。寶藏興焉。百物備焉人則仙靈文名。忠臣義士。往往出焉。此天地之一隅。如太虛之一塵。造化密移昧者不覺。聊通一粟以示之。如從一葉以辨春秋耳。復何怪哉。宗伯聞說。躍然歡喜。再歎曰。奇哉。時在座有沈生成德等。相率再拜。稽首請銘之。以曉未聞。乃為之銘曰。

　　大地一塵。滄海一粟。充遍十方。何所不足。似毛在體。如血周身。觸處即見。於何不真。坎離水火。乾坤在我。交姤發生。有何不可。地氣自北。而鍾於南。物亦隨之。湧現其閒。人疑此粟。不知所從。來處不知。何以明宗。造化密移。不屬聞見。聊借一粒。以觀其變。苟知一粒。芥子含空。水火周遍。何不相容。血脈周身。自頂至趾。上下周流。終而復始。大道循環。無往不復。道脈潛通。

若此一粟。淵泉混混。而時出之。道脈南來。可卜於斯。

——《瓊州金粟泉記並銘》

點睛之筆在這裡：

「此天地之一隅，如太虛之一塵，造化密移昧者不覺。聊通一粟以示之，如從一葉以辨春秋耳。」

好東西在這裡：

「人疑此粟，不知所從。來處不知，何以明宗？造化密移，不屬聞見。聊借一粒，以觀其變。苟知一粒，芥子含空。水火周遍，何不相容？」

憨山大師精通釋道，也漫筆生花。讀到了，那參啊。

這一粒的來歷都不明，咋修？修啥？

大顛「一眼識破」的大千世界，憨山回應得分明：「一粟以示之」耳。

記住啊，一點同樣是一個代詞！

可以用這個問題，去考核你的師傅，或者導師：「為什說父母生前一點靈啊？」

丹派繼承了易學的象說，所以學道的人，不參研佛經，滿腦子都是諸相啊——

「見諸相非相即見如來」什麼意思？不住相不是沒有相，是要我們修到一點都不「黏黏」不迷戀。

換個成語吧，「氣貫長虹」，也可以助解這句《黃庭經》的核心——「一點落黃庭」。

這一點的全稱是「父母生前一點兒靈」，這個一點兒是什麼一物呢？居士用芥子來寓言，他說「芥子納須彌」，高僧說「一口吸盡西江水」(的那「一口」)，高道說「如來妙體遍河沙」的 (「如來妙體」)。

不可思議？難以理解？落差太大了吧？不大，別個把須彌山都塞進了芥子裏，這算啥？聽道學先生說：

南郭子綦隱機而坐，仰天而噓，苔焉似喪其耦。顏成子游立侍乎前，曰：「何居乎？形固可使如槁木，而心固可使如死灰乎？今之隱機者，非昔之隱機者也」子綦曰：「偃，不亦善乎而問之也。今者吾喪我，汝知之乎」女聞人籟而未聞地籟，女聞地籟而不聞天籟夫。」

子游曰：「敢問其方。」

南郭子綦坐靠几案，仰天吐納，離神去智之狀好像靈魂出殼。一旁侍陪的

顏成子游問：「先生這是怎麼啦？人身縱然可以形似枯木，精神也可以如死灰一樣全無生機嗎？先生今天的坐，跟以往可是大不一樣啊。」子綦回答：「問得好啊，偃。你知道嗎，今天我喪失了自己。你聽見過『人籟』卻沒有聽見過『地籟』，或聽見過『地籟』卻沒有聽見過『天籟』吧。」子游問：「先生賜教。」

子綦曰：「夫大塊噫氣，其名為風。是唯無作，作則萬竅怒呺。而獨不聞之翏翏乎？山林之畏佳，大木百圍之竅穴，似鼻，似口，似耳，似枅，似圈，似臼，似窪者，似污者。激者、謞者、叱者、吸者、叫者、譹者、宎者，咬者，前者唱於而隨者唱喁，泠風則小和，飄風則大和，厲風濟則眾竅為虛。而獨不見之調調之刁刁乎？」

子游曰：「地籟則眾竅是已，人籟則比竹是已，敢問天籟。」子綦曰：「夫吹萬不同，而使其自己也。咸其自取，怒者其誰邪？」

子綦說：「天地的呼吸，名字叫風。風不發作則已，一旦發作整個大地上數不清的竅孔都怒吼起來。你沒有聽過的那種呼呼風聲，山陵上陡峭崢嶸的各種去處，百圍大樹上無數的竅孔，有的象鼻子，有的像嘴巴，有的像耳朵，有的像圓柱上插入橫木的方孔，有的像圈圍的柵欄，有的像舂米的臼窩，有的像深池，有的像淺池。它們發出的聲音，像湍急的流水聲，像迅疾的箭鏃聲，像大聲的呵叱聲，像細細的呼吸聲，像放聲叫喊，像嚎啕大哭，像在山谷裏深沉迴蕩，像鳥兒鳴叫嘰喳，真好像前面在嗚嗚倡導，後面在呼呼隨和。清風徐徐就有小小的和聲，長風呼呼便有大的反響，迅猛的暴風突然停歇，萬般竅穴也就寂然無聲。你不曾見風之過處萬物隨之搖曳的樣子嗎？」子游說：「地籟是從萬種竅穴裏發出的風聲，人籟是從並排的各種不同的竹管裏發出的聲音。我再冒昧地向你請教什麼是天籟。」子綦說：「誰使自然界的各種洞洞竅竅發出聲音呢？難道洞洞竅竅自己會發出聲音嗎？發動者（除了天地）還有誰呢？」

「沖炁」之際，莊生「呆若木雞」，這藥勁兒小嗎？

天地為爐萬象銅，鎔成眾竅吼長風。

一聲響徹三千界，喚醒人間大夢中。

——憨山《示冶師鑄鍾成》

可謂扭轉乾坤，可謂翻天覆地。所以大顛和尚顫顫悠悠地描述此情此景：

方信道：「滿目青山無寸樹，極目綠水絕波瀾。」光明洞耀，照徹十方，譬如千日，放大光明。古人道：「盡大地是沙門一隻眼，盡大地是個法身王。」經云：「父母所生眼，悉見三千界，出廣長舌相，

遍覆三千大千世界豈不見。」雲門道:「一條拄杖子,化為龍,吞卻
乾坤去了也。」山河大地從什麼處得來?若從這裡,一一明得便了。
芥子納於須彌,須彌納於芥子。藏身處,沒蹤跡,沒蹤跡處莫藏身。
神通自在,出沒自由。或現大身,滿虛空界;或現小身,微中極微,
細中極細。拋向諸人面前,打鼓普請看不見!

　　會麼?海底金烏天上日,眼中童子面前人。

　　　　　　　　　　──《摩訶般若波羅密多心經唐大顛禪師寶通注》

老子之「天下大事,必作於細。是以聖人終不為大,故能成其大。」莊子
參透了:

　　以道觀之,物無貴賤;以物觀之,自貴而相賤;以俗觀之,貴
　　賤不在己;以差觀之,因其所大而大之,則萬物莫不大,因其所小
　　而小之,則萬物莫不小。知天地之為稊米也,知毫末之為丘山也,
　　則差數睹矣。

　　　　　　　　　　　　　　　　　　──《莊子‧秋水》

「為學有三要,所謂不知春秋,不能涉世;不精老莊,不能忘世;不參禪,
不能出世。此三者,經世出世之學備矣,缺一則偏,缺二則隘,三者無一而稱
人者,則肖之而已。」憨山以佛教的觀點注釋儒、道家經典,寫了相當多價值
很高的詮釋性著作。老子之「大小多少」,高僧如是看:

　　大其小而多其少也。

　　　　　　　　　　　　　　　　──憨山《老子道德經解》

大即是小,小即是大。妙不妙哉?三祖說:

　　無在不在,十方目前。
　　極小同大,忘絕境界。

　　　　　　　　　　　　　　　　　　　──《信心銘》

呵呵,沒大沒小,無法無天──佛教延續著婆羅門教(檀多哲學)的「不
二論」的文化慣性,禪宗同樣「隨波追流」:

　　泯其所以,不可方比。
　　止動無動,動止無止。
　　兩既不成,一何有爾。
　　究竟窮極,不存軌則。

　　　　　　　　　　　　　　　　　　　──《信心銘》

　　道家則延續《易傳》的陰陽二元論：去其大，取其小；去其多，取其少。丹派延伸道「饒他為主我為賓。」

　　丹派在用功意義上：

　　始以一陽搏群陰、以少勝多、以柔化剛，終於「天人合一」。

　　禪宗主攻話頭兒，目標也是由小做大：

　　要把事情搞到多大？

　　搞到「萬里青天無障蔽，長空不礙白雲飛。」

　　搞到「色不異空，空不異色。」

> 一人發真歸源，十方虛空悉皆消殞。
>
> ──《楞嚴經》

　　北海若曰「天在內，人在外，德在乎天。」（《莊子・秋水》）

　　一個修行者，六根脫落、一念不生時，在吾人肉團心裏，發現「一物」。

　　古代目擊者留下了不同的表述，以傳道後來：

> 有物混成，先天地生。寂兮寥兮，獨立而不改，周行而不殆，可以為天下母。吾不知其名，字之曰道。
>
> ──《老子・第二十五章》

> 吾有一物，無頭無尾、無名無字、無背無面，諸人還識嗎？
>
> ──《六祖壇經》

　　在《西遊記》裏，這塊開天闢地後，女媧留下的一塊靈石，就有了這般仙氣：

> 那座山，正當頂上，有一塊仙石。其石有三丈六尺五寸高，有二丈四尺圍圓。三丈六尺五寸高，按周天三百六十五度；二丈四尺圍圓，按政曆二十四氣。上有九竅八孔，按九宮八卦。四面更無樹木遮陰，左右倒有芝蘭相襯。蓋自開闢以來，每受天真地秀，日精月華，感之既久，遂有靈通之意。

　　高僧說「若欲超然，必須粉碎。」

　　此物膨脹，以致粉碎，乃成虛空。佛說「生大覺中」、「生汝心中」。

　　這虛空的體量有多大呢？

　　佛陀對阿難說：「這個虛空，源於你心，像天邊雲。而其內含，三千世界。」

> 空生大覺中，如海一漚發。有漏微塵國，皆依空所生。

當知虛空，生汝心中，猶如片雲，點太清裏。況諸世界在虛空耶？

——《楞嚴經》

譬如虛空，廣大無對，悉能容受一切諸法。

猶如虛空，無處不有，如來亦爾，遍一切處。

——《涅槃經》

景岑說「拈將四部洲，放在一粒粟。」——此說收時，無不隱含。道曰「炁去則渺茫」。

普庵說「一粒破時全體露」——此說放時，無不顯現。道曰「炁聚則成形」。

憨山說「逼到一念開豁處，乃是電光三昧。」接著「拌命做去，不到忽然藏識迸裂虛空粉碎時，決不放手。」

然後就是憨山前面說的，學者「拌命」做得的結果——「凡志於道德者，必先究吾人根本實際，要從真性流出。此真性至廣至大，光明清淨，蕩絕纖塵，此吾性之體，所謂仁也。」

以上三位佛教高僧，與薛道光、柳華陽一樣，都是道學的深入研究者，都是丹派「圈內」的一流人物——喜歡內丹道者不研讀這些詩文，與自廢一條腿而拄拐前行，基本無異。

這還是那一物嗎？分明是「三生萬物」；

這是萬物嗎？分明就是「萬法歸一」。

憨山繼續說：「凡志於道德者，必先究吾人根本實際，要從真性流出。此真性至廣至大，光明清淨，蕩絕纖塵，此吾性之體，所謂仁也。」

噫，寥寥數語，囊括三家。

這不奇怪，這位倡導「三教合一」的高僧說：「不知《春秋》，不能涉世；不精老莊，不能忘世；不懂參禪，不能出世」。他的道學、丹法研究之深刻，在他的著述中，有目共睹，尤其是在《莊子內篇注》、《老子道德經解》，尤為突出。

儒道兩家秉承《易傳》思想，都有「一分為二」說，有陰陽二元論。

內丹道延伸《老子》的痕跡，比較一下，一目了然。

這還是那一物嗎？分明是「三生萬物」；

這是萬物嗎？分明就是「萬法歸一」。

道生一，一生二，二生三，三生萬物。

——《老子·第四十二章》

道自虛無生一氣，便從一氣產陰陽。

陰陽再合成三體，三體重生萬物昌。

——《悟真篇》七言絕句第一

會說的，多說點。高僧後面接著的一段話，就是倡導佛法的「獨一無二」論了——

佛法與儒道之陰陽之中庸，在這裡也就分道揚鑣了：「此體之中，一塵不立。但有一念妄想，即屬有我，有我則與物對。物我既分，人我兩立。人我既立，則大同之體昏塞，不得為仁矣。本體昏塞，則諸妄皆作。」高僧還祭出了一句，以表世界觀的堅定：「祖師道：若立一塵，國破家亡。」

當然了，「若立一塵，國破家亡」，也是個寓意深長的譬喻。對應著一塵不立，高僧另有譬喻，「擔折桶脫，虛空粉碎。」

在修行文化的意義上，兩家在「得一」——見道當下處，心境無異。

而理論上分歧了，因為一位是「一分為二」的繼承者，一位是「獨一無二」的繼承者。

從高道張伯端的《悟真篇》和高僧《憨山老人夢遊集》中，選出的詩文，就是生動活潑的比較。比起長篇大論來，更一目了然。

譬如有人，身如須彌山王，於意云何？是身為大不？須菩提言，甚大，世尊，何以故？佛說非身，是名大身。

——《金剛經》

佛陀問須菩提：「假如有一個人身體等同須彌山，你覺得這個人的身體大嗎？」

縱然身如須彌山也微不足道啊！佛說只有脫離了諸法之身，才是真正的「大身」呀。

品品那味道，都說禪宗和道家是親戚，此說自有來之。

自性含萬法是大，萬法在諸人性中。

——《壇經》

元代陳致虛構建禪丹說了：

六祖釋云「色身雖大，內心量小，不名大身；法身雖小，內心量大，等虛空界，方名大身。色身雖如須彌，終不為大。」

——《金丹大要》

小即是大，大即是小。

把小做大，會麼？

《涅槃經》：「猶如虛空，無處不有，如來亦爾，遍一切處。」雖然，「遍一切處」經過「擬人化」，就是佛教主角如來，僧眾團結在核心領導如來的周圍──「譬如虛空具含眾像，於諸境界無所分別；又如虛空普遍一切，於諸國土平等隨入。」但是，如來已經內含了如去。

佛法視生為無趣，視死為涅槃──實則死已含生。

生即是死，死即是生──所謂證生死，必在當下。

炁來，德至，法身立。佛曰「刹那即永恆。」

於道家於丹派，則又分成兩段說來。

道曰：道自虛無生一氣。

佛勉強說：耶！

道曰：便從一炁產陰陽。

佛堅決說：no!

看下面這個「公式」：

法身＝炁＝陽＝德

色身＝神＝陰＝道

高道說法，想幹啥？

把高僧拉下水，一起去漁舟唱晚？

還是渴望他看睜開雙眼，看一看矛盾並和諧著的世界，一起去收拾山河？

高僧說煩著那，別理我：老子一隻眼都想扣了咧，遊仙玩水啥意思？五濁惡世啥看頭，早就看得夠夠了。

有同學說不明白，為啥高道想把高僧拉下水？

不是嗎？高道在用陰陽二元論，「穿鑿」佛教的不二法門。陳致虛講得非常玄妙，「無懈可擊」。不過佛系頭鐵，未必領情。它們槓了一千年了，又不是一天兩天了。

沒啥意思。就這意思，「一口吸盡西江水」。

一眼與一口有區別嗎？沒有。無論那個眼啊那個嘴巴呀，都是吾人之心。

那西江水呢？（須彌）山換成（西江）水，不認識了？

讓達摩說就是「三界唯心」讓唐僧說就是「萬法唯識」，讓紫陽真人說就是「如來妙體遍河沙」──在丹派眼中，「如來妙體」就是心就是金丹；讓象山先生說就是「吾心即是宇宙，宇宙即是吾心」──在理學眼中，「理」就是

心就是道。不換個名稱，不好開宗立派。《道德經》「大小多少。報怨以德。」後一句應當移至七十九章「必有餘怨」句後，此與竹簡的「韋編」有關。串聯竹簡的皮繩一斷，那一堆的「書」的順序就麻煩了。

大小於丹派而言，兩個代名詞而已：陰與陽，神與炁。

> 學人會得此旨，恪守規中，綿綿不息，從無而有，自有而無，雖一息之瞬，大道之根本具焉，即終食之間，大道之元始存焉。從此一線微機採之練之，漸漸至於蓬勃不可遏抑，皆此一陽所積累而成。縱浩氣塞天地，陽神貫斗牛，莫非此一點真炁所積累而至。
>
> ──《樂育堂語錄》

一陽來復時，復卦下爻的上面，是一群陰爻。

所以丹派在延伸時，就有了一點（陽精）說。

去！沖舉──

《打坐歌》：「坎中一點往上翻」。

來！返還──

《黃庭經》：「一點落黃庭」。

因為過於形象，反倒容易執象。

有想像家說了，丹經分明講，一點心液啊。

想法多，著相了：

心液也是代詞，離中陰也，液者上善若水也，與一點同義。

如果非要問這一點兒的形象：

看一滴兒墨汁掉入水中的那種氤氳之狀……

或者舉目遠觀：「山中何所有，嶺上多白雲。」

山中宰相胸懷這個，五濁惡世豈能誘惑他？

把那一點真陽換成白雲，沒有比這更形象，且也無象可附矣：

> 千歲厭世，去而上仙；
>
> 乘彼白雲，至於帝鄉。
>
> ──《莊子·天地》

> 吞舟湧海底，高浪駕蓬萊。
>
> 神仙排雲出，但見金銀臺。
>
> ──郭璞《遊仙詩》

> 陰陽生反覆，普化一聲雷。

白雲朝頂上，甘露灑須彌。

——呂洞賓《百字碑》

高臥終南萬慮空，睡仙長臥白雲中。
夢魂暗入陰陽竅，呼吸潛施造化功。

——陳摶《詠蟄龍法》

千古蓬頭跣足，一生伏氣餐霞。
笑指武夷山下，白雲深處吾家。

——白玉蟾《自讚》

高僧們隨喜奉和：

一片白雲橫谷口，幾多歸鳥盡迷巢。

——洛甫

一片白雲掛在身，披時不許染紅塵。

——普庵

怪底老禪太多事，白雲深處立重關。

——紫柏老人《過活埋庵》

形似片雲，太虛不住。

來去無心，隨風一度。

坐鼎湖之高峰，笑曹溪之露柱。

任他苦海波翻，自信肝腸鐵鑄。

回看火宅炎蒸，何似白雲深處。

——憨山《自讚》

一點往上翻與一點落黃庭，到底有什麼區別？

兩者的區別是：

往上翻與落、

是上與下、

是來與往、

是去與還。

一點本身，沒有一點不一樣——

就像一個人繞著操場跑了一圈，跑過去和跑回來，還是一個人。《入藥鏡》曰「水鄉鉛只一味」《悟真篇》曰「本是水銀一味，周流遍歷諸辰。」在伍柳

以氣脈說為基礎做的模型化結構中，就是那個著名的大小周天。

在修煉中，就是神經衝動的一個反射弧，在吾人身心上的覺受——

一個會引起精神世界「巨變」的神經衝動……

一個西方心理家馬斯洛等研究了一輩子的「高峰體驗」……

在印度文化吠檀多哲學（「不二論」為主）的語境中：

瑜伽士、大和尚和禪師那裡，「昆達里尼」上來，一個「嗨皮」走起，好了，菜端上了桌。「適來肚饑，聞鼓聲，歸吃飯。」

吃完走人，鹹吃蘿蔔淡操心。天下沒有不散的宴席。

中國哲學除了個氣一元論，還有個陰陽二元說。舉陰必含陽，論道必談德：

孤陽不生，獨陰不長。

——《雪心賦》

陰在陽之內，不在陽之對。

——《三十六計》

子曰「來而不往非禮也。」

說說老子的「抱負」吧。先說負：

孟子講過一個成語：「則之野，有眾逐虎。虎負嵎，莫之敢攖。」

老虎被人追打時，它負隅（山勢）頑抗。「負」是背靠的意思。

再看「負陰而抱陽」：

從字面上看是：陰在外在上為負，陽在內在下為抱。

因為陽在下，才有「衝動」才有「沖炁以為和」才有「寂然不動感而遂通。」

你看，陰謀家在《三十六計》中說得妙：「陰在陽之內，不在陽之對。」

而煉丹家是從大易的角度，演繹內丹的，《參同契》曰：「陰在上，陽下奔。」

老子撂下一句言簡意賅的「負陰抱陽」，歷代大家各有詮釋，諸位自修，不多贅述。

從內丹道角度呢，頗有復卦的跡象：

一點真陽在下，向上搏擊（剝削）群陰。

嗯，老子的另一句「反者道之動」，與施狀元「陽自空中來」一樣，都具有復卦動態的延伸空間，即在「雷在地中」之「象」外，有了「天地來復」（「一陽來復」）的「數」之味道。

老子自己說了，「致虛極，守靜篤。萬物並作，吾以觀復。」

《易·復》彖曰：復亨，剛反動，而以順行，是以「出入無疾，朋來无咎，

反復其道。」

　　其中「出入無疾，朋來无咎，反復其道。」是《易經》復卦卦辭原有的句子，啟發了《易傳》的「剛反動」之說。那麼老子「吾以觀復」時，有沒有受到《彖》辭的啟發呢？呵呵，好好品品「反者道之動」，有沒有嗅到那個「反動」味道？這就叫做文化的延續和傳承。

　　《道德真經河上公章句》解復作「本」，王弼《老子道德經注》注為「反覆」。

　　修行人最想看的是丹派讀老：

　　　　其用無方，故萬物並作。其體湛然，以觀其復。雷在地中者，
　　天地之復也。

　　　　　　　　　　　　　　　　　　　　　　　——《道德真經傳》

　　古人談《易》，有「以物示卦」的習慣，就是把「八卦」與「八物」互作代詞。「雷」代「震卦」，「地」代「坤卦」——《易·復》象曰「雷在地中，復。」彖曰「復其見天地之心乎。」所以君陽道人說「雷在地中者，天地之復也。」在道人眼中，老子的「觀復論」與《周易》是有淵源的。

　　反，通返。地雷曰復也，循環不息，老子謂之：

　　　　道生一
　　　　一生二
　　　　二生三
　　　　三生萬物
　　　　萬物負陰而抱陽
　　　　沖氣以為和

　　　　　　　　　　　　　　　　　　　　　　　——《道德經·四十二章》

　　後面「人之所惡，唯孤、寡、不穀，而王公以為稱。」與前文就不銜接了，顯得很突兀。

　　倒是跟三十九章的部分說辭，互為關聯：「故貴以賤為本，高以下為基。侯王自謂孤、寡不。此其以賤為本也？非乎？」

　　嗯嗯，古人讀的書是竹簡，《史記·孔子世家》說「孔子晚而喜《易》」，喜歡到什麼程度？「讀《易》，韋編三絕。」編聯竹簡（或甲骨）的熟牛皮繩斷了多次。

　　呵呵，那韋（熟牛皮繩）一斷，想想「堆積如山」的竹簡的順序問題吧。

所以有些古文你按照現在「約定俗成」的行文，難以卒讀。

從孔子讀易，我們可以知道，身為周室圖書館館長，老子讀《易》不是問題。《史記》正史中孔子問道的故事很簡單。在宋人編撰的文言小說集中，情節就豐富得多了，兩人還有過易學研究的交流：

> 孔子讀書，老子見而問之曰：「何書？」
>
> 曰：「易也。聖人亦讀之。」
>
> 老子曰：「聖人讀之可也，汝曷為讀之？其要何說？」
>
> 孔子曰：「要在仁義。」
>
> 老子曰：「蚊蝱嘌膚，通夕不得眠。今仁義慘然而汩人心，亂莫大焉。夫鵠不日浴而白，烏不日染而黑，天之自高矣，地之自厚矣，日月自照矣，星辰固自列矣，草木固有區矣。夫子修道而趨，則以至矣，又何用仁義！若擊鼓以求亡羊乎？夫子乃亂人之性也。」
>
> 老子問孔子曰：「亦得道乎？」
>
> 孔子曰：「求二十七年而不得也。」
>
> 老子曰：「使道可獻人，則人莫不獻之其君；使道而可進人，則人莫不進之其親矣；使道可告人，則人莫不告之兄弟矣；使道可傳人，則人莫不傳之其子矣；然而不可者，無他也，中無主而道不可居也。」
>
> 孔子曰：「丘治詩、書、禮、樂、易、春秋，誦先王之道，明周、召之跡，以干七十餘君而不見用，甚矣人之難說也。」
>
> 老子曰：「夫六藝，先王之陳跡也，豈其所陳哉。今子所修者，皆因陳跡也。跡者履之出，而跡豈異哉？」

有一次孔子正讀書，被老子看到了，問他在讀什麼。

孔子說讀的《周易》，並說聖人都讀這本書。

老子說：「聖人讀它可以，你為什麼要讀它呢？」

在聽了老子的一番道論之後，孔子「張口結舌」。

> 孔子歸，三日不談。子貢怪而問之。孔子曰：「吾見人之用意如飛鳥者，吾飾意以為弓弩射之，未嘗不及而加之也；人之用意如麋鹿者，吾飾意以為走狗而逐之，未嘗不衘而頓之也；人之用意如淵魚者，吾飾意以為鉤緡而投之，未嘗不鉤而制之也。至於龍，乘雲氣，遊太清，吾不能逐也。今見老子，其猶龍乎，使吾口張而不能

翁，舌出而不能縮，神錯而不知其所居也。」

　　　　　　　　　　　　　　──《太平廣記‧卷第一‧老子》

至於說孔子的讀本源自老子相傳，就當做一個很有趣味的典故吧。

《易‧復》彖曰：「利有攸往」，剛長也。復其見天地之心乎。

其中「利有攸往」是復卦卦辭原有的句子，《彖》辭以「剛長」為之做注。

「剛」與「柔」相對應，又是由陰陽繁衍出來的一對概念：陰為柔，陽為剛。

前面的「剛反動」就是陽反動，這裡的「剛長」就是陽長。

落實到卦爻上，「剛反動」與「剛長」，描述的正是復卦初爻一陽來復。

剛柔又是丹經中的慣用語，以柔化剛還用說嗎？剛柔並濟還用說嗎？

不說吧，一些問道的女生一臉茫然……

說多了，又讓一些學問家難堪……

以柔化剛就是以神合炁啊……

剛柔並濟就是神炁相抱啊……

在伍柳的工夫層面上，就是「煉炁化神」的階段……

　　　要知先天真一之氣，不是別物，即是一點真靈之氣，因其此氣
　　剛健中正，故謂真一；因其此氣易知簡能，故謂真靈。一真靈真，
　　絕無滓質，故謂先天之物。真一也，真靈也，同出異名，非有兩物，
　　不知有人認得真否？

　　　　　　　　　　　　　　　　　　　──《無根樹詞注解》

對了，剛柔並濟是陰陽雙修！

大而言之：性命雙修！

具體落實下來：

曰：以鉛投汞；

曰：抽坎填離；

曰：水火相濟；

曰：推情合性，轉而相與。

曰：內藥還同外藥，內通外亦須通。

　　　一種不通，兩處失功。

　　　遣有沒有，從空背空。

　　　　　　　　　　　　　　　　　　　──《信心銘》

一個事兒，古人為什麼要變著法兒說呢？這叫學問。

所以，我現在最不喜歡的就是做學問。

呵呵，古代又沒有現代的恁多學科，以及每科目下的無窮分支。那個時代的學問也就這麼多一點兒。就是從《易經》到《易傳》到《道德經》，陰陽嬗變出道德這一平級概念後，再又演繹了一群的子概念。對吧，就這麼多東西。你不把茴香豆的茴寫出來七八個變體，能說明你有學問嗎？

還是紫陽真人說得形象：「歸來卻入黃婆舍，嫁個金公作老郎。」

好了，可以白話一下施狀元的「陽自空中來，抱我主人翁」了：

主人翁自坎宮出，逆襲而上，直趨離位，謂之「抱我」。

抱者，走起。返也、向也、奔也。

去時，道曰「跨個金龍訪紫薇」；

來即還丹，筆者不須多言了，佛說的「醍醐灌頂」、「天花亂墜」了。

> 醍醐酒非世間之糟汁，亦非身內精津血液有形之物，乃陰陽交感氤氳中和之氣，合而為真一之精，通而為真一之水，滋味香甜，古人謂玉液，謂瓊漿，謂甘露，又謂醍醐，總以形容此一點中和之氣耳。
>
> ──《無根樹詞注解》

丹經另一名句「一點落黃庭」，還用饒舌嗎？

所以啊，讀丹經的同學們不要著相啊，切莫把如來的善意提醒，視為絮叨。

> 不識玄中顛倒顛，爭知火裏好栽蓮？
> 牽將白虎歸家養，產個明珠似月圓。
> 慢守藥爐看火候，但安神息任天然。
> 群陰剝盡丹成熟，跳出樊籠壽萬年。
>
> 此章言還丹妙用，由顛倒而歸自然也，通上數章。坎離交而產藥，乾坤交而得丹，總是顛倒妙用，但世人知之者希耳。即如常道陰陽，火生於木，水生於金，順而出之，欲動念勝，生轉為殺，所謂五行順行法界火坑也，在《陰符》謂之禍，發必剋丹道。陰陽則不然，水轉生金，火轉生木，逆而反之，念懲欲室，殺轉為生，所謂五行顛例大地七寶也，在佛經謂之火宅生蓮。故曰：「不識玄中顛倒顛，爭知火裏好栽蓮？」火中生木便名青龍，水中生金便名白虎。白虎原係乾家真金，落於坤宮而成坎者，今用驅虎就龍之法，取坎

中真金點在離內，金來歸性，乃稱還丹而乾體圓矣。故曰：「牽將白虎歸家養，產個明珠似月圓」，此金丹大藥產在坤爐之法象也。再加向上工夫，採取鍛鍊。金丹乃歸乾鼎，而稱金液還丹矣。丹既歸鼎仍以爐中真火養之，火候之調全在真息，非後天呼吸之氣也。真息與元神相依，又名神息，天樞兀然，法輪常轉，自然出息不隨萬緣，入息不居蘊界，所謂天然真火也。故曰：「慢守藥爐看火候，但安神息任天然。」凡人四大一身，無非陰氣，從心意識中幻出種種貪嗔癡慢，未出三界，種種皆樊籠也。得此丹頭一點，陰氣已轉而為陽，從此煉之又煉，剝盡群陰，露出圓陀陀光爍爍未生以前面目，頓超三界，永脫樊籠而證萬劫不壞之金身矣。故曰：「群陰剝盡丹成熟，跳出樊籠壽萬年。」

——《悟真篇闡幽》

玄珠有象逐陽生，陽極陰來漸剝形。

十月霜飛丹始熟，此時神鬼也須驚。

道光曰：有象者，冬至則逐陽生而進陽火，夏至退以陰符，剝至十月，還丹始熟。

子野曰：玄珠者，藥之象。藥不能自生，須感陽氣而生。自微至著，陽極陰消，十月數周，大丹成就。

上陽子曰：此言內丹法象，抽添溫養之事。金丹大要，書所言抽添溫養工夫甚詳。

——《紫陽真人悟真篇三注》

注意「玄珠者，藥之象。」好好琢磨啊，呵呵。

好了好了，不掉書袋子了：

玄篇種種說陰陽，二字名為萬法王。

那麼，丹派另外一句名言，「我命由我不由天」怎麼講？

這一句分明說，我是主人翁啊，分明說我的地盤我做主啊。

是的，這時候的我，已經不是先前的我了。

先前的我，得到他的加持，戰鬥力倍增了嘛，呵呵。

換一個說法，首先我要作繭自縛，這是玉液還丹時的藥鏡。

在金液還丹階段，我脫殼而出，這個已經不是原來的假我，道曰真人。

就是說，先要有「陽自空中來」，隨後才有「一點落黃庭」。俗話說「氣沉

丹田」易曰「大往小來」佛曰「如來如去」——合稱「玉液還丹」。

> 遙來為法到匡山，幾度晨昏一叩關。
>
> 若問西來端的意，白雲飛去又飛還。

——憨山《示鳴明禪人》

如者真如，來即緣起。緣起性空，謂之如來。

就「道之動」而言，復卦初爻一點的出現，具有質變意義，意味著六十四卦陰陽消長發生了質的變化。

> 易軌一歲十二月，三百六十五日，四分日之一。以坎、震、離、兌，四方正卦，卦別六爻，爻主一氣。其餘六十卦，三百六十爻，爻主一日，當周天之數。余五日四分日之一，以通閏餘者也。剝卦陽氣盡於九月之終，至十月末純坤用事，坤卦將盡，則陽復來，隔坤之一卦，六爻為六日，復來成震，一陽爻生為七日，故言「反復其道，七日來復」，是其義也。

——《周易集解》

找一副伏羲先天六十四卦方圓圖來，圖文並舉地才好看易學家這段話：先概述六十四卦與周天之數的關係，揭示了「來復」之所以為「七日」的天文曆法根據，接著闡發了從剝卦至復卦的陰陽轉換與所歷「時位」。居於乾卦後的姤卦一陰初起，標誌著陰長陽消；到剝卦，一陽在上而五陰居下，陽氣幾盡；至坤卦，變成了純陰，陰陽主導地位完全顛覆了。由坤到復，陰極生陽。這個「一陽來復」就是「反復其道」的轉折。

> 《參同契》云：終坤始復，如循連環。邵康節詩云：自從會得環中意，閒氣胸中一點無。又云：乾遇巽時觀月窟，地逢雷處看天根。天根月窟閒來往，三十六宮都是春。愚謂：月窟在上，天根在下，往來乎月窟、天根之間者，心也。何謂三十六宮？乾一、兌二、離三、震四、巽五、坎六、艮七、坤八是也。三十六宮都是春，謂和氣周流乎一身也。如此則三十六宮不在紙上，而在吾身中矣。是道也，邵康節知之，朱紫陽知之，俗儒不知也。

——《易外別傳》

這個乾坤扭轉、天翻地覆的節點，就是天地之「心」，丹派曰玄竅。

內丹道中，一個轉折性、標誌性的藥鏡就在這裡示現了：

天地運化，聖人靜觀玄覽，見到了「其中有象」時，目睹了「孔德之容」……

而於當下內在，「一點」搏「群陰」，「吾心」失守⋯⋯

「呆若木雞」，「我」被大道俘獲，釋曰「得失是非一時放卻。」

成了「主人翁」──一炁的傀儡、芻狗⋯⋯

釋道同曰「活死人」。

爹媽所生之我死去⋯⋯

天地再生之我活來⋯⋯

由此可謂「天人」（合一）由此可謂「我命由我不由天」由此可謂「惟我獨尊」。

嗯，直白地說，先前的我，在沖炁之際，被「沖」得「呼吸驟斷」，已經死了。

現在的我，是真我，由天地所生，是天人合一之我，所以施狀元說：「天人同一炁」。

再多的語言，就把這些聞風醉倒的棲居詩意毀掉了。「此間有真意，欲辨已忘言。」

看七言四韻第九，紫陽真人與此一句有前後呼應：

> 陽裏陰精質不剛，獨修一物轉羸尪。
> 勞形按引皆非道，服氣餐霞總是狂。
> 舉世謾求鉛汞伏，何時得見龍虎降？
> 勸君窮取生身處，返本還元是藥王。

悟元子道論：

> 上詩言金丹藥物，不是外之三黃四神，眾草凡物，則修道者必於一身而修矣。殊不知人自先天真陽失陷之後，一身所有者，乃陽裏之陰精耳。陰精不僅是交感之精。凡涕、唾、津、液、血、氣，皆是陰精。其質不剛，身存則存，身亡則亡，隨幻身而有無之。若修此陽裏陰精一物，而欲保命全形，轉覺羸尪，事終難成。
>
> ──《悟真直指》

顯然，一明劉師的直指乃其己見，與伯端張師的原意，沒有相契、未嘗「投機」──足見大師與大師之間，對名詞概念的理解也各自有別，但是這不妨礙他們都是卓越的行者、偉大的導師。

雲陽道人說：

> 此章言獨修一物之非道，當直窮性命根源也。承上兩章言一陰

一陽是謂大道，三家相見乃結聖胎，外此總落旁蹊，非真種子矣。

有等學人，未遇明帥，錯認離中陰精以為本性，更不求坎中真陽點化，縱使執心不起，到得澄澄湛湛田地，終是無量劫來，識神難免生死輪迴，豈能證金剛不壞之身乎？此獨修一物者所以偏枯而贏尪也。

──《悟真篇闡幽》

呵呵，元育朱師說到了伯端張師「心」坎了去！

附注：其「陽裏陰精」者，是為「離」之卦象。喻吾「心」也，性也。

窮理至此，「內通外也須通」，也豁然貫通：

誠呂祖名言──「只修性不修命，此是修行第一病」──的另外一種表述而已。

先要把書讀厚，然後還要再讀薄，讀懂「無字真經「時，呵呵，方可謂讀「通」了。

本人送同學們一句話，把理論搞得透徹了，你的修行將會有一個質變……

換一句話說，你的心有多大，世界就有多大……

請南懷瑾先生講兩句：

我有另外一句話貢獻給大家，你們學佛的也好，修道的也好，在我個人是不分家的。我也什麼都不是，也不學佛，也不修道。不過有一個經驗勸大家，你要真學佛修道也好，學密宗顯教也好，如果正統道家這個理論搞不通，你修也是白修，因為用功所有的過程，你都不知道法則。正統道家的長處是，你懂了這個法則，工夫到了哪一步境界，你就懂得身心會出來一個什麼現象，絕不會走火入魔。小說上寫的走火入魔，就是因為你不懂法則不懂道理，好壞你統統不知道。如果知道的話，就算是壞的現象出現，因為你懂這個法則，也可以把它變成好的。那好的現象出現當然是更好，這是我要貢獻給大家的。

南老還有一句佳話貢獻給大家：

修道是一個科學，把原理公式弄清楚，再進到實驗室去實驗，大概就有十分之八九了。有些修道人說，我不要理論，我只要做功課，做做自己自然會懂了。哎喲！我的媽呀！你不去研究化學理論，隨便抓些油在那裡倒來倒去，當然你也可能發明一樣東西，有時候連人都燒焦了，這又何苦？古人有五千年經驗，我們不去學那個經驗，偏要相信自己亂搞。

本人借用數學符號表述一下吧：

內通外也須通＝性命雙修＝內外兼修。

　　內藥還同外藥，內通外亦須通。

　　丹頭和合類相同，溫養兩般作用。

　　內有天然真火，爐中赫赫長紅。

　　外爐增減要勤功，妙絕無過真種。

　　道光曰：夷門《破迷歌》云：道在內來安爐，立鼎卻在外。道在外來坎離，鉛汞卻在內。此明內外二藥也。外藥者，金丹是也。造化在二八爐中，不出半個時，立得成熟。內藥者，金液還丹是也。造化在自己身中，須待十個月足，方能脫胎成聖。二藥作用，雖略相同，用功火候實相遠矣。吾儕下工外丹，和合丹頭之際，分毫差忒，大藥不就。內藥和合丹頭之際，最慎防危慮險。內藥雖有天然真火，在土釜之中赫然長紅，亦須外爐勤功加減。然內外真火變化無窮者，實藉真鉛之妙。此物偏能擒汞，不使飛走。近葉文叔不達此理，卻言內藥以真火烹煉，外藥須假凡火增減。呵呵，蓋未得師指，以管見窺天。殊不知二藥內外雖異，其用實一道也。所以有內外者，人之一身稟天地秀氣而有生，托陰陽鑄成於幻相，故一形之中，以精氣神為主，神生於氣，氣生於精，精生於神。修丹之士，若執此身內而修，無過煉精氣神三物而已。然此三者，皆後天地所生，純陰無陽，以此修持，安能出乎天地之外耶。鍾離翁云：涕唾精津氣血液，七般物色總皆陰。又曰：獨修一物是孤陰。聖人知己之真精，後天地生而屬陰，難擒易失。是以探先天之一氣，以真陰真陽、二八同類之物擒在一時，煉成一粒，名曰至陽之丹，號曰真鉛。此造化卻在外，故曰外藥也。卻以此陽丹擒自己陰汞，猶貓捕鼠耳。陽丹是天地之母氣，己汞乃天地之子氣，以母氣伏子氣，豈非同類乎。其造化在內，故曰內藥。便假陰陽符火，運用抽添，十月功足，形化為氣，氣化為神，神與道合，升入無形，變化不測，故能出乎天地之外，立乎造化之表，提挈天地而陶鑄陰陽，卻不為陰陽陶鑄者，是先天一氣使之然也。真妙如此之絕，故謂妙絕無過真種，安可用後天地生凡鉛、凡汞、凡砂、凡火、非類滓質之物而為外藥耶。學道之士，研窮本始，精究邪正，毋惑誑邪詐、裝高道以誤後來，有如此者，永墮三塗。

子野曰：內丹之道，與外藥爐火之事頗同。大概汞非鉛，則不能伏。知外事者，內亦易知。

上陽子曰：修行之人，先須洞曉內外兩個陰陽作用之真，則入室下工，成功易矣。內藥是一己自有，外藥則一身所出。內藥則自己身中，外藥則一身所出。內藥不離自己身中，外藥不離己相之中。內藥只了性，外藥兼了命。內藥是精，外藥是氣。精氣不離，故云真種。性命雙修，方證天仙。

────《紫陽真人悟真篇三注》

無論說是性命雙修，還是說內外兼修，我們都可以看出，「心意」在修道中的至關重要。

其實，內丹程序中的每一層次的所謂「命功」的落實，都是「性功」修養的一個結果：

大道叫人先止念，念頭不住也枉然。

心性不到位，命功斷難到位；

心性走一步，命功隨其後，甚至遠其後。這是丹派視野下二者的關係。

高僧看道家：

至人無己，神人無功。雖無己而無形不已，雖無功而萬化皆通。

道法自然，唯靈獨用。用則非用，通則全通。

────《頌十玄談》

2

若展開來說，學道諸君還需從悟元子《悟真直指》深究，窮理盡性，以至於命也。看悟元子一段注解，甚合紫陽翁本意：

內藥者，靈知之靈性，外藥者，真知之真情·以其靈知藏於人心，入心用事，借靈生妄，故謂內藥。以其真知具於道心，道心退位，真知不彰，故謂外藥。真知靈知，本來一家，同出異名，故曰內藥還同外藥。內藥者，所以修性，固須通曉；外藥者，所以修命，亦須通曉。古經云：「修命不修性，此是修行第一病，修性不修命，萬劫陰靈難入聖。」故曰內通外亦須通。性為陰，命為陽。金液大丹，乃取真陰真陽同類兩弦之氣，和合而戊。若修命而不修性，或修性而不修命，是孤陰寡陽，大丹不結，所謂性命必須雙修也。但性有性之作用，命有命之作用；性為法身上事，命為幻身上事。溫

養兩般作用，大有不同，所謂工夫還要兩段也。修性之道，乃無為之道，無為主靜，不假施為，守中抱一，內爐自有真火，赫赫長紅，此用文火以溫養也。至於修命之道，乃有為之道；有為主動，須要外爐增減，勤功鍛鍊，此用武火以烹煎也。增者增其真知之不足，擇善固執是也；減者減其靈知之有餘，黜聰毀智是也。增至於無可增，減至於無可減，性定命凝，真種到手，方為妙絕。此性命兩般作用，及其外丹成就，收歸鼎內即是內丹。蓋未來為外，已來為內，所謂金來歸性初，乃得稱還丹也。

早年師從王沐先生時，有幸閱讀過先生珍藏的兩本手抄丹經。

《地仙玄門秘訣》「第八要知」一節云：

> 先天後天者，即內外二藥也。先天以元精元氣元神而言，乃曰「內」；後天以交感之精、呼吸之氣、思慮之神而言，是曰「外」。

《覓玄子語錄》曰：

> 唯道有陰陽、先天後天，所以藥有內外。離，外陽而內陰；坎，外陰而內陽。移內陰就內陽，以內陽交內陰，此得後天氣，名之曰內藥。乾，陽中含陰；坤，陰中含陽。自身有乾坤，氣在內含育。身外有乾坤，在外養育。人有兩孔之呼吸，天地祖炁，隨吸而入，隨呼而出。修道者，得訣得竅，能招攝得祖炁，日積月累，留得住些，便是入藥。自身中祖炁，與天地間祖炁，同類也，一般一樣。自身中坎離、後天之氣，與天地間後天氣，同類也，一般一樣。夫修道者，下手先得內藥，用功日久，次得外藥。蓋內藥、外藥，兩相招攝，方得。內藥、外藥，皆炁也。內藥，又名後天氣；外藥，又名先天炁。其實，內真外應，大體相同。故《悟真篇》云：內藥還同外藥，內通外亦須通。丹頭和合類相同，溫養兩般作用。

《覓玄子語錄》為明萬曆年間馬鳴冀著述，比較《語錄》與《秘訣》，似乎後者是前者的傳抄或刪減本。但是《語錄》的「內外」之道與《秘訣》的「內外」之道，似乎截然相反。此何故耳？

參研以上諸卷，可知《闡幽》、《語錄》是徹悟了紫陽翁之真意，完全領會了「鍾呂」的「上層建築」的結構，可謂清代丹經的佳作，深刻地影響了一個時代。

《金仙證論》中多次提及的「覓元子」，即為柳華陽為避清康熙玄燁之諱

故而。

看《道竅談》的道論：

> 然欲養我己汞，必用彼家真鉛。

> 內藥者，了性之用。外藥者，了命之需。

> 這外藥是腎中氣，這內藥是心中精。

所以西派領袖李涵虛說他的傳承是得呂祖親傳，不是自詡。

李子又說：

> 更有當知者，內丹為內藥，而金液還丹亦名內藥，因其造化在內也。外丹為外藥，而金丹亦名外藥，因其造化在外也。此大丹之兼乎內外者也。又有須知者，外丹為外藥，乃有未成丹而稱為外藥者。大坎離交、河車轉運、化氣為液、下降黃房，亦名外藥，然未成丹也。內丹為內藥，乃有未成丹而稱為內藥者。築先天基絳宮化液、流歸元海、液仍化氣，亦名內藥，然未成丹也。此清靜功之兼乎內外者也。丹藥分際，備載於此。為學者告。

「玄篇種種說陰陽，二字名為萬法王。」不僅此內外，而鉛汞、精神、水火、坎離、剛柔，乃至大小不一者，也復如是，皆是「陰陽」的代名詞，是「二物」在修道中的落實。

鉛汞是古代方士燒煉外丹的原料，應該在《參同契》和《抱朴子》之前就已經流行。

精氣神是《內經》主要概念，經過上古天真論精氣論和四時養神等綜述而深入人心。

這二者原本是不同的兩家，雖然都和長生有關，但是原理、方法、信仰的落差太大了。是內丹學派開始把汞鉛與神炁進行了關聯。

我們可以合理地推測一下，古代修道者往往也煉外丹以為輔助，同時在撰寫內丹著作時，便習慣性地用外丹做了比喻，再後來外丹出了很多事故，修道者大抵放棄了外丹，於是這些比喻在內丹經典中，就顯得「陌生」了。或者說，一個好這一口的，又好那一口的，然後就把這兩口一鍋燉了。所以《悟真篇》之所以那麼「晦澀」，就是張伯端所學甚雜的結果，而不是其內含的「天機」太多了，實在是真人太「博學」所致啊。

同時，內煉在不同的階段不同的時間，它的名詞術語的內涵是不同的，在前面李涵虛那一段話中，已經是闡述得清清楚楚，不僅把《語錄》與《秘訣》

的「內外」矛盾化解了，同時也提示了學者要在實踐中，學會圓融地閱讀經典，告誡了學子不能食古不化。

> 心迷法華轉，心悟轉法華。

——《壇經》

古德聖賢告訴我們，求學務必「窮理」。「理」都「想」不明白，就不要奢談想要實現「理想」了。被諸多學道君子所忽略的「理論」課，其實是一個很重要的過程，繞不過也避不開。對於丹道而言，經書讀懂了，不等於就會閉門造三車了。但是，如果經書讀不懂，而談深造談高明而海闊天空說神通元神出竅異能無邊者，爬得越「高」跌得越慘！試想，當您深入玄竅六識俱無之際，憑什麼「盜取天機」？靠什麼面見「上帝」？理也，深深融化於靈魂中的正見、真「理」——朱子所謂「理」為本也氣為「具」。

> 夫所謂玄關者，乃四大不著之處，非有非無，非色非空，非內
> 非外。又曰玄牝門，曰生殺舍，曰陰陽竅，曰生死關，曰混沌穴，
> 曰龍虎壇，曰龜蛇竅，曰恍惚鄉，曰杳冥地，曰出納戶，曰戊巳門，
> 等等異名，總謂玄關竅。在身，非心肝脾肺腎，非眼耳鼻舌意，非
> 三百六十骨節，非八萬四千毛孔。古來仙真，不肯分明說破，所以
> 諸多旁門妄猜私議，皆於一身色象中求之。大錯大錯，吾今與你指
> 出：要知此竅，在六根不著之地，五行不到之處，恍兮惚兮，其中
> 有竅；杳兮冥兮，其內有門，自開自闔，呼之則應，敲之則靈，明
> 明朗朗，現現成成，迷之則遠隔千里，悟之則近在當前。噫！神而
> 明之，存乎其人，非下數十年窮理工夫，不能見此。

——《修真辯難》

3

此情此景，最能彰顯人的潛在素質，他所具備的是「哲學家」的，還是「宗教家」的？「薩滿」的？或者，還是明代小說《拍案驚奇》裏「神棍」這稱呼更貼切哈。

「盡信書不如無書」，古人都告誡古人不要迷信古書。古書說了上千年的天圓地方（類似人之首足），現在還能這樣說嗎？

修行人閱讀一些西方心理學的研究成果，往往會給吾人指出清晰的目的，和理想的效果。有一些宗教體驗，比如在靜坐中的「虛」、「空」感受，以及（自身神經系統的生化）光電反應等等，在當時的條件下，人們不能很好地解釋，

或者哲學家又以此來延伸宇宙本體的談論，或者再加上一些政治集團、宗教團體的其他目的，慢慢就搞出了一套（包裹著「真理」核心的）神學體系，以至於一個修行人，不僅時時而且處處受到一些根深蒂固觀念的浸染。

像中國文化中的「靈魂出竅」，相關典籍中還給出了具體修煉方法，和「紀實」文字。比如內丹道宣揚，煉成「元神」，可隨意「調神出殼」，離體漫遊。而且又分成可令人見的「陽神」，與人不能見的「陰神」；而且陽神只從頂門出，陰神從眼耳等竅中出。佛教則說修禪定達「受陰盡」者，「其心離身，返觀其面，去往自由」，「心離其形，如鳥出籠」（《楞嚴經》卷九）。藏密稱修成「幻身」和「頗哇」法者，其神識可從頂門梵穴離體出遊。形形色色的各種說法，讓人對這種奇異現象感覺更加神秘。

或曰，經典如此之不可信嗎？不是，它相當可信。具有這種深刻體驗者，深刻明白這是古之聖賢禪德高道體驗與之的「經驗之談」。丹經說內丹「大如彈丸，色如朱橘。」明白的和不明白的，雖然都看「懂」了，但是「懂」得一樣嗎？

現代西方對精神分裂現象的研究也有一百多年的歷史，而一些新的研究結果表明，靈魂也並不一定是神學家標榜的那樣：

八十年代，一位加拿大神經科學家邁克爾·伯辛格設計了一個小裝置，曾一度將神學家們逼入尷尬的境地。他製作的頭盔，能通過電磁波針對性地影響大腦中的特定區域中顳葉區（太陽穴部位），使神經細胞的活動增強，在80%的受試者中引起了「宗教體驗」，使他們在本來只有一人的房間裏，感覺到了另外神秘人物的出現。這就是著名的上帝實驗，邁克爾用的設備被稱為「上帝頭盔」。

為了進一步瞭解神經活動和宗教體驗的關係，科學家又動用了神經成像技術，來觀察在宗教體驗時大腦各個部位活動與常態的差別。在一項實驗中，研究員把放射性顯跡物注入一位就有修煉有素者的血液，後者完全入定後，對大腦中血流分布進行成像。結果顯示，除了預期的中顳葉區的超常活動外，主管時空感的顳頂葉皮層活動幾乎完全停止。沒有了時空感，人就喪失了自我感覺。在一些學者的「半日靜坐」或宗教的「修煉」中，當學者、修士喪失時空，喪失自我，自覺和一個博大神秘的對象融為一體，從而得到強烈的一種體驗時，西方心理學上也稱為「高峰體驗」，中國傳統哲學上謂之「天人合一」，印度的說法也不錯，「梵我一如」、「遍及一切處」。

4

「高峰體驗」最早是由韋特海默（格式塔心理學派代表人物）在《倫理學理論的一些問題》一文中描述過的，25 年後，馬斯洛重新界定，並將它融入到人類自我實現的理論中，使其廣為人知，影響深遠。

我們知道，榮格對「集體無意識」的論述和中國內丹學派有著很深的淵源，而馬斯洛的高峰體驗、自我實現論，和榮格的完善、實現自性化有著頗為相似之處，但後者更明顯地又受到了佛教的影響。

筆者認為，隨著「第三代心理學」的展開和深入，困擾人們心靈已久的神秘主義元素，最終會得到科學的分析，並得到合理的注釋。

我之所以推薦讀榮格和馬斯洛的著作，原因是他的學說，讓我把宗教的說教看淡了，結合自己的修證體驗，對宗教經典的諸多描述，開始有了自己的反思。

一句話，我的幾十年的最好的年華，都放在神學研究上，人到中年了，才發現，似乎有點兒不值當啊。呵呵。

我簡單地選錄一些馬斯洛的思想，與佛道修行略作簡單的比較。

馬斯洛發現一些人常常提到生命中曾有過的一種特殊經歷，「感受到一種發至心靈深處的顫慄、欣快、滿足、超然的情緒體驗」，由此獲得的人性解放，心靈自由，照亮了他們的一生。

馬斯洛描述那種感覺猶如站在高山之顛，那種愉悅雖然短暫，但卻可能尤其深刻，那種感覺是語言無法表達的，他稱之為「高峰體驗」。不知你是否嗅到了一股濃鬱的東方神秘主義所謂的「開悟」氣息？說實在的，內丹、禪修及其衍生物諸如「明心見性」、「元神出竅」等等，這些東西如果能結合現代心理學、腦科學的研究成果，或許不失為一條出路，我們來走走看。

高峰體驗與最佳狀態有非常密切的關係，在很大程度上，高峰體驗就是最佳狀態本身。馬斯洛在很多地方論述了高峰體驗。他認為，高峰體驗是一種強烈的同一性體驗，這類似於中國哲學的（更為具體的就是丹道意義上的）「天人合一」說。也就是，處於高峰體驗中的人有一種比其他任何時候更加整合統一、獨一無二、渾然一體的自我感覺。處於高峰體驗中的人「更加純粹地成為他自己時，他就更能夠與世界、與以前非我的東西融和」，「這就是說，對於自我同一性、自然流露，或者自我的最完滿的獲得，本身就是對於自我的超越、突破和超出。此時，個體達到一種相對忘我的境界。」

　　仔細地想一想：「分裂」、「分離」、「自己與自己作戰」、「內在的摩擦」等是不是我們常常體會到內心的矛盾狀況呢？與高峰體驗相比，我們對這些狀況顯然是更加熟悉和習慣的，喬達摩‧悉達多研究了這個「苦諦」，老子發現了「為吾有身」之患，並著手去解決這個問題，這也就是眾生和聖賢的區別吧。

　　馬斯洛還描述，處於高峰體驗的人具有最高程度的認同，最接近自我，最接近其真正的自我，達到了自己獨一無二的人格或特質的頂點，潛能發揮到最大程度。高峰體驗者被認為是更具有創造性、更果斷、更富有幻想、更加獨立，由此開始，他們更少關注物質財富和地位，他們更可能去尋找生命的意義，所謂「真理」。

　　他又表示：自我實現的人並非完美無缺，只是他們沒有太多許多人為阻礙自己實現潛能的障礙。我想，這就是佛教稱為「習氣」的東西吧。

　　當然，如果你從來沒有過高峰體驗，這並不一定意味著你的心理沒有達到高水平。馬斯洛也承認並非所有自我實現的人都會有那樣的體驗。因為高峰體驗不能通過個人的意願而發生，但卻有可能通過安排自己周圍的環境提高它發生的可能性，例如安排自己獨處（打坐、沉思、冥想）可能是一個有益的影響因素。呵呵，漸漸地和佛佛道道沾邊了。

　　據他的論述，經過高峰體驗的人，有這樣一些特徵：

　　1. 處於高峰體驗中的人通常感到正處於自身力量的頂峰，正在最佳地、最充分地發揮自己的潛能。他感到自己比其他任何時候更加聰明、更加敏銳、更加機智、更加強健、更加有風度。他處於自身的最佳狀態，一種如矢在弦、躍躍欲試的狀態，一種最高的競技狀態，一種無所不能的感受。這似乎就是古人，或宗教家的所謂「神通廣大」（的部分內涵）。

　　2. 處於高峰體驗中的人比其他任何時候更富有責任心、更富有主動精神和創造力，更加感到自身就是自己行動和感知的中心。他更加真切地感到自己就是第一推動者，自己決定著自己的一切，而不再是被引動的、被決定的、被支配的、無能為力的、暮氣沉沉的、只能夠守株待兔的弱者。他感到自己就是自身的主宰，自己就是自己命運的主人，他充分體會到自己的「自由意志」，他既感到重任在肩、責無旁貸，又感到信心百倍、無堅不摧……嘖嘖，與此類似的感受在內丹學派和佛教的經典中，甚至基督教中，比比皆是。各教派的經典中，教主都具有這樣的特徵，衣不蔽體沒吃沒喝沒有住所都不算什麼，沒有什麼比傳道弘法更有意思了。

　　不過我對馬斯洛說的，「這一類人最大限度地擺脫了阻滯、抑制、畏懼、疑慮、控制、自責」很有感覺。其實想一想，經過了高峰體驗，對死亡的恐懼一瞬間消失，這不是宗教「證生死」的本質，又是什麼呢？

　　3. 處於高峰體驗中的人達到了自己獨一無二的個性或者特質的頂點。如果所有的人在天賦上都互不相同，在高峰體驗上他們更是特色各異，如果說人們在許多方面（他們的角色）可以互換，那麼在高峰體驗中，角色中斷了（drop away），人們變得難以替代。這對我個人而言，啟發最大。很多人修了幾十年一無所獲，包括我個人，早期一直就是在執著地追求經典中的他人的「感受」，也就是期待別人的感受，在自己的心靈中重現一遍。

　　高峰體驗是一種純粹的滿足感，一種純粹的興高采烈或歡悅的情感體驗，是一種自信、安詳和愉悅的心理狀態。那種「顫慄、欣快、滿足、超然」的情緒體驗又是如何發生的？這種體驗真能改變人對生命的感覺嗎？如果這種體驗真的如此神奇，人們又如何捕獲它呢？馬斯洛說這需要有獨處和精神集中。這顯然是受到中國傳統文化的影響了。

　　人每一種需求的滿足都會對應一種快樂的體驗，需求的層次不同，得到的快感也不同。人類有多少需求層次呢？現代心理學認為有四個層次：生理需求，情緒需求，理性需求和超越需求，對應著四種動力：本能的動力，情感的動力，心智的動力和心靈的動力。超越的需求，一直是東方文化中的精髓，佛學中的「空」，道家中的「無我」，即是一種超越境界。

　　很多學者認為「禪」的境界就是一種「高峰體驗」，但「禪」的境界是不能被描述的，說得出來的東西就不是「禪」。那麼，宗教體驗算不算「高峰體驗」？人的信仰的確超越了理性層面，它是靠心靈的力量維持的，宗教體驗中的「獻身、博愛、無私」如果能超越狹隘的教派原則，指向全人類或所有的生命物質，那麼應該算是一種高峰體驗。巫術文化中的「神入」，「神靈附體」，讓一個平凡的人轉變為「神」，獲得預言的功能，這種神秘體驗有時也會被人當作「高峰體驗」。我個人認為：每種文化下對高峰體驗的釋義可能是不同的，但它絕不是瞬間即逝的欣快感，而是一種持久引導人們朝向積極，健康，博愛發展的精神動力。

　　快樂是人類的追求，不過追求快樂的方式，正是拉開人與人之間差距的重要原因。

　　馬斯洛晚年對濫用高峰體驗概念和不擇手段的尋求高峰體驗給人們帶來

的危害非常苦惱，他覺得自己的觀念遭到了嚴重誤解。他認為心靈不美麗的人是不可能真正得到生命中那種「高峰體驗」的快樂，物慾或情慾的滿足，權利和征服得到的快樂，只是戲劇性的「情緒高潮」，而吸毒、酗酒、麻醉品、致幻劑、性慾放縱，給人的只是空虛、成癮、沉溺與道德淪落，這樣的「高峰體驗」得不償失。這時候，他向社會向眾生，推薦了另一種——「返璞歸真」的——「不再是一種突發的，剎那間，感性，高潮式的體驗，而是一種通過時間、努力、修煉、奉獻達到的一種心靈境界，能從現實或永恆兩種角度看待生命，從平凡中體會超越」。

高峰體驗的確存在一種精神頓悟的色彩。頓悟需要兩個條件：一是強烈的精神灌注，意識長久的指向某個目標；二是心智的壓抑，心靈積攢了太多的能量。當兩者到了某一個閾值（因人不同）的時候，就會造就這靈光一閃。我相信，更多成功人士的高峰體驗是逐步形成的，隨著學識的淵博，意識的擴展，精神的完滿，像修煉一樣，隨著心靈的成長、提升、淨化，人變得公平、開朗、豁達、寬容、博愛與慈悲，這樣的內心境界誰能說不是一種生命的高峰，像地平線下的水，在人性的深處打一口井，我們會看到心靈像潔淨甘甜的水慢慢地滲出，聚積，形成。

是不是要把高峰體驗看作是人類的一種普遍經驗呢？美國的 Richard Bennett 在《尋求你的高峰體驗》中說：「在任何情景下，你有過一種短暫的、突發的、奇妙驚喜的、敬畏的情緒體驗，感覺自我，空間在消失或擴展，那就是一種高峰體驗。」很有趣，他還自編自創了一套現代化的「功法」——顯然，他這一套功法並未深入禪丹的核心，稱之為一套「精神體操」更為合適！

1. **開始精神灌注**

你用一個不短的時間來思索生命的意義，價值，目的，思索有限與無限、自由與約束、現實與永恆之間的關係。

2. **選擇一個非常自然的地方**

山水、林間，曠野，海岸、峰頂，把心智長久的集中凝視眼前的一花一木、一沙一石、草地、星空、流水、海潮、山巒、地平線上……

3. **感覺自然的力量**

然後閉上眼睛，讓風吹拂著你、水流沖刷著你、山林的氣味、蟲鳥的聲音、宇空的深邃包裹著你。感受自然神奇的力量、活力，感受生命中你理解的或不

理解的一切。

4. 緩慢地思索

讓無意識去思索我是誰？我存在那裡？一百年後，或者一千年後如果我存在，會是什麼？如果我只有一天的生命，什麼對我是最重要的？但不要立即給出答案。（「參話頭」的西方版本）

5. 放棄自己

然後，深深緩慢的呼吸，放棄那些難以回答的問題，放棄自己，忘卻自己，讓自己完全融入自然之中，意識無意識都隨風而去，隨浪而流，思維停滯，情緒凝結，物我兩忘。

6. 尋找心靈

用內視的方法，探索心靈深處那一絲光亮，在它的指引下，你遊走在宇宙的深處，感覺自然的博大，廣闊，神聖，恒久，感受人性的溫暖，和諧，博愛與一體……

7. 體驗高峰

體驗這一時刻內心的寧靜，暢然，平和，舒緩，由此而引發一種緩慢的喜悅、湧動和心靈振盪，聽憑這樣的感覺席捲而來，聽憑心身輕輕地顫慄，激動和欣喜。

8. 檢視自己

這種體驗過後，重新來思索生命的意義，價值，目的，思索有限與無限、現實與永恆之間的關係。在很長的一段時間裏，你有了對自我的滿足，積極的心態，豐富的靈感和創造力，以及充沛的精力和飽滿的熱情。對高峰體驗的追求應該是人們追求心靈超越的體操。所以，不管你是第一次或第 N 次，是否獲得那種超然的感覺，你都要牢牢記住，當這種心靈的提升訓練到了某一個境界，高峰體驗便會突如其來，並終身伴隨和照耀著你。

擱在「大氣功潮」的年代，如果再灌注進去一些「神叨」之辭，這就是一套「功法」了，呵呵。

這些沒有經受過浩如煙海的東方文獻之「毒害」的西方學者，這些實用主義者的學說很平實，我喜歡這樣的學說。舉一個例子說明這個意思吧：

我們的祖先在煉丹的過程中，稀裏糊塗的引爆了一個東西，但是經過科學、化學和諾貝爾，人們才最後清楚地認識並把握住了它的火爆的脾氣，使之在摧毀世界的同時，也造福人類，簡單描述一下這個過程：

古代的方士在煉製長生不死藥的時候，很偶然的「配製」出了火藥。

孫思邈《丹經內伏硫磺法》中記載了這個「藥方」：硫磺，硝石混合而成。

明朝李時珍的《本草綱目》中記載火藥能治瘡癬，殺蟲，闢濕氣，還能除瘟疫。

李約瑟對這個四大發明之一給予了高度評價：來自東方的火藥傳到歐洲，使騎士階層不堪一擊，宣告了一個時代的結束。

而魯迅曾的一句感慨卻是：「外國用火藥製造子彈禦敵，中國卻用它做爆竹敬神。」

中國人使用火藥比西方人「早幾百年」，而在不同的文化背景下，東西方的「爆炸性火藥」走上了不同的道路。在西方逐漸掌握了科學之後，中國卻還在以玄學為基礎探討火藥，不但本國火藥研究拘泥於舊理論，就連引進西方軍事科技的《西法神機》，在解析火藥配方時都要用上陰陽五行。甚至我們可以想像，即使歐洲人沒有誤打誤撞地發明火藥，科學研究出一種類似的東西也是遲早的事情。而且，在科學的研究體系下，這種粉末一旦被發現，就會立即獲得不斷的改進。這種建立在科學基礎上的改進，可就不是依靠勤勞的嘗試或者誤打誤撞所能夠實現的了。

由於缺乏科學知識，那個時代的文人或者史官都沒有準確描述軍火的能力，而往往在文字中極盡誇張之能事。《金史》介紹早期炸彈「震天雷」，說它的爆炸聲「聞者百里」；《武備志》記載手銃「單飛神火箭」，只用三錢火藥就能傷敵於三百步之外。當然，文人筆下火力強大的「嘴炮」，其缺陷一經前線將領使用就會暴露無遺。比如手持火銃「神槍」，邱濬稱其能射出百步之遠，敵人聽到槍響就已經被射中了，到了面臨實戰考驗的戚繼光手裏，便發現其射出的箭矢歪來扭去，甚至常把箭屁股朝前打出去，幾近廢品。

火藥是道士煉（外）丹的副產品，那麼，學者結合火藥發展史，觸類旁通地，對丹道發展史，亦當略有所悟。

內丹之道，只有當它從宗教從神學中脫身出來，成為「常識」之際，我認為才是真正的有益於大眾的學問。但是，我也知道這根本是不能的……

> 我跟身內的愛人談心，問祂：在忙什麼？
>
> 吾人能覺察您的無處不在——
>
> 祂愛著鳥兒、動物、螞蟻等，極可能，
>
> 就是同一位「祂」，把輻射傳到你母親的子宮。

但是合理嗎？

在你降生並行走後，卻讓你活得像個孤兒？

真相是，

你逃離了自己，決志要進入黑暗當中。

現在你被無關者所圍，忘卻自己原來是誰。

這就是為何——

你一生中無論做什麼事，總不離開最終的失敗。

有愛的地方，沒有法律；

彼處無邏輯，亦無推理。

當深深沉醉在神聖的愛中時，

你不會在乎這天是否吉祥日，或者甚至此刻是白天還黑夜。

我透露這個秘密予你：

如果你能愛至尊如至親，那麼你將到達一處——

無人探索可及的靈性高峰。

除此之外，復有何求？

——Kabir（1398～1518）

十五、調合鉛汞要成丹
大小無傷兩國全

1

> 調合鉛汞要成丹，大小無傷兩國全。
> 若問真鉛是何物，蟾光終日照西川。
>
> ——《悟真篇》七言絕句第四十五

紫陽真人這段話令很多學者費解了。

說來話長，還得從頭說起。

> 大國者下流，天下之交。天下之牝。牝常以靜勝牡。以靜為下。
> 故大國以下小國，則取小國。小國以下大國，則取大國。故或下以
> 取，或下而取。大國不過欲兼畜人。小國不過欲入事人。夫兩者各
> 得所欲，大者宜為下。
>
> ——《老子》六十一章

《老子》一書中大量的治國方略，足以可以說明的他講課對象是誰。

道教雖云「雜而多端」，但其丹道也尊老為宗。

自古道家就有「天人合一」、身國同理的觀點，而後的《莊子》、《內經》、《淮南子》到《太平經》，莫不如此。

> 治國煩則下亂，治身煩則精散。
>
> ——《老子河上公章句》第六十章

法道無為，治身則有益精神，治國則有益萬民。

——《老子河上公章句》第四十三章

甚至在道家眼中，聖人以修身為本，至於治國，乃修身之餘事。

道之真以治身，其緒余以為國家，其土苴（土和草）以治天下。

——《莊子·讓王》

之人也，物莫之傷，大浸稽天而不溺，大旱金石流，土山焦而
不熱。是其後塵垢秕糠，將猶陶鑄堯舜者也。孰肯以物為事。

——《莊子·逍遙遊》

心者，君主之官，神明出焉。肺者，相傅之官，治節出焉。肝
者，將軍之官，謀慮出焉

——《內經·靈蘭秘典論》

夫治身與治國，一理術也。

——《呂氏春秋》

上醫醫國，其次，下醫醫疾。夫人治國，固治身之象。疾者，
身之病；亂者，國之病也。身之病待醫而愈；國之亂待賢而治。

——《潛夫論·思賢》

同樣的「身國治同」的思想，更多地體現在與王符、魏伯陽同時代的道教
《太平經》中。

所以內丹一派引用《老子》來解說煉養，也是一種習慣。

真人契歌中「大小」何指？

我們換一首更加晦澀難讀地讀一讀，那個讀通了這個也就「觸類旁通」
了。

二八誰家姹女，九三何處郎君？

自稱木液與金精，遇土卻成三姓。

更假丁公鍛鍊，夫妻始結歡情。

河車不敢暫留停，運入崑崙峰頂。

——紫陽真人《西江月》第七

清元真子這樣詮釋：

二八者，陰數也，故謂之姹女，而姹女即汞也。九三者，陽數
也，故謂之郎君，而郎君即鉛也。白真人曰：「九三、二八，算來只
在姹女金翁。」又曰：「二八、九三，皆陰陽之異義」是此義也。然

姹女之汞，是謂木液，郎君之鉛，是謂金精。而木液者乃神水，金精者乃神火也。但此二物，若遇真土，卻合成三性。《參同契》曰：「三性既合會，本性共宗祖」此之謂也。丁公者，喻火符。假者，借也。言三性既遇，更應借火符鍛鍊之，則鉛汞如夫妻之義，而始結姻親以歡洽也。河車者，北方正氣，號曰河車，《參同契》所謂「北方河車」是也。凡車皆轉於陸，而河車乃轉於水，丹道中用之以運載水火，故有此喻名也。又有小河車、大河車、紫河車之名目，然總無非一氣而已矣。崑崙峰者，乃泥丸頂也。言鉛汞交會之後，當用河車裝載藥物，不可暫為停留，徑運入崑崙之頭頂，而後降下重樓，歸於土釜之中，以凝結其丹胎也。

——《悟真篇正義》

「白真人」即白玉蟾，紫陽真人的四傳弟子。

一目了然：此大小者，亦陰陽也，動靜也、開合也、水火也、坎離也。

一言蔽之：二物也。

　　日月有數，小大有定，聖功生焉，神明出焉。其盜機也，天下莫能見，莫能知。君子得之固窮，小人得之輕命。

——《陰符經》中篇

　　子野曰：求鉛伏汞之法，要在調和，使無太過不及之患，大過則恐傷彼，不及恐不結丹。大小者，言陰陽也，《易》曰：大往小來。蟾光照西川，水中有金也。

——《紫陽真人悟真篇三注》

　　大者，陽也；小者，陰也。《易》泰卦所謂「小往大來」，而否卦謂「大往小來」是也。夫調和鉛汞，要其成丹，陰陽務須均平，二物無使偏勝，猶如兩國之完全，方凝結其丹頭也。蟾光者，月彩也，乃金精之華。終日照者，謂日日如此也。西者，金氣之方。川者，水流之地。謂金華日日照臨於金土之鄉，夫然後真氣自生，而真鉛即是此物，不必遠索他求也。然總之謂神馭其氣，以烹煉於坤申之方耳。

——《悟真篇正義》

　　此章直指真鉛之為丹基也。金丹大藥只是真鉛一味，然必須兩弦合體烹煉而成。離中真陰為汞，恍惚中真象也；坎中真陽為鉛，

杳冥中至精也。陽大而陰小，似乎不均，惟以真意調和之，庶幾兩弦之炁各得其平，金丹乃成。故曰：「調和鉛汞要成丹，大小無傷兩國全。」兩弦合體方稱真鉛，與後天之凡鉛凡汞迥別。蓋晦朔之交，日月合璧，會於黃道，太陰水魄吸取太陽金精，有金蟾之象，到初三日一鈎現出金方，是為金蟾吐光而金丹大藥產矣。故曰：「若問真鉛何處是？蟾光終日照西川。」川者水鄉，西者金體，水中之金是為金丹，終日照者即「赫齡金丹一日成」也。此與上數章同在一時，蓋溫養沐浴即到，又得慧劍之用，金丹之功始圓。金丹圓而一陽復，便可採取烹煉以結大還丹矣。

──《悟真篇闡幽》

金丹，乃道心真知之真鉛、人心靈知之真汞而成。欲修金丹，先調鉛汞。道心剛，屬陽，為大；人心柔，屬陰，為小。人心無道心，借靈生妄，能以敗道；若以道心制之，靈明不昧，能以助道。道心固不可少，人心亦不可滅，但不使人心妄用其靈耳。古人教人死人心者，死其人心之假靈，非死人心之真靈。若不分真假，一概死盡，則入於頑空寂滅之學，傷其小，即害其大，陰陽偏孤，生機氣息，將何而成金丹大道乎。故曰：「大小無傷兩國全。」兩國全者，人心靈知、道心真知兩而合一，以真知而統靈知，以靈知而順真知，真靈不散，依然良知良能，渾然天理，圓明本性，金丹成矣！蓋真知靈知乃良知良能之繼體，在先天則謂良知良能，在後天則謂真知靈知，後天中返出先天，則真知即是良知，靈知即是良能。真知靈知，本來原是一家，無有兩樣。因交後天，一點良知之天真迷失於外，為他家所有，我家所存良能之靈亦雜而不純，遷移不定。若要返本還元，仍要在假知中討出個真字下落，引回我家，方能靈知不昧。這個真知，為至剛至健之物，故取象為真鉛。真知具有先天真一之氣，又取象為水中金，又取象為月中光。水中金，月中光，皆陰中有陽之義。但這真知未經復還，猶在他家，不為我有，故曰：「蟾光終日照西川。」月中有金蟾，蟾光即月中之光，喻真知外暗而內明也。終日照西而不照東，分明光輝在彼矣。仙翁後詩云：「金公本是東家子，送在西鄰寄體生。」正是蟾光終日照西川之旨。學人果能知的蟾光終日照西川是實實知的真知下落，即可以照東，與

靈知相會矣。噫，順去死，逆來活，往往教君尋不著。真知豈易知
哉。

——《悟真直指》

以上諸文中，「大小」與「小大」皆同義，落實到吾人身心，就是神與炁
也。

「修道」這個詞兒，一直都散發著古色古香的氣息，甚至浪漫主義的色彩，
和「詩意棲居」的情懷。

王沐先生認為，《楚辭・遠遊》篇，就是屈子對修道的嚮往。

修道修道，何謂「道」哉？

老子說：「寂兮寥兮，獨立而不改，周行而不殆，可以為天下母。吾不知
其名，字之曰道。」

魏伯陽說：「道無形象，真一難圖。」

鍾離權：「此物在人身中出，先天先地誰人識。」

呂洞賓：「丹田有寶休尋道，對境無心莫問禪。」

宋先生：「乙酉年，四月中，白日再遇鍾離公。口訣親傳玄妙道，三千日
夜積成功。」

只隔一層紙，「鍾呂」就要說破了。

馬丹陽問：「何名為道？」

王重陽答：「五行不到處，父母未生時。」

馬丹陽得道後恍然得解：「道者何物也？祖炁便是根源。」

張伯端說：「殊不知成道者，皆因煉金丹而得。」

陳泥丸為老師注解：「道即金丹也。」

到白玉蟾就和盤托出了：「一言半句便通玄，何用丹經千萬篇。此乃真一
之氣，名之曰道。」

如果不是南北宗師徒已經說得如此「直白」，這樣的「道」，這樣的「金丹」，
豈能修乎？如何煉哉？

面對如此「龐然之物」，修之煉之猶若「補天」，叫人何從下手？

所以說，對於修行人最為關鍵的，就是落實：

把「知」落實於「行」，把「道」落實於「人」。

　　緣督子曰：世之學道者，莫不曰「本來無一物」。今言有物，豈
　不動世人之警疑哉？

－405－

【道言】

《道德經》云：「有物混成，先天地生。寂兮寥兮，獨立而不改，周行而不殆，可以為天下母。吾不知其名，字之曰道。」

又云：「恍兮惚兮，其中有真。杳兮冥兮，其中有精。其精甚真，其中有信。」

抱朴子云：「金玉在於九竅，則死人為之不朽。鹽薰沾於肥膩，則脯臘為之不爛。況以永身益命之物，納之於己，何怪其令人長生乎！」

呂純陽云：「天生一物變三才，交感陰陽結聖胎。」

又云：「採恍恍，收惚惚，杳冥之內取真物。」

《悟真篇》云：「咽津納氣是人行，有物方能造化生。鼎內若無真種子，猶將水火煮空鐺。」

曹真人《靈源大道歌》云：「此物何曾有定位，隨時變化因心意。在體感熱則為汗，在鼻感風即為涕。在腎感合即為精，在眼感悲即為淚。縱橫流轉潤一身，到頭不出於神水。」

石杏林云：「有物非無物，無為合有為。」

又云：「無中生有物，神氣自相親。」

《覆命篇》云：「人有最靈物，依稀在北辰。」

又云：「悟來唯一物，昧處隔千山。」

又云：「有物含靈體，無名本自然。」

【佛語】

六祖示眾，云：「吾有一物，無頭無尾、無名無字、無背無面，諸人還識嗎？」

傅大士云：「有物先天地，無名本寂寥，能為萬象主，不逐四時凋。」

雪峰真覺禪師曰：「有物密救人，爭奈人不知。」

《圓悟語錄》云：「何物高於天？生天者是。何物厚於地？育地者是。何物寬於虛空？包虛空者是。何物超越佛祖？植佛祖者是。」所以化育之生，本物我同途，祖師之源，古今不易。故個事如壺公瓢中自有天地日月，所以雪峰和尚道：「盡大地攝來，如粟米粒大。」

天衣禪師云：「百骸俱會散，一物鎮長靈。百骸俱散皆歸土，一

物長靈甚處安。」

　　南堂靜頌云:「一物長靈甚處安，長空雲散碧天寬。蓮空佛刹花無數，泛起眉毛仔細看。」

　　寒山子云:「可貴天然物，獨一無伴侶。覓他不可見，出入無門戶。促之在方寸，延之一切處。你若不信受，相逢不相遇。」

　　【緣督子曰】

　　祖師如開戶造車，出門合轍，語言先後旨意不同。昧者不得正傳，竟不知為何物。在內即非心神、魂魄、精、意、氣、涕、唾、津、精、淚、血液，在外即非金石、草木、硫砵、鉛汞，此乃先天真一之炁，自虛無杳冥中來。因龍虎之形交感，而結成一物，生於天地之先，是為性命之祖，順則成人，逆則成丹。故老子云:「可以為天下母。」即是玄珠。釋氏謂之「菩提種子」，靈山會上龍女所獻此物也。非洞曉陰陽，深達造化者，不能知此。若有此物，方名不空，又名真空。世之談禪說道者，不流於斷滅空寂，則滯於燒煉爐火，或有形有質等物。未有能知此物為萬象之主，天下之母者也。烏足以語至道？始此輩見此，又未免譏吾，以為殆有著實矣，可付一歎！

　　　　　　　　　　　　　　　　　　——《仙佛同源‧有物第六》

　　摘文有點長，但是，不要急，讀一遍是不夠的，至少要通讀全篇讀它一輩子的，呵呵。

　　本來可以把提煉後的句子直接告之，「有物混成，先天地生。……此乃先天真一之氣。」

　　但是，這段話出自最具科學家特立獨行風範的高道趙緣督。

　　緣督先生，宋宗室，宋滅亡後，為避免受到元室的迫害，浪跡江湖，隱逸道家。趙緣督長於曆法、數算、尤精天文，是我國古代卓越的科學家，在天文學、數學和光學等方面均有成就。曾築觀星臺於雞鳴山，從事研究著述，所著《革象新書》5卷即其觀測實踐，參核前人之說深思推究而成。所發現小孔成像的原理比物理天文學家伽里略之研究早200年，為《四庫全書》收錄。提要謂其「覃思推究，頗亦發前發所未發，於今法為疏。於古法為密。在元以前談於諸家，猶為有心得者」。另外注《周易》數萬言，於道家著有《仙佛同源》、《金丹難問》等書。

　　這樣行知合一的大學者，他的修道經驗之談，焉能錯過？

「上陽子，聞道遲，四十衡陽始遇師。」

哦，對了，元代丹派大家陳致虛就是他的門生。

「予始得緣督趙公之語，雖素有智，未免遲疑，後羈旅中，復拜至人，以青城至密之文悉授無隱。敬授以來日夕不遑。」上陽子「自獲遇至人，盟授大道」後，以自身的問道之千般不易，「憫憐修道之人，率多旁門，以偽亂真，故於卷中指出先天一氣獨是。」

上陽子論「炁」之說、傳「道」之情，不再陳述，約略地提煉如下：

道也，果何謂也？一言以定之曰：炁也！

此即先天地真一之氣。祖師留下刀圭說，知者如今有幾人？

夫藥物者，須知此藥物即真一之氣。此氣為天地之母。

順之成人者，是炁也；逆則生丹者，是炁也。一世之人，不知此炁之最貴也。

夫一切人，年壯念起，而真氣逐日走散。若云修煉，非先天之氣無由凝結。

大修行人所爭之氣，非人所知。是先天地真一之氣。

修仙作佛，皆此先天真一之氣。若非是氣，不係修行，不能長生。

仙聖用心，普接未來，惟只先天真一之氣而已。

致虛凡荷祖宗積善，天地畀矜，遊浪人間，年且四十，伏蒙我師授以正道。厥後復以青城老師親傳先天一氣。我師數指，先天一氣，自虛無中來。許多名色，無非先天一氣。其道易知，其事易成，初無難也。《契》曰：「委志歸虛無。」《悟真篇》曰：「道自虛無生一氣。」我師云：「先天一氣，自虛無中來。」

金丹大要，訪諸仙聖之書，發明先天一氣之妙，開引後來之人，於中顯露淺漏尤多。夫此何故？是予早年素有此志，未遇真師，不明其要，閱諸丹經，杳難捉摸，思考不及，研窮無方，廢寢忘餐，每留此憾。

王舜民出入仕途且三十年。乙亥冬，會溢江任所，一揖次若久要，握手論心，略無官況。僕觀其氣宇高邁，骨相合仙，因緣遭逢，求我丹道，遂用盟天，以青城老師金鼎火符之秘次第授之也。蓋欲

　　將師所傳悉授不隱，顧唯聞道不難，行之宜謹。純陽老仙云，便下
　　手速修猶太遲。使上士聞道必勤而行之。今語初陽其毋忽諸，夫金
　　丹者，金液還丹之道也。金液者，即人身中之真氣也。

丹派在元明之際，南北宗合流。

這離不開陳致虛和伍沖虛的繼往開來。

　　　　夫所謂道者，是人所以得生之理。道之用於化生，謂之精、炁、
　　神化而為人之身，故精、炁、神之化生人，即是道之化生人……得
　　生之理者，一陰一陽為一性一命，二者全而為人也。何以謂陰陽性
　　命？當未有天地、未有人身先，總屬虛無，如《易》所謂「無極而
　　太極」時也。無中恍惚若有一炁，是名道炁，亦名先天炁。此炁久
　　靜而一漸動而分陽，而浮為天，比如人之有性也；陰而沉為地，比
　　如人之有命也。陽動極而靜，陰靜極而動。陰陽相交之氣而遂生人。
　　則人之所得為生者，有陰陽二炁之全，有立性立命之理，故曰：「人
　　身一小天地」者也。

　　　　　　　　　　　　　　　　　　　　　　　　——《天仙正理直論》

　　伍沖虛這段闡述「道之用於化生人」的文字，提煉一下，就是「夫所謂道
者……是名道炁，亦名先天炁。」這就把空泛之「道」落實了下來。

　　　　黃帝曰赤水玄珠。一曰真一之水，曰真一之精、曰真一之炁，
　　曰華池蓮華、曰地湧金蓮、曰天女獻花、曰龍女獻珠、曰地湧寶塔、
　　又曰刀圭、曰黃芽、曰真鉛，如是等仙佛所說異名，不過只一丹田
　　中所生之真炁。

　　　　　　　　　　　　　　　　　　　　　　　　——《天仙正理直論》

　　他的嫡傳柳華陽借「黃葉禪師參求六祖，得修煉功圓之時，自歎惜曰，道
無非炁也。此一言泄盡天機矣。」點評得也精彩。

　　　　所以祖師示人，此時速凝神入於丹田，炁得神之翕收，則炁亦
　　歸矣。且此炁者，又非呼吸之炁，乃先天之炁也。即孟子所謂浩然
　　之炁者矣。此炁自我釋教，諸得道之宗師，不肯洩漏，盡是譬喻外
　　物，使人自悟。有明白者，然後密付，故曰教外別傳，炁之別名。
　　釋教曰拄杖，曰錫杖，曰禪那，曰摘蘆，曰白雪，曰金蓮，曰敬果，
　　曰洞水、曰海水、曰明星、曰西江水、曰曹溪水、曰水牯牛、曰海
　　底好、曰爐中火、曰牟尼珠、曰海底泥牛、曰海底明珠、曰海底開

花，曰爐中香煙，曰事，曰物，眾名紛紛不可勝計，究其實事，無
非此一炁也。

——《慧命經》

先天一氣者：

其狀如穴似竅像漩渦，所以謂「地應潮」；

在色和光同塵，所以謂「天應星」、「琉璃佛」；

它又呈顯出豎直立體的結構，所以謂「無根樹」、「無孔笛」、「庭前柏樹
子」，謂「道（路）」謂「陰在上，陽下奔」謂「黃中漸通理」謂「上天梯」謂
「黃庭一路皆玄關」謂「刻石兒童把貫穿」謂「由下丹田薰至心闕」謂「一條
椰栗杖，兩頭光晃晃」；也所以釋迦牟尼覺悟成道之際，起座繞樹「觀樹經行」
故；也所以佛陀生於無憂樹下成道於菩提樹下圓寂於娑羅樹間爾。

關關雎鳩，在河之洲。

窈窕淑女，君子好逑。

雄不獨處，雌不孤居。

玄武龜蛇，蟠虯相扶。

以明牝牡，意當相須。

——《周易參同契·君子好逑章第三十》

湘之南，潭之北，中有黃金充一國。

無影樹下合同船，琉璃殿上無知識。

——耽源《述偈》

猜不到，這不是說各位同學的智力不逮。

老子之「道」取象於地理，按照習慣人們都會「橫」著去想像。

呂祖呢，把它豎起來，叫它「天梯」。他是從家常取象。

後來丹派的說又從天文取象曰「中黃」。

不管它被橫著鋪，還是豎起來，你走過你就認識這條路，不會再為經所轉。

大地山河入眼空，一條拄杖活如龍。

分明指出無生路，直與西來一派通。

——憨山《贈堪與響山老衲》

回到紫陽真人的那句話，「大小無傷兩國全」：

沒有人告知你，這「淑女」、「君子」、「大小」、「小大」即「陰陽」即「神
氣」，但憑臆想是不夠的。

這就是所謂的「師承」。

但是如果你走過了這道風景，「經典」中的遣詞造句，實在是萬變不離其宗。

你讀了會「心動」的：「此乃真經」。

「道」不再是一個不見首尾的「龐然之物」，禪也不再是「丈二和尚摸不著頭腦」了。

在修行文化中，古往今來，在作總結之際，常把關鍵之處，以隱喻的方式進行表述，從魏伯陽就開始了，這是一個普遍性的特徵，也是人類文明在民智未開那個時代的——基本特徵。

如此這般，兩教中的修行、養生的旨趣，也就從層層迷霧中顯出了「真身」，實實在在地，落實在具體生活中了。

> 昔左元放於天柱山中，而真人授之金丹仙經，會漢末亂，不遑合作，而避地來渡江東，志欲投名山以修斯道。余從祖仙公，又從元放受之。余師鄭君者，則余從祖仙公之弟子也，又於從祖受之，而家貧無用買藥。余親事之，灑掃積久，乃於馬跡山中立壇盟受之，並諸口訣，訣之不書者。
>
> ——葛洪《抱朴子》

> 聖人恐泄天機，道家以妙有為宗，多借喻曰朱砂、水銀、紅鉛、黑汞、嬰兒、姹女、丁公、黃婆、黃芽、白雪等類，近於著實，致使世人妄亂猜度。學人將似是而非者，執以為有，謂金丹是圓外藥，遂滯於有形滓質，採戰穢行，而終莫悟真空之妙。釋氏以妙空為宗，多借喻曰胡孫、狗子、露柱、剎杆、黃花、翠竹、棒佛、花草、燈籠、佛殿等類。近於無意義，使人不可解悟。學者思之不及，議之不得，因此執以為無，遂流於頑空、靜坐、入定、出神，而終莫悟不空之妙。
>
> ——《仙佛同源》

當王沐先生把這個意思講解給我的時候，我也問過您為什麼做出如是之解？

先生告知他的傳承即是如此。那麼如此類推、向上溯源，則直達一千年前，紫陽真人的「耳提面命」了。故云：

> 饒君聰明過顏閔，不遇師傳莫強猜。

只為丹經無口訣，教君何處結靈胎？

——《悟真篇》七言絕句第十四

這就如同樣板戲裏胡子發問：拜見過阿媽啦？

孤膽英雄應對：他房上沒瓦。

這不是說英雄人物只要勇敢機智就能辦妥了任何事，而是楊子榮在上威虎山前，他把「參訪」和「實修」該做的都做了。

我這裡把它明確描述出來，是因為這裡面僅僅就是個「謎語」，它實在是沒有技術含量。如果諸位像我一樣，由初中時代由對哲學好奇開始，人到中年始從神學的迷津中得以脫身，很難說浪費了多少大好年華，多少智力資源，又沉沒了多少「牛頓之塔」？

換個通俗的講法吧，看過《肖申克的救贖》這個片子的朋友，應該可以想起這麼一個情節，那位被假釋的「摩根·弗里曼」在離開鯊堡監獄獲得自由後，在單位的廁所方便時的茫然失措：不打報告他就撒不出一滴尿來。

還好，他明白自己是被「體制化」了，其實黑蜀黍發現這個所謂的「體制化」，也如同心魔一樣附在我們的生活學習中，讀書學習、研究經典就是一種，每一本書的翻起，一不留神就是我們的心靈在接受著體制化的「毒害」。

所以有人問愛因斯坦怎麼產生了那樣卓越思想時，他說這歸功於他「不懂物理學」。

原詩：

調和鉛汞要成丹，大小無傷兩國全。

若問真鉛何處是，蟾光終日照西川。

釋義：

以鉛製汞、性命合一，謂之丹道。大小者，即陰陽即二物即神氣，亦即回注首句之鉛汞；亦即唐大顛和尚通述《心經》之「海底金烏天上日，眼中童子面前人。」如果把解說者隱去名號，收入丹經，一則鮮活生動的高道語錄。

動則任其動，靜則任其靜，總要自然，即是調和陰陽、水火相濟。

真鉛即水中金，即先天一氣。

西者金方，川乃水源——西川，指玄關一竅。

要須知夫身中一竅，名曰：玄牝。此竅者非心、非腎、非口鼻、非脾胃、非谷道、非膀胱、非泥丸。能知此之一竅，則冬至在此矣，藥物在此矣，火候亦在此矣，沐浴亦在此矣，結胎亦在此矣，脫體

在此矣。夫此一竅亦無邊旁，更無內外，乃神氣之根，虛無之谷。在身中求之，不可求於他也。此之一竅，不可以私意揣度，是必心傳口授，苟或不爾，皆妄為矣。

——張伯端《金丹四百字序》

玄關竅，可以了結千經萬典之義。

修道只要，除此一個玄關竅，餘無可進步也。

——黃元吉《樂育堂語錄》

2

閱讀到 Bulleh Shah（1680～1757）的幾首詩歌，諸多漢譯感覺像是機器做的，以「六經注我」的方式意譯一下吧。

表面上是做個東西方詩歌的比較，但是有心人啊，你仔細看了，看它們是否有類似之處，或共同的寓言？

You alone exist; I do not, O Beloved!

You alone exist, I do not!

Like the shadow of a house in ruins,

I revolve in my own mind.

If I speak, you speak with me:

If I am silent, you are in my mind.

If I sleep, you sleep with me:

If I walk, you are along my path.

Oh Bulleh, the spouse has come to my house:

My life is a sacrifice unto Him.

You alone exist; I do not, O Beloved!

造物是唯一，不是我。

你兀自獨立，我不是，

就像樓閣的虛影，

我之於你。

你言，我即言。

你沉默，我寂然。

你睡了，我同眠。

你啟程時，我如影隨形。

哦布拉，那伴侶來到我的屋內，

我犧牲掉自己。

你是唯一，不是我。

One thread, one thread only!

Warp and woof, quill and shuttle,

Countless cloths and colors,

A thousand hanks and skeins —

With ten thousand names

Ten thousand places.

But there is one thread only.

一根線，只是一根線。

經線和緯線，

緯管和梭機，

布料和顏色，

一卷卷一捵捵，

有一萬個名字，

在一萬個地方。

終究是一根線。

布拉是著名的蘇非派詩人，巴基斯坦的旁遮普人。

人們或許聽過《我的愛人已經回來》，但是，有誰知道他的愛情呢？請八卦一下嘍。

我先說說他本人，從這個蘇非的詩文中，從正統伊斯蘭教義教法的角度看去，他不是很地道的。換一句話說，是一個「玩物喪志」的瑜伽士。

瑜伽，如果非要翻譯成中文，它含有「融合」、「一體」的意思。

玄奘對該詞不予翻譯，直接引用，原因是他或許覺得漢語沒有合適準確的詞與之對應，勉強翻譯，就失去了原味。

瑜伽最早的文字出處，是印度的四吠陀。後來發展成婆羅門六派之一的瑜伽派。

該派的主要經典是《瑜伽經》，瑜伽派的文字論典不多，主要通過對身體，調息，意念的關注和控制，達到身心合一、梵我一如。

如今流行的形體瑜伽，看它所有的動作，也只是一些反關節的柔韌鍛鍊。儼然失去了它的主要內涵和精華——冥想瑜伽的「止」和「觀」。

至於男女之情在瑜伽的隱喻，這些複雜的觀點，你必須充分瞭解印度文化，尤其是對婆羅門教。對印度教的經論有了充分的瞭解和理解，然後在有成就上師的引導下，深入密行修持，你才能明白這裡面的深刻內涵，它與中國的內丹學派是無二的：

> 一卷卷一揉揉，
> 有一萬個名字，
> 在一萬個地方。
> 終究是一根線。

十六、瑤池飲罷月澄輝
跨個金龍訪紫微

1

陳致虛，字觀吾，號上陽子，元代著名內丹家。好道，通群籍。天曆二年（1329），遇趙友欽（字緣督）於湖南衡陽，受其所傳金丹之道。其後，又遇青城老仙，傳以「先天一氣坎月離日金丹之旨」，為元代著名的丹派學者。雖然他在《金丹大要》裏構造了一個金丹法統，為南北二宗合併提供了共同尊祀的祖師譜系，但其內丹理論，更多地是來自南宗的張伯端、白玉蟾。

看上陽子注解《悟真篇》之「赤龍黑虎各西東，四象交加戊巳中。復姤自玄能運用，金丹誰道不成功」時說的話：

> 我趙老師因見一人，盡日談道，每謂曾遇高人發明，師即前拜而問曰：道不敢問，且道龍虎為何物。人曰：龍虎在汝身。師曰：作何狀。人曰：肝肺是也。師曰：汝當入拔舌地獄受報去矣，更不向世間誤賺人。今紫陽翁指示龍虎二物忒殺切了，夫我之物為龍，彼之物為虎，有彼我之分，是云各東西。龍之頭為己，虎之門為戊。龍虎因之而交會，復姤由玄而運用，金丹得之而功成。咦，知之非難，行之惟難。

顯見，這些對龍虎、鉛汞的爭議，可謂古今皆然。

鉛汞，本是古代方士煉製外丹的原材料，幾千年來流傳在《周易參同契》和《抱朴子》中。

　　精、氣、神原是散見於中國傳統文化的獨立概念，經《內經》的「上古天真論」、「精氣論」和「四時養神」等篇章，形成了道醫體系的基本概念，或叫「大範疇」吧。

　　內丹道自北宗王重陽始，至伍柳時，三者的生化關係被發揮「完善」，即「煉精化氣」、「煉氣化神」和「煉神還虛」，而南宗張伯端不取此說。

　　試想如果有這麼一位通才，他即好這一口的，又好那一口，然後就把這兩口給一鍋燉了。由此精氣神說成了丹道的主要概念、範疇。同時，丹派的精氣神之說也不統一，各家各派都有不同的理解。而理解這些概念的要則，只說道理是不行的，還是要把它們還原到各自的修煉步驟中才能準確領悟，畢竟名和相也是有一定關係的。比如，《悟真篇》繼承的是《莊子》的「一氣」說，為了說明這「一氣」的非常意義，特意作說明，「嬰兒是一含真氣。」在紫陽真人的學理中，這「一（含真）氣」不是由「精」化得，乃是「道自虛無生一氣。」直接源自於「道」了。

　　各家各派區別大不？不大，貫通以後明白，說的還是一回事，只是說法不同。沒有「渾化」經歷的人，一旦看到其他的說法，就犯困就抓狂了。

　　「神仙打架，小鬼遭殃。」所以，我們在做小鬼的階段，不要輕易選擇站隊，參與神仙的打架。關鍵是，從他們的互噴中，能分辨出「真知灼見」，這就所謂的「根器」了。這就要，你去研究這位神仙的背景、出身，和文化程度了。

　　《悟真篇》之所以那麼「晦澀」，就是張伯端所學甚雜的結果，不是其中的內容太多了，實在是真人太「博學」啊。他不斷地換著方式和語境，來絮叨同一件事。所以後代的注家，那些明白人，常說「祖師婆心」。

　　同樣，古代從事修道者，大多知識面、涉及面也很見多識廣，所以後來在構建丹道的理論框架時，他們那時還不知道物理、化學、萬有引力和相對論，總要從當時最流行、最先進的理法上進行超越吧，以其習慣性地用外丹做比喻，這樣對他們自己和「同行」、「同好」、弟子、知音是容易講清楚、說明白的，本來就是一個「小眾」團體嘛。只是到後來，嗑死了那麼多帝王將相和皇親國戚，外丹之路走到了頭，顯然沒得玩了也不敢玩了，外丹術逐漸被荒棄，頂多是煉製一些大補丸之類的輔助品吧。於是，再後來的訪道者，就對這些「古文」、比喻很奇怪了。

　　具有永恆魅力的，還是《道德經》啊、《陰符經》啊，還有佛教的《金剛

經》啊也是。

像《道德經》說「大道不可道」，但還是再用大量篇幅從外圍，用治國、政治、軍事，或者零零碎碎的比喻、借喻或相喻，來描述「道像什麼」。

而政治這事兒，自人類進入社會以來，或者說，包括人們駐紮叢林期間，一直都是換湯不換藥的，所以讀者易於理解，易於接受。再經過認識的昇華之後，道是什麼就在心中有了「清晰的」模樣。道家以自然山水為崇尚，高明的經典就應該是寫意的，有水墨的情趣，若能間或有些工筆，那就真真的是極好的了。所以，越是繁瑣細發的「丹經」，真實性反倒打折……

再舉個例子，丹經中常說的「三花聚頂」、「五氣朝元」，也復如此，和「鉛汞」、「精氣神」的「被統一」於內丹道一樣，是一回事，都是描述得著「一氣」（和其後）的「藥境」，區別是：一個用了醫家（《內經》）的語言，一個用了五行家的語言。

「三花」也謂「三華」，是精氣神，「聚頂」是「攝三歸一」；「五氣」是「金水木火土」，或「精神魂魄意」，「朝元」是「攢簇五行」。就是一個「逆行」、「返還」的意思。

> 天上神仙路。問誰能、超凡入聖，平虛交付。三島十洲無限景，穩駕鸞輿鶴馭。更馴伏、木龍金虎。造化小兒真劇戲，煉陽精、要戴乾為父。須定力，似愚魯。

> 三旬一遇交烏兔。便丹成、天長地久，桑田變否。四象五行攢簇處，全藉黃婆真土。無私授、人多胡做。堪歎紅塵聲利客，向花朝月夕尋妝婦。應不解，乘槎去。

> ——夏元鼎賀新郎（和劉宰潛夫韻）

2

《入藥鏡》為唐末五代作品。作者崔希范，號至一真人，生平不詳。《入藥鏡》全文共 246 字。該文託言設喻，以三言韻語文體概述採藥煉丹過程及火候。唐代內丹術逐漸興起，是書起了很大的促成作用，它對丹道的理論和方法作了言簡意賅的精闢總結，在內丹學派的形成和發展史上產生了重要的影響，許多人對此有很高的評價。混然子注序云：「觀其《崔公入藥鏡》八十二句，言簡而意盡，貫穿諸丹經之骨髓。」宋《混成集》卷下載呂洞賓詩云：「因看崔公《入藥鏡》，令人心地轉分明。」宋夏宗禹稱之為「金丹之樞轄」。張三豐

在《金丹詩二十四首》中道:「深深秘秘修丹道,白白明明顯至神。《藥鏡》玄機俱瀉盡,古今由此達天津。」宋代著名內丹學派的代表人物劉海蟾、張伯端、石泰、白玉蟾及其門人皆用其學,北宗一派亦援引其論,可見此書影響之深廣。

> 先天氣,後天氣。
>
> 得之者,常似醉。

這是《入藥鏡》的第一句。

有學者問什麼是先天氣和後天氣?

有人說先天氣是元氣,後天氣指呼吸之氣——這是望文生義,丹經的內容是沒有講火候和後天藥物的。

> 大道無他,不過一太極而已。天地之間,化化生生,極奇盡變,
> 不可測度,豈後天之炁為之哉,殆先天一元之氣而已。

> ——《樂育堂語錄》

根據師承,我先從後來深受其影響的伍柳一派講起,然後就自然而然地就回到了源頭。

伍柳派丹法力主清靜修持,仙佛合宗。主張用先天,忌用後天,強調對「先天一氣」的煉養,認為外藥與內藥本原於先天祖炁。

所謂外藥,是指:

> 祖炁從身生時,雖隱藏於丹田,卻有向外發生之時,即取此發
> 生於外者,復返還於內,是以雖從內生,卻從外來,故謂之外藥。

所謂內藥,指採外藥煉就還丹大藥:

> 全不著於外,只動於發生之地,因其不離於內,故謂內藥。
>
> 外藥為生而後採,內藥為採而後生,實止此一氣而已。

意思是外藥、內藥的根源,都是來自「先天一氣」。

那麼,什麼又是「生而後採」,和「採而後生」呢?

內氣萌動導致的在身體上的顯示,比如在男子外陽和女子雙乳的勃起之時,通過一定的法訣,採歸爐內,就是「生,而後採」;這個外藥頻生頻採,積之既久,忽然一日,內藥顯相,這個就是「採,而後生」。《大成捷要》有一段實踐紀實:

> 蓋大藥發生之時,而氣穴之內,有驚戰旋動情狀,或一日二日
> 不等。忽然覺得丹田氣穴之內,一動二動之機,微帶疼痛之意,直

待動過數次以後，漸漸覺得丹田之中，現出一物，遊行旋轉於臍間。大如彈子，熱如火珠。再寂再照，再靜再定，直靜至空定衡極，神藏氣蟄之餘，自抖然呈現，滾滾轉轉，上沖心位。而心位不貯，下趨陽關，陽關閉而不開，滾轉穀道，谷道有木座抵住，即隱藏於氣穴，伏而不動。若用意勾引，便入導引之旁門。若不用意勾引，又違相隨之理，此兩失之矣。就不前不後，毋忘毋助，若存若亡。只等大藥動而後引，不可引而後動。以待動過三次，真意大藥相依而同行，方能透三關過九竅。入泥丸落於黃庭，故曰「服食」，此五龍捧聖之天機也。

學者似乎還應該明白一點，陽物的勃舉，古人命名為陽生，以吸提撮閉謂「採藥」，雖然這個說法流傳很廣，但是我個人從來沒有這種現象的出現，我認為在「得炁」的剎那之間，也就是「煉精化炁」一段工夫的結束。與其認為這樣就是「煉精化氣」（注意：此氣非彼之「炁」），不如認為這是對性慾的平息更為切合實際。試想，如果煉精化氣煉的是「精」，那麼女人沒有精她們煉化什麼呢？古人又製作出來「煉經」，我們現在都知道，這個「經」是子宮中的廢物，它能練成「氣」嗎？就更別說「炁」了。事實是，在實修中，女丹在得炁穴之前，「經」是一直存在的，並不是說，這個現象煉到沒有了才有玄關現象。而是在「得炁」之後，引起了內分泌系統的極大的變化，然後導致了一些生理特徵的變化。我看過相當多的一些男修為遺精苦惱，其實這個再正常不過的現象，是在「得炁」後，才逐漸得以解決了，這就是丹經所謂的「伏虎」。

思想理論總是在實踐中提煉，文化啟蒙是在歷史中展開的，一味「信古」要不得。「仲尼祖述堯舜，憲章文武」；孟子更甚，把「法先王」之外的主張視為離經叛道，可以人神共誅之；荀子雖然也是儒家代表人物，但他兼有法家的現實主義思想，基於此，荀子在對待歷史的態度上，即主張「法後王」，也不忘「法先王」，事實表明，他具備了新時代發展的一切要求，比孔孟進步得多。

總之，這個丹道說法或理論總結，及此「精」與彼「氣」的關係，還有很大的商榷空間。

在有的派系中，比如丹派南宗，它繼承了「精氣」學說，以精、氣兩者為一物，神又為另一物，統稱「二物」，或「二氣」。北宋五陵玄學進士胡混成在《結胎》已經明確了此說：

精炁與神，混融磅礡。

真火相見，片時凝結。

南宋南宗五祖白玉蟾，也指出了同一個意思：

身中有炁，心有中神。

神炁相守，凝神炁穴。

有一種說法，「煉精化氣」、「煉氣化神」、「煉神還虛」源自白玉蟾，我沒有看出來這個意思。在白玉蟾的句子中，神氣二物沒有生化關係，他到底是紫陽真人的南派嫡傳。

【故常無欲以觀其妙】無心運化。【常有欲以觀其徼】徼，音叫。

有意操持【此兩者】於不見中親見，於親見中不見。

——《道德會元》

借禪解道的李道純，在序言中說：「諸家解義，所見不同，各執一端。得之於治道者執於治道，得之於丹道者執於丹道，得之於兵機者執於兵機，得之於禪機者執於禪機。或言理而不言事，或言事而不言理，墮於偏枯，皆失聖人的本意。」

他在注解《道德經》之「此兩者」時，用到了《大顛和尚注心經》中的「於不見中親見，於親見中不見。」是否合乎「聖人的本意」，不知道。但是他把「見」與「觀」的關聯，實在是妙。

《楞嚴經》講：「見見之時，見非是見。見猶離見，見不能及。」換個字吧，在義理上就清晰得多了：「見觀之時，觀非是見。觀猶離見，見不能及。」

「觀」為內觀，所謂親見，所謂「體驗」。

《摩訶般若波羅密多心經唐大顛禪師寶通注》裏，大顛說「親見」，全卷凡二十餘處，漂亮的有：

以心傳心，以心印心。五千四十八卷，八萬四千法門，多種方便，皆從此個字流出。將須彌做筆，海水為墨，書這一個字，猶不能盡。人人盡有這一個字，所以不能自見，說亦不信，須是親見，方能信也，喚做一字法門。

又道：「見色便見心。」眾生只見色，不見心。為何不見？只為識性昏暗，六根內盲，不覺不知。若能窮究，步步行行念茲在茲，磕著碰著，忽然親見，名曰「見性」。此性，不可以智知，不可以識識，須是左顧右盼，回頭轉腦。瞻之在前，忽然在後。處處逢渠，

渠今正是我，我今不是渠。若能如是會，方得契如如。此性無形無相，於不見之上親見，於親見之上不見。離種種相，見自本性，是名「妙道」。

忽然有人，一言下頓悟，方信道：此經不從外得，自知從己流出，聲聲不絕。「默時說，說時默，大施門開無壅塞。」然雖如此是，不可依樣畫貓兒。何也？須親見此經始得。

若信於此，但去靜坐。坐令極靜，舉心動念，有一無位真人，常在赤肉團上，出出入入。這裡親見此菩薩，優游自在。十方諸國土，無剎不現身。一剎那間，周遍沙界。十方遊歷遍，不見佛行蹤。不離當處常湛然，覓即知君不可見。於不見中親見，於親見中不見。若從這裡見得觀音菩薩，應物並隨形，何曾欠少。

眾苦充滿，甚可怖畏。若要無苦，直須返己自照，照盡髑髏本來清淨，須是親見本來面孔。

四大、六根，凡所有相，皆是虛妄，盡是假名。引導眾生，須是親見法身，若得親見，轉凡成聖。

六祖云：「我有一物，上拄天下拄地，無人識得，若親見一回，超過佛祖。出三界，不輪迴，為人自肯、自信，自能保任，得無礙法，決定無疑。」

此名無上正真，又云成等正覺。此四個字須是親見，見道方修道。

我用道家語境來簡注一下佛說：見見者，所謂能見所見，所謂彼此為陰陽。正見不是彼此，如太極超越了陰陽，這是陰陽彼此的不及之地。

即正見是離一切相，一切法，離一切語言文字的，則名道名性名理名諸佛。

看到了吧，見的字義是在隨時變化中的，佛說「變化無常」道曰「陰陽不測」。

就「氣功潮」時代最負盛名的、伍柳一派的「三步功」，談些看法吧。

《內經·素問》第一篇《上古天真論》：「上古有真人者，提挈天地，把握陰陽，呼吸精氣，獨立守神，肌肉若一，故能壽敝天地，無有終時，此其道生。中古之時，有至人者，淳德全道，和於陰陽，調於四時，去世離俗，積精全神，遊行天地之間，視聽八達之外，此蓋益其壽命而強者也，亦歸於真人。」

　　重點在「積精全神」：積，積蓄，儲存。「夫精者，身之本也」（《素問‧金匱真言論》）。即，精是成全（化生）神、氣的基礎。

　　《黃庭經》：「仙人道士非有神，積精累氣以成真。」顯然是脫自《素問》的「至人」之說，把它改成「積精累氣以全神」沒有意見吧？

　　不過，在《黃庭經》的成書時代，「精氣」概念雖然已經被「元氣」替代，但是前者的影響還是存在的：「丹田之中精氣微」，微者妙也，以精＝氣做解時，就近乎上品「天仙」了。

　　有以為伍柳在刊世之書上所講的丹法，不是上等，以恐泄天機。這是很對的，現代風靡一時的「氣功」，就是在這個藍本上演繹出來的。

　　丹道的流傳是一個由隱至顯、先術後學的過程。

　　就理論來源而言，依《道德經》的「反者道之動」說，可以歸納為攝三歸二，合二為一，一化為零。

　　用《易傳》的語境來說，就是坎離而乾坤，乾坤而太極，太極而無極。

　　一個有意思的插曲是，據《國史‧周敦頤傳》所載《太極圖說》，原文為「自無極而為太極」，朱熹認為「自」、「為」二字是修史者妄增。以國史所說，可理解為「無中生有」，以「無極而太極」為據，則可理解為無極即太極。朱熹持後一種看法，遂在考訂《太極圖說》時，刪去了二字，他是把「無極」視為「太極」的原始體性，無聲、無嗅、無形……。而「非太極之外復有無極也」（《太極圖說解》）。繼「鵝湖之會」的方法之爭以後，經過一段消停，朱與陸家兄弟又爆發了關於「本體」的論戰──這些都屬於「神仙打架」……

　　修行人涉獵每至讀書人的「研討會」時，總以迴避為好。既燒腦且無益……

　　概而言之，道家追求的是長生，是駐世，是守一；佛教希望的是涅槃，是圓寂，是歸零。所以道系最有人情味，佛系最擅長終極關懷。

　　　　得乘陰消盡，得鉛陽自團。

　　　　得命顛倒至，得性見金丹。

　　王重陽的《四得訟》也不錯，它的入手要訣和修煉程序看起來是含蓄的、模糊的，或者朦朧的，但有師傳的，就能明白其中的細節。你們最想知道的，我可以告訴你，但是你知道個概況，知道如何臨機行事，別著相就是了，就算我沒白說。很久以前的事了，我是在睡夢中感覺到的了「天機」啟動：似是有頻率的，塵根不由自主地一抽一縮，引起了強烈的快感，在「覺知」的瞬間，快意達到了高峰，但心中實無淫念：其間還經一個短暫的腹內鼓蕩和震動，由

臍下至會陰一線「爆炸」了，有什麼東似潮水一般席捲而來，瞬間波及頭腦，並全身發熱、發硬，身如僵屍。如今回憶起來，那時，人已經是「半醒了」，或者說是處於懵懂狀態，感覺上是不能「被」如此下去了，那就是「死路一條」……「求生」心的起，「使勁」地掙扎，但是，又始不能開啟清醒模式，如被夢魘……混混沌沌……既不知道是怎麼開始的，也不知道是怎麼結束的。醒來後，面對世界，是一種「遙遠」的感覺，「人」也不是從前的「人」了（「見山不是山見水不是水」）……

如果進行一下現代化的解釋，用「格式化」比較恰當。「識神」系統（大腦皮層？或也包括內核？）受到了神經系統的某種反應（「炁」）一番「掃蕩」。當下，就理解了，和老子制作的「沖炁」說……

因為不被眾人所知，所以，倒沒有莊子的「一氣」說，以及東漢後的「元氣」說，流行開來……

佛系的「醍醐灌頂」，那神秘高大色彩，也悉數褪盡……

總之吧，先前多從神學體系中獲知的「知識」，就有了完全不同的「認識」──「你」，成了徹底的「唯物主義」者──因為「識神退位」，就是「主觀」的泯滅……

簡而言之，修行人被格式化掉了條件反射中的情緒化反射……

老子比喻了：呼之以牛，我以牛應之……

修行的一個目的，就是擺脫情緒的控制。而不是把我們後天學得的一切主持文明禮儀的反射弧，和各種有用的知識刪除了……

身為「中士」（自定義），這個「邂逅」，離我學習「半日靜坐，已經是十年之後了……

由此之後，邏輯性就很差了，之所還能行文維繫「流暢」，全賴自幼的家教、「深厚」的慣性了──這些，就是老子要你繼續「損之又損」的東西了。呵呵，等這些沒有時，是不是就是「三千功滿獨步雲歸」了呢？紫陽真人道「不移一步到西天。」

然後，現在你就能「看懂」，北宋老祖對「道情」南宋神僧對「法起」的藝術化描寫了：

真訣誰知藏混沌，道人先要學癡聾。

華山處士留眠法，今與倡明醒眾公。

──陳摶《詠蟄龍法》

不宰是真功，色不異於空。

起時唯法起，眼瞎耳兼聾。

——普庵《金剛隨機無盡頌・化無所化分第二十五》

大腦是有其物質基礎的啊，在「開竅」之前這一「轟鳴」，誰知道究竟它裏面發生了多少的物理變化和化學反應？姑且不說這個時候吾人是失去知覺的狀態，就是清醒的狀態，你知道你的一個念頭和快意的後面，究竟有多少生化反應和生物能量在提供物質支持？黑暗中一道光芒射來，洞穿眉心湧入大腦。斯其時也，在身內感覺到似有一股電流（生物電）由下而上，穿梭全身，周流復始，歸根於踵。在熱流順腿至雙腳後，腳掌漲熱，甚至感覺足心「發燙」。不知過了多久，在心臟「陡失」和「摔裂」後，隨著一種「空洞無涯」感覺的升起，然後就找不到自己了。莊子謂：「吾喪我。」

一言蔽之，這個過程如掛鞭一般，隨著一陣劈劈啪啪的光電雷鳴，一大堆真實相是「目不暇接」地接踵而至，哪裏由你思索憑你運籌容你操作：醍醐灌頂、呼吸驟停、開關展竅、五炁朝元、三花聚鼎……

最終，胎息形成……

噫——

「天地之間，其猶橐籥乎？虛而不屈，動而愈出。」

半夜老猿吟，驚起木觀音。

拗著虛空背，相打到天明。

——普庵《金剛隨機無盡頌・究竟無我分第十七》

數息者，所以收其放心。若能靜觀，刻刻內照，安用數為？夫靜觀到一念不起之時，方可用意尋玄關一竅。既云一念不起，而又何用意尋？不知用意之法有個妙處，在無心中照顧，如種火者然，不見有火而火不絕。萬境皆空，忽然一覺，非玄關而何？從此便要認得這個機關清。譬如有人乘千里驥，絕塵而奔，吾要認得這個馬上人，暫一經眼，牢牢記著，顙上三毫，宛在目中，如此玄關方為我有。長生不死，超出萬劫之外，全憑此時一覺為我主張；千變萬化，全憑此時一覺為我機括。然此一覺，非易事也。明珠美玉無價之寶，可以智力求，而此一覺，不可以智力求。然亦非難事也。走遍天涯，原來近在這裡，個個人自有的，不費一錢去買。

或者曰：煉丹應有切實工夫，安用此一覺為哉？

　　吾應之曰：此一覺，無始以來不可多得，太極得此一覺而生天地，吾身有此一覺而成仙作佛。總計之，有兩個一覺。然此一覺在何時尋、何處尋？曰：靜極而動之際，有此一覺，靜時固非，動時亦非，露處在一息，一息之後不見矣。

——《唱道真言》卷一

　　人持一經，俱在目前。
　　道路各別，養家一般。
　　踞地而坐，兩眼瞠空。
　　有何所見，樹此門風。
　　懸崖之下，以机為幾。
　　香篆騰空，如雲作雨。
　　骨瘦如柴，精神已竭。
　　還要看經，此心不歇。
　　背癢難抓，聊假一手。
　　在恰好處，妙不容口。
　　有何神通，龍藏在瓶。
　　手松放出，任其飛騰。
　　猛虎踞地，威不可觸。
　　用盡神力，如貓捕鼠。
　　經非文字，當人不少。
　　莫道眼困，昏沉不好。
　　耳中作聲，似有一物。
　　及乎取之，拿掇不出。
　　明月當空，抱膝而坐。
　　如是清閒，何等快活。
　　眉長累墜，時時遮眼。
　　老手無力，翻費撩卷。
　　肚大難遮，甚是襤褸。
　　只須放下，方得輕快。
　　破衲藍衫，費心連補。
　　一針一線，十分辛苦。

> 手持明鏡，自照其醜。
> 忽遇獅子，一聲號吼。
> 同行渡水，腳跟到底。
> 何必又要，累人累鬼。

——憨山《十八尊者贊》

「轟雷吼雷警昏蒙，雨歇風清似脫空。」

這一覺醒來後，晨讀的時候你就不需要再搖頭晃腦地背誦了。

這些句子縱使你第一次看到，還能不知道「詩人」在描寫什麼嗎？

> 忽然夜半一聲雷，萬戶千門次第開。
> 達人採得先天氣，一夜雷聲不暫停。

在「修身養性」這一選修上，再不用去聽哪位大師講經了，更不用去西天取經了。你已經知道，丹道的開關展竅，就是佛教的「總持門」、「大陀羅尼門」、密宗的「拙火」、瑜伽的「蛇力」。

> 三才天地人同炁，人稟先天一炁靈。
> 一炁具身名曰道，感通天地及神明。

——儵然子《明真破妄章頌·人稟陰陽》

> 無明山中作雲雷，閃電霞光燦不開。
> 霹靂一聲山嶽震，曼拿大士笑哈哈。

——普庵《頌十玄談·轉位》

玄關一竅開時，眼前現出的性光，佛教又稱「恍然大悟」。

「恍然」這兩個字，不僅組合得很有意思，而且意思也很直白哦：

然，是狀態、樣子的意思，「恍」是（豎）心（旁）中放光。

每一部佛經都找不出做工夫方面的內容，佛經只談見地的理和所結之「果」，因為你見地到了，工夫是一定要到位的。

「一旦心領神會，則知予至要之言，果為甚露而昭昭然，無一毫之欺隱也。」呵呵，很簡單的一件事，道家要用五行八卦各種隱喻，把你繞進去，繞到「迷津」裏，因為它本來就不願意普度嘛，它只想找一個「高徒」教給他，使道脈不絕即可，沒有了就束之高閣，或藏之名山。所謂「至道可傳，得人勿秘。」

佛家則相反，為了普度眾生，而且當年的眾生又多是首陀加文盲居多，所以它的文字很簡潔易懂。「六根脫落」了不就是「六通」嗎？不就是「六神通」嗎？道曰「元神主事」。

> 觸目明明般若光，六門常放未遮藏。
> 若能當念根塵斷，日用端居大道場。
> ——憨山《示蘄陽歸宗老衲》

佛法講話方式，有時是很直白的，但是要人做到，那是萬難的啊。

> 丈夫立志豈尋常，刺股懸樑苦備嘗。
> 但使六根無垢濁，管教心地自生光。
> ——憨山《示曹生錫卿》

所以真要弄懂佛法三昧，實如登天，誠如陳致虛注解《悟真篇》中的話，「說得是行不得」。說到最後，還是一個悟字。

> 上陽子曰：離外陽而內陰，是有外無內。坎外雌而內雄，是有內而無外。皆不得純陽。以坎配離，是雲顛倒。今時學人不肯苦志求師，唯記前人幾件公案，入廣眾中哺哺不住，恃其機鋒敏捷，以逞幹慧。不思訛了舌頭，把做何用。饒他懸河之辯，反為入道之魔，愈見學識卑污，又安能具大方之眼，而拜師於韁鎖之下哉。太上曰：知者不言，言者不知。我太虛李真人得丹之後，聞寺講經，潛眾聽之，出而歎曰：他們說得行不得，我們行得說不得。仙翁憐惻此徒利口誤身，故云「休將管見事空談」也。

總而言之，「得竅」是「成道」的必由之路，在佛家亦稱「開悟」。這高級境界在哲學上是用「天入合一」來描述的，即在感覺上，吾人之小宇宙與天地之大宇宙融化為一體了。在此境界中，世界觀瞬間發生了變化，「看山不是山看水不是水」了。由此之後，大腦的物質基礎和心理結構會產生很大的變化，主持定力腦電波的那塊大腦皮層都變厚了，它變厚了意味什麼？舉個例子吧，人的嗅覺細胞只有 500 萬個，覆蓋著鼻腔上部黏膜的一小部分，面積僅有 3～5 平方釐米左右；而狗的嗅覺細胞大約為 2～3 億個，這些嗅覺細胞在鼻腔上占的面積達 150 平方釐米左右。同時，狗的嗅球佔據了大腦八分之一的位置，是人類的 40 倍。嗅球又是什麼？嗅球是脊椎動物前腦結構中參與嗅覺的部分，用於感知氣味。在大腦額葉來自許多（人約 2 萬 6 千個）嗅細胞的神經纖維纏集在一起，形成線球狀的部分。在這裡，纖維與多個次級神經元的樹突相連接，進而由這裡伸出神經纖維形成嗅囊，終止於額葉下方。對頭，那塊皮層的加厚，意味著使你產生「對境無心」意識的物質基礎形成了、加強了。有興趣的同學好好研究研究，會出成果的。如果面對生老病死，還沒有「如歸」的感覺，這

就說明工夫、道行還不夠。

不知道說明白了沒有？沒有了換頻道，看《編輯部的故事》。有一集講一個收聽「敵臺」的人，跑到《人間指南》編輯部裏，說是太空裏一顆來路不明的星星將要撞擊地球，世界末日即將來臨，地球上起碼得死一半人，另一半人就是不死，也得在半空中掛著，好日子維持不了多久了。連外出開會的老陳都被「道聽途說」弄毛了，陳總跟編輯部打電話安穩人心，告訴大家：實踐是檢驗真理的唯一標準。這一句話確實是真理，不過就像修煉一樣，一失足不會給你第二次實驗的機會。這時候地上的真理也已經是不敵「天外的橫禍」了，在編輯部里正人心惶惶時，牛大姐站了出來，先是對大家進行了一番心理疏導，然後是她批評老劉的那段話發聵震聾：「作為老同志，你應該為年輕人做好榜樣，對待生死要像革命先烈，面對死亡，你就不能放聲大笑嗎？」

修行人啊，如果面對死亡，你都不能像身處抑鬱的更年期之中的牛大姐那樣放聲大笑，那麼就向你的意識之後的物質基礎上追究吧。歸根結底，是你腦袋裏的那塊如水豆腐一樣的細皮嫩肉還沒有磨礪出「老繭」啊，就像參加革命之前的小鮮肉亞瑟，和13年後瘸了一條腿帶著一身傷疤回來的「牛虻」一樣，那不是一個人了。要經過「十年面壁」，就回到了「看山是山看水是水」的初心、童心。哦對了，百日築基、十月懷胎、三年溫養、十年面壁也是一個很不錯的流程總結，它關注的不是藥物的提煉和轉化，而是時間和週期。

好了請問同學們，初心、童心你們都是經歷過的，那裡面有「生死」的概念嗎？有「痛苦」的感覺嗎？有「貪生怕死」的情緒嗎？呵呵，所有的回答應該是異口同聲的「忘了」。

修行，不是解決了「死亡」，而是「忘記」了死亡；不是「知道」了，而是「糊塗」了；不是「明白」了；而是「混沌」了。而且，還不是一般意義上人們自認為能「理解」的「忘記」、「混沌」和「糊塗」！有同學問「死亡」的恐懼能忘記嗎？一個奶飽了肚子的嬰兒，就是被帶進了喪葬場合，他也是「喜笑顏開」的。如果這還說不明白某個精神狀態，你接觸過「癮君子」嗎？他可以不要爹媽、賣掉妻、子的，只要讓吸上一口，真的是一點執著都木有啊。

人對身體的執著是最大的執著之一，在娘胎中我們沒有一點對身體的執著。修行的全部目的，就是馴服大腦！所以修行中的「無我」感就是又回到娘胎了，當然這個娘胎是指「先天」。我們是從「先天」中來的，然後在「後天」待久了，就習慣了它。後來，我們又不習慣回到「先天」狀態了。

在邵雍之前，是沒有截然不同的先天、後天兩套八卦體系的。他繼承了陳搏的道家易學後，總結出了一套高級知識，那些很能代表中國古典「氣質」的太極八卦圖，也確實畫得太曼妙了：伏羲八卦以乾坤為上下主位的，以離坎配東西，表日月之出入等等，飽含「陰陽」之道。後來朱熹推廣了邵雍的理論，闡明了文王八卦乃入用之位，是後天之學，顯示了宇宙演化的生生不息，深蘊「五行」意識。伏羲八卦為「易之體」，表現了天地自然之象，被內丹學派援引之後，表示「先天」之道、之仙；文王八卦講流行，為「易之用」，在丹道上表「後天」之德、之人。

哲學家給「人」有一個言簡意賅的定義，「一半是天使一半是野獸」。誰都超越不了這個人性，包括聖人，和聖人蛋。換句話說，人，或可無限地擺脫動物性，但是不能根本擺脫動物性……這就宿命！弘一法師決定要學佛後，他把一切都扔了，還是扔不掉書法。

是啊，「忘了」，畢竟時間太久，都恍若隔世了……

　　　時光已逝永不回
　　　往事只能回味
　　　憶童年時竹馬青梅
　　　兩小無猜日夜相隨
　　　春風又吹紅了花蕊
　　　你已經也添了新歲
　　　你就要變心
　　　像時光難倒回
　　　我只有在夢裏相依偎
　　　……

如果你有一定的道行，並且能說會道，這首流行歌曲你也能解釋成丹經，頭頭是道。

在某一個精神境界中，行走坐臥，十二時中，無不在狀態，無不是定。

還有誰不明白老子為什麼反覆強調「赤子」之心嗎？那就是道家的「忘我」、佛家的「無我」之境。深得老子精髓的莊子，為描述此情此景，一連說了三個故事：

在《田子方》裏莊子拿列禦寇開涮，就是那個御風而行的列子，不但修得仙風道骨，還射得一手好箭。一日山路上遇隱士伯昏無人，寒暄之後，要表演

一下連珠箭助助興。他躊躇滿志,一身驕矜,還在自己的胳膊肘上放了一杯水,這才張弓射箭。第一支箭剛射去,第二支就緊跟著發出去了,而第三支箭已經搭上了弦,看手臂上那杯水,紋絲不動,本人也如石像一般。但伯昏無人不以為然:「是射之射,非不射之射也。」你這種箭術啊,只能算是有心射箭之術,而不是無心射箭的技術。我們一起去「登高山、履危石、臨百仞之淵」,我看看你射得如何?伯昏無人率先走上危聳的山崗,踏著風化的岩石,身臨百丈深淵,然後轉身倒退著向深淵,一直走到腳掌的一部分懸在崖外。站在這個地方,伯昏無人請列禦寇上來射箭。而此時此刻,列禦寇已經是趴在地上,「汗流至踵」了。這時,伯昏無人開始了佈道:「夫至人者,上窺青天,下潛黃泉,揮斥八極,神氣不變。」是啊,主席由此化出了一個句子,「可上九天攬月,可下五洋捉鱉,談笑凱歌還。」

莊子又講了一個鬥雞的故事:紀清子為大王培養鬥雞,大王期待他能養出一隻鬥雞中的「戰鬥雞」。十天過去了,大王就去問,我那隻雞能鬥了嗎?紀清子說,還不行,因為這隻雞「方虛驕而恃氣」,即盛氣凌人,羽毛張開,目光炯炯,胸中有一股傲氣。又過了十天,大王又問。紀清子回答是,還不行。儘管它的氣質已經內斂了,但別的雞一有響動,它馬上還是有反應,還有去爭鬥,這還不行。又過了十天,大王第三次去問。紀清子還是說,不行。它現在雖然對外在的反應已經淡然了很多,但是目光中還有怒氣,不行再等等。又過了十天,大王來問。紀清子終於說,差不多了哈。別的雞一些響動鳴叫,它已經聽而不聞了。那現在它像個什麼樣子呢?這是我們都知道的一個成語,「呆若木雞」。紀清子說,這隻雞現在已經訓練得像個木頭雞,「其德全矣」,就是精神內聚,它已經沒有了德性,全然返璞於道性了。現在,這隻雞往那兒一站,任何雞一看見它,馬上就會落荒而逃。您可以帶去參加鬥雞了。

在《達生》篇裏,莊子講了一個木匠的故事:魯國一位名叫梓慶的木匠。他「削木為鐻」。鐻就是懸掛鍾鼓的架子兩側的柱子,上面會雕飾著猛獸。這鐻還有一種解釋,說它是一種樂器,上面雕成老虎的樣子。他做的活兒,「見者驚猶鬼神」,魯侯召聽說以後,邀請這個木匠入宮,問他其中的訣要。

梓慶倒很謙虛,說我一個木匠能有什麼?只是我準備做鐻前,不敢損耗絲毫的精神,而要用心去齋戒。齋戒的目的,是為了「靜心」。齋戒到第三天,我就可以忘記「慶賞爵祿」了,也就是說,齋戒到三天,可以忘利。齋戒到第五天的時候,我就可以忘記「非譽巧拙」了,也就是說,我已不在乎別人對我

是毀是譽和是是非非，人們說我做得好也罷，做得不好也罷，都已經不在乎了，可以說是忘記名聲了。還要繼續齋戒。到第七天的時候，我可以忘卻個人的「四肢形體」，也就是說，到第七天，達到忘我之境，我可以忘記我是在為朝廷辦差了。這個時候，我才進山選材，觀察樹木的質地，看到形態合適的，彷彿一個成型的鐻就在眼前。然後我就把這個最合適的木材砍回來，順手就那麼一弄，它就會成為現在的這個樣子了。所以我做的事情無非叫做「以天合天」，這就是我做活的奧秘。

呵呵，在莊子的故事中，除了「忘我」，還看出一些門道沒有？

　　昨論玄關一竅，先天不傳之秘，歷代祖師所不欲盡言者，盡付於子。夫玄關一竅，乃諸聖諸仙特從明心見性時節，提出兩字以教學者。心何以明？忽然而明，此玄關也。性何以見？忽然而見，此玄關也。玄關為明心見性之靈機，結胎煉丹之妙括。故古人憑空提出兩字以教後學，使其從針鋒上打一筋斗，電光中立一注腳。仙家之分身化氣，出水入火，上天下地，千變萬化，皆從此玄關參得來、把得定、打得筋斗轉、落得注腳實，則變化由心，幽顯惟我，無難事矣。此數言皆天機也，非有十年苦功，鑽研不透。雖然，執著十年便是癡見，易則頃刻，難則終身。子具宿慧，諒決不難。

　　　　　　　　　　　　　　　　　　　──《唱道真言》卷一

從「頓悟」與「漸修」之說來看，莊子顯然是「漸修」派。

注意，他說的幾天幾天，你不要當真啊。

同樣，丹派的「百日」、「十月」、「九年」，你也不要當真啊，都是比喻和借喻。

　　歷劫塵沙積寶岩，十方諸佛共同參。

　　多寶聞經親湧現，故非柏梓與松杉。

　　　　　　　　　　　　　　　　──普庵《行住坐臥三十二頌》

在實踐中，沒有「漸修」，談何「頓悟」？

工夫是修來的，你坐那裡「格」一輩子的「竹」，也是「頑空」、也是草木。除了格到頭暈、眼花、坐化，沒有用的。

　　有曰神衛氣者，有曰神凝則氣聚者，有曰神氣自然歸復者，皓首茫然反起虛無之歎，夫豈知丹基之真一為妙哉？

　　　　　　　　　　　　　　　　　　　　　　──《翠虛篇》

壞不壞，百鍊金剛充法界。

微塵不立似虛空，始得名為觀自在。

——普庵《頌石頭和尚草庵歌》

元音老人是北大樓宇烈教授最尊敬的當代實修親征的佛學大德。他的這篇文章，不少同學工夫上不去的原因分析得很徹底：

現在有些人工夫做不上去，就是因為他們用功的方法有問題。

修法打坐的時候，座上能夠心口相應，用心觀照。但下座之後，就和普通世俗人一樣，隨境流浪，放野馬了，在境界上顛顛倒倒。座下不觀照，這是個大錯誤！座上做工夫，隨便你怎麼認真，都是助行而不是正行，都是助修而不是正修。正修還是要靠座下用功。為什麼這樣說呢？從時間上來看，你一天能修幾座？能修幾個鐘頭？就算能連續坐四個鐘頭，或者多一點，六個鐘頭吧，和一天的時間比起來，所佔的比例也太少了，只占四分之一。另外四分之三的時間放野馬、糊塗、著相，那怎麼能成就呢？我們前面已經講過了，修法就是轉換你的心，把你的癡迷之心轉換成覺悟之心，把妄心轉換成佛心。上座的時候，不接觸外境，沒有人考驗你，這是最方便的時候。而下座是接觸外境，是考驗你的時候，看你能否不隨境轉。下座用功才是真正的用功。上座猶如磨刀，這把刀鈍了，就要磨磨它。下座是用刀，要切切東西，看看這把刀快不快，能否透得過境界。你若不用它，怎麼能知道這把刀快不快呢？怎麼能知道座上修法得力不得力呢？只有用了它，發現在境界上還透不過，「哎呀！我這把刀還是不快，還要再好好地用心磨磨！」這樣才能夠更促進你用功……

——元音老人《心經抉隱》

在頓悟之際，爹媽生的那個你已經死了，你被天地重新生了一回。

經過回爐的你和前番有了質的不同：

我從人類身上看到了從前認為只有在真主身上才有的東西。

——Rumi（1207～1273）

進天堂之門，要經過地獄，這就是「活在當下」的意思。

其時也，生理和病理同時發生逆轉，所患各種頑疾皆可立時痊癒，生理機能則呈現「返老還童」，遺精的和大姨媽的問題也就不再是苦惱了，在隨後的

一兩年裏您差不多就沒有了「人性」。進一步即可激發出人體的潛在本能，這個說多了沒有意義，道家的傳統是「明言命默言性。」

　　一孔玄關竅，三關要路頭。

　　忽然輕運動，神水自然流。

——石泰《還原篇》

　　採取服之未片晌，一道白脈衝泥丸。

　　化為玉液流入口，香甜清爽遍舌端。

——陳楠《紫庭經》

　　南宗二祖杏林真人和四祖泥丸真人，兩位分別活了 130 多歲和 160 多歲的老仙兒，就像用墓誌銘來總結人生那樣，以寥寥的四言就把這個過程詩意地概括了。所以內景之說，就像《道德經》一樣，越是含蓄的，越是明確的！具有這個特徵的丹經，才會是不朽的。

　　須知身陷其中的人，是完全不能自主的，也很難區分這些藥境的細緻入微處，只是在「轟轟烈烈」的一夜之後，新的一天到來時，經典的話就是《楞嚴經》說的「狂心頓歇歇即菩提」，就是「香象過河截斷眾流」之寓言：

　　如恒河水，三獸俱渡，兔、馬香象。兔不至底，浮水而過，馬
　　或至底，或不至底，象則至底。

——《優婆塞戒經》卷一

　　同在佛所，聞說一味之法，然所證有淺深。譬如兔馬象三獸渡
　　河，兔渡則浮，馬渡則及半，象徹底截流。

——《景德傳燈錄》

　　不好聽的話就是懶瓚曰「我豈有工夫為俗人拭涕？」

　　就是宗遠和尚那句「吃飯、睡覺、屙屎、撒尿，拖一死屍上路。」

　　讓陳摶老祖講就是「我生性拙唯喜睡，呼吸之外無一累。」

　　用沒有禪意道情的大白話說就是，先前的那個人確實死掉了……

　　那現在活著的，只是一個「薄情寡義」、「孤陋寡聞」、「行尸走肉」、「沒心沒肺」、「百無一用」的「廢物」……

　　遙向千峰問懶殘，口邊寒涕未曾乾。

　　火中黃獨初煨熟，把似君前不易餐。

——憨山《示浮刹禪人》

　　雖說「廢物」雖說落魄，出門時，依舊排場：

個個跨金毛獅子，人人騎獨步象王。

文殊即是普賢，釋迦倒騎佛殿。

羅漢不奈安身，普庵鼻孔撩天。

笑時只道善財癡，百一十城在這裡。

摩耶腹內造樓臺，一口吸盡西江水。

試問參方知不知，靈光運用從何起。

直須堅密處安身，釋迦寶殿真如理。

——普庵《偈頌三十首》

「金獅」、「白象」是西天印度的「圖騰」，佛菩薩的坐騎，中土高道（高僧）們騎不慣，就又換成了中國文化的「圖騰」：「青牛」、「金龍」、「老虎」。

……

六欲三官都掃淨，虛空一氣返先天。

萬物難屈藏主宰，崑崙頂上倒騎牛。

——劉一明《會心集》

瑤池飲罷月澄輝，跨個金龍訪紫微。

從此眾仙相識後，海田陵谷任遷移。

——《悟真篇》七言絕句第五十

如來一念周，無盡意風流。

豐干騎老虎，溈山跨水牛。

——普庵《金剛隨機無盡頌·法身非相分第二十六》

如果南宗老祖紫陽真人的、龍門中興宗師悟元子的這些契歌不好理解，那麼這個「精動神知」的過程，在《西遊記》中，則有很精彩的一段白描：

海外有一國土，名曰傲來國。國近大海，海中有一座名山，喚為花果山。那座山正當頂上，有一塊仙石。其石有三丈六尺五寸高，有二丈四尺圍圓。三丈六尺五寸高，按周天三百六十五度；二丈四尺圍圓，按政歷二十四氣。上有九竅八孔，按九宮八卦。四面更無樹木遮陰，左右倒有芝蘭相襯。蓋自開闢以來，每受天真地秀，日精月華，感之既久，遂有靈通之意。內育仙胞，一日迸裂，產一石卵，似圓球樣大。因見風化作一個石猴。五官俱備，四肢皆全。便就學爬學走，拜了四方。目運兩道金光，射沖斗府。驚動高天上聖大慈仁者玉皇大天尊玄穹高上帝（「元神」），駕座金闕雲宮靈霄寶

殿，聚集仙卿，見有金光焰焰，即命千里眼、順風耳開南天門觀看。二將果奉旨出門外，看的真，聽的明。須臾回報導：「臣奉旨觀聽金光之處，乃東勝神洲海東傲來小國之界，有一座花果山，山上有一仙石，石產一卵，見風化一石猴，在那裡拜四方，眼運金光，射沖斗府。如今服餌水食，金光將潛息矣。」玉帝垂賜恩慈曰：「下方之物，乃天地精華所生，不足為異。」

內分泌的調整，限制了生殖系統的生精，古人則以之為是「煉精」化得了氣（或「炁」）。

內藥生發的「虛無之地」，就是玄關一竅——炁聚則成形，炁去則渺茫。

> 來時無物去亦無，譬似浮雲布太虛。
>
> 拋下一條皮袋骨，還如霜雪入紅爐。
>
> ——法遠《又云》

這樣理解也不錯：

《入藥鏡》說的後天氣，就是伍柳派說的「外藥」，又稱「小藥」。

《入藥鏡》說的先天氣，就是伍柳派說的「內藥」，又稱「大藥」。

小藥屬於後天肉身上的反應，小藥生時，伴隨的道樂，遠不及大藥的熱量光芒、六根震動和極樂至意識消失來的更劇烈，若不得師傳，這裡即是「眾妙之門」之所，也是樂極生悲福禍相依之地……

那麼，為什麼叫「藥」呢，內丹家稱服食了不僅可以祛病延年，還可以「長生不死」。

在佛教中對應著大顛注解的《心經》：

> 一條拄杖子，化為龍，吞卻乾坤去了也。

而在印度教的瑜伽體系中，它被稱為「蛇力」，不同的名稱，指的是同一個寶貝。

還必須明確的是，不死的是永恆的「道體」、法身，而不是這個血肉之軀，它是必死無疑的，別做夢了。

> 我為了死，才一次又一次地活了下來。
>
> ——倉央嘉措《世間最美的情郎》